Christoph Groneck

METROS IN PORTUGAL

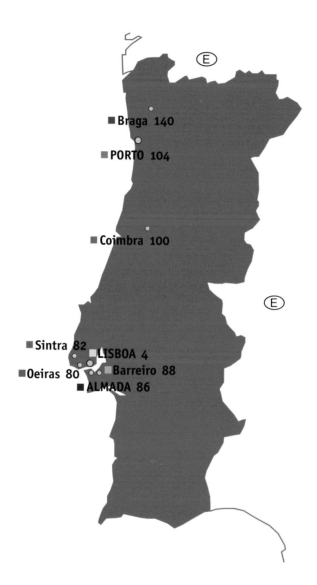

Braga 140

PORTO 104

Coimbra 100

Sintra 82

LISBOA 4

Oeiras 80

Barreiro 88

ALMADA 86

Schienennahverkehr in und um Lissabon und Porto
Urban Rail in and around Lisbon and Porto

Berlin 2008

Christoph Groneck

METROS IN PORTUGAL

Schienennahverkehr in und um Lissabon und Porto
Urban Rail in and around Lisbon and Porto

U-Bahnen in Europa - Band 7
Metros in Europe - Vol. 7

Mein Dank für ihre Hilfe geht an | My sincere thanks are due to:

Brian Hardy, Luis N. Filipe, Rafael Vieira, António Teixeira, Michael Rohde

Robert Schwandl Verlag
Hektorstraße 3
D-10711 Berlin

Tel. 030 - 3759 1284 (0049 - 30 - 3759 1284)
Fax 030 - 3759 1285 (0049 - 30 - 3759 1285)

www.robert-schwandl.de
books@robert-schwandl.de

1. Auflage, 2008

Text © Christoph Groneck
Fotos ohne Vermerk | Photos without credits © Christoph Groneck
Umschlagfoto 1. Reihe rechts © Volker Thrun
Netzpläne | Network Maps © Robert Schwandl

English Text by Robert Schwandl & Mark Davies

Druck: Ruksaldruck, Berlin
ISBN 978-3-936573-20-6

VORWORT

Wohl nur wenige Länder der Welt bieten dem Nahverkehrsinteressierten einen dermaßen großen Kontrast zwischen verkehrstechnischen Anachronismen und modernsten Schnellbahnsystemen wie Portugal. Auf der einen Seite stehen dabei die traditionellen elektrischen Straßenbahnnetze. Porto, 1895 eröffnet, war der erste elektrische Straßenbahnbetrieb auf der iberischen Halbinsel. Lissabon folgte 1901, Sintra 1904, Coimbra 1911 und schließlich Braga 1914. In Porto, Lissabon und Sintra fahren die Straßenbahnen bis heute und konnten sich ihr traditionelles Erscheinungsbild mehr oder weniger bewahren, womit sie im Laufe der Zeit fließend zu technischen Denkmälern wurden. Dazu kommen technische Kuriositäten wie die Standseilbahnen in Lissabon und Braga.

Auf der anderen Seite stehen die modernen Systeme. Bereits seit 1959 gibt es die Metro in Lissabon, eine kreuzungsfreie und weitgehend unterirdisch verlaufende U-Bahn. Seit dem EU-Beitritt Portugals 1986 wird nun erheblich in die Schieneninfrastruktur investiert. Ergebnis sind ein in großem Stil ausgebautes Metro- und Vorortbahnnetz in Lissabon sowie zwei neue Systeme: Die 2002 in Betrieb genommene Metro Porto, ein Niederflur-Stadtbahnsystem mit Tunnelstrecken in der Innenstadt, oberirdischen Stadtbahnstrecken in den Vororten und langen Überlandstrecken in den Außenbezirken, sowie die 2007 in Almada südlich von Lissabon eröffnete Metro Sul do Tejo, ein Straßenbahnsystem moderner Prägung. Portugals Städte bieten damit heute modernen Schienenverkehr auf höchstem Niveau.

Köln, im August 2008

Christoph Groneck

FOREWORD

Few countries in the world offer to the railway enthusiast such a contrast between old-style and state-of-the-art urban rail systems as Portugal. Back in 1895, Porto opened the first electric tramway on the Iberian Peninsula, followed by Lisbon in 1901, Coimbra in 1904 and finally Braga in 1914. In Porto, Lisbon and Sintra the first-generation trams have survived to the present day, having gradually become technical monuments. The urban rail landscape is complemented by the peculiar funiculars of Lisbon and Braga.

But Portugal boasts some exciting modern rail systems, too. The Metro in Lisbon, which has been operating since 1959, is a totally grade-separated and mostly underground railway. Portugal has invested a large amount of money in railway infrastructure since the country joined the E.U. in 1986. Besides the expansion of both the Metro and suburban rail networks in Lisbon, two new systems have been developed: in 2002, the Porto Metro started operating as a low-floor light rail system with underground sections in the city centre, surface routes in outer urban areas, and long interurban sections out into the region. In 2007, the Metro Sul do Tejo was inaugurated in Almada, south of Lisbon; it is a typical modern light rail system. Portugal's cities can thus be proud of boasting the latest technology in urban rail.

Cologne, August 2008

Christoph Groneck

Inhalt | *Contents*

Blick von der Aussichtsplattform des Elevador de Santa Justa auf die Baixa und das Castelo de São Jorge
View from the panorama deck of the Elevador de Santa Justa across the Baixa and the Castelo de São Jorge

LISSABON

Lissabon (portugiesisch *Lisboa*) ist die westlichste Hauptstadt Europas. Die Stadt liegt etwa zehn Kilometer landeinwärts der Atlantikküste am nördlichen Ufer des Tejo. Der Fluss weitet sich östlich von Lissabon zu einer mehrere Kilometer breiten Bucht auf, ist von Hochseeschiffen befahrbar und stellt damit einen perfekten natürlichen Hafen dar.

Mittelpunkt der Stadt ist der Rossio. Der zentrale Platz Lissabons heißt eigentlich Praça Dom Pedro IV, was jedoch für den alltäglichen Sprachgebrauch irrelevant ist. Um den Rossio herum gruppieren sich die sieben Hügel, auf denen die Stadt erbaut wurde. Nach Süden schließt die Baixa oder Unterstadt an, nach Norden das moderne Lissabon. Die verschiedenen Viertel unterscheiden sich erheblich voneinander, und alle haben ihre eigene Bedeutung. Als Stadtkern lässt sich am ehesten die Baixa bezeichnen, die nach einem verheerenden Erdbeben vom 1. November 1755 schachbrettartig neu aufgebaut wurde. Sie zieht sich vom Rossio hinunter bis zum Tejo. Direkt am Ufer liegt der zweite große Platz Lissabons, die Praça do Comércio, auch genannt Terreiro do Paço, sinngemäß Palastplatz. Östlich der Baixa findet sich die Alfama, das touristisch bedeutsamste Altstadtviertel, überragt vom Burgberg mit dem Castelo de São Jorge. Auf der Westseite schließt oberhalb der Baixa der Chiado an, das klassische Einkaufsviertel. Dahinter liegt der Bairro Alto, die Oberstadt, hier spielt sich ein Großteil des Nachtlebens ab. Nördlich des Rossio befindet sich schließlich die Praça dos Restauradores. Von dort zieht sich die breite Avenida da Liberdade nordwärts bis zum kreisrunden Praça Marquês de Pombal, um sich dort in weitere Hauptstraßenzüge aufzufächern, in die modernen Avenidas Novas.

Lissabon hat rund 530.000 Einwohner auf lediglich 84 km² Fläche, ist aber Zentrum eines weitaus größeren Ballungsraums. Nördlich und westlich der Stadt liegen acht Municípios

LISBON

Lisbon (Lisboa in Portuguese) is the westernmost capital city in Europe. It lies some 10 km from the Atlantic Coast on the north bank of the Tagus River (Tejo in Portuguese). East of Lisbon, the river opens into a bay which is several kilometres wide and navigable by ocean vessels, making Lisbon a perfect natural harbour.

The city centre is located at the Rossio; the central square's official name is actually Praça Dom Pedro IV, but this is never used in everyday speech. Around the Rossio there are seven hills on which the city rests. South of the square is the Baixa (lower town), and to the north lies the modern city. Each of the city's neighbourhoods has its own personality and its own function. The Baixa can probably be called the centre of the city; it was destroyed in a disastrous earthquake on 1 November 1755, and later rebuilt with a grid-pattern street layout. The Baixa extends from the Rossio down to the Tagus River. The second of Lisbon's large squares, the Praça do Comércio, also referred to as Terreiro do Paço (Palace Square), is located by the river. East of the Baixa lies the Alfama, the old town dominated by the Castelo de São Jorge. On the hill west of the Baixa, the Chiado represents the city's commercial district. Still further west is the Bairro Alto (upper town), the centre of nightlife. The wide Avenida da Liberdade starts at Praça dos Restauradores, just north of the Rossio, and runs north to the round Praça Marquês de Pombal, where it splits into several wide avenues, the Avenidas Novas.

Lisbon has only some 530,000 inhabitants on an area of 84 km2, but it is the centre of a larger conurbation. To the north and west, the city is surrounded by eight Municípios (large townships), which together with Lisbon form a metropolitan area referred to as Grande Lisboa (Greater Lisbon). Among these townships are Sintra (410,000 inh.), Loures

oder sinngemäß Großgemeinden, die zusammen mit Lissabon selbst die Unterregion *Grande Lisboa* bilden. Im einzelnen sind dies Sintra (410.000 Einwohner), Loures (200.000 Einwohner), Cascais, Amadora (jeweils 180.000 Einwohner), Oeiras (170.000 Einwohner), Odivelas (140.000 Einwohner), Vila Franca de Xira (130.000 Einwohner) und Mafra (60.000 Einwohner). Die Municípios stellen die wichtigste Verwaltungseinheit Portugals dar und sind noch in Freguesias respektive Ortsgemeinden unterteilt, welche aber nur eine beschränkte Eigenverantwortlichkeit besitzen. Alle genannten Municípios liegen auf der Nordseite des Tejo, begründet durch die geografische Zweiteilung des Stadtumlandes durch die breite Flussmündung. Nach dem Bau zweier Brücken entwickelte sich in den vergangenen Jahrzehnten aber auch das Umland auf der Südseite des Flusses rasant. Im Kapitel Almada wird auf diesen Teil des Ballungsraums näher eingegangen.

In den Vorstädten Lissabons war das Bevölkerungswachstum in den letzten Jahrzehnten enorm. Vormals ländlich geprägte Kommunen wandelten sich in wenigen Jahren zu dicht bebauten Trabantenstädten. Allen Prognosen nach ist das Ende des Wachstums aber noch lange nicht erreicht. Eine Schätzung der Vereinten Nationen ergab, dass die Bevölkerung im Großraum Lissabon noch vor 2050 4,5 Millionen Menschen betragen könnte. Derzeit sind es auf beiden Seiten des Tejo knapp drei Millionen.

(200,000 inh.), Cascais, Amadora (each 180,000 inh.), Oeiras (170,000 inh.), Odivelas (140,000 inh.), Vila Franca de Xira (130,000 inh.) and Mafra (60,000 inh.). Municípios are the most important administrative entities of local government in Portugal, and they are subdivided into Freguesias (parishes), which only have limited powers. All the above-mentioned Municípios lie on the north side of the Tagus River, as the extremely wide river has always divided the region. With the construction of two bridges, the south bank has developed rapidly during recent decades. The Almada chapter will deal with this part of the conurbation separately.

Lisbon's suburbs have seen a rapid population growth during recent decades. The formerly rural municipalities have been converted into densely built-up satellite towns, and there is no end in sight to this growth. According to estimates carried out by the United Nations, the total population in the Lisbon region may rise to 4.5 million by 2050. At present, the total population on the two sides of the Tagus River is some three million.

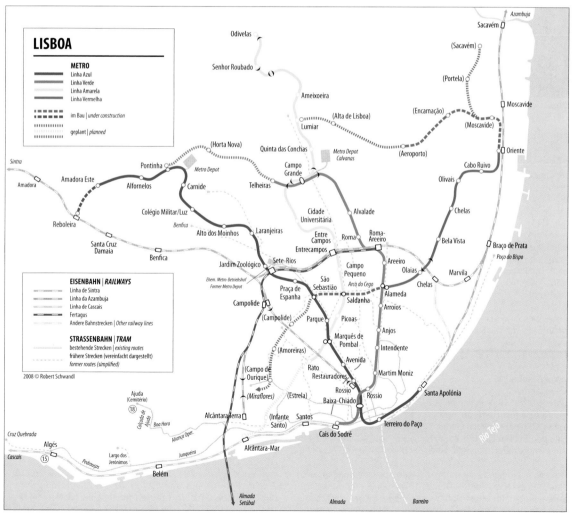

Calçada da Estrela – eine der vielen Steilstrecken im Verlauf der Linie 28 | *one of many steep sections on line 28*

Die Lissaboner Straßenbahn

Das Straßenbahnnetz von Lissabon ist sicherlich eines der berühmtesten der Welt, auch wenn es in der zweiten Hälfte des zwanzigsten Jahrhunderts sehr stark geschrumpft ist. Seinen einmaligen Charme bezieht es besonders aus den Strecken in der hügeligen Altstadt, welche durch teils aberwitzig enge und steile Straßen führen. Die bis heute im Einsatz stehenden nostalgischen Zweiachser sind untrennbar mit dem Stadtbild verbunden und aus diesem nicht wegzudenken – kaum eine Postkarte von Lissabon, auf der die „Eléctricos" nicht zu finden sind. Die Kehrseite des Ganzen ist jedoch nicht zu übersehen: Von modernem Straßenbahnbetrieb ist Lissabon heute meilenweit entfernt. Einmal abgesehen von der mit Niederflurwagen bedienten Tejo-Uferstrecke hat sich die Straßenbahn inzwischen offenbar damit abgefunden, mehr Touristenattraktion denn zeitgemäßes Nahverkehrsmittel zu sein. Dies war indes nicht immer so – bis Ende der fünfziger Jahre beherrschte sie unumstritten den städtischen Verkehr.

_ Vorgeschichte

Gewissermaßen die Geburtsstunde der Lissabonner Straßenbahn war der 18. September 1872, als in Rio de Janeiro die *Companhia Carris de Ferro de Lisboa* gegründet wurde, kurz CCFL oder einfach Carris. Ziel der Gesellschaft war der Bau und Betrieb einer Pferdebahn, in Portugal aufgrund des amerikanischen Ursprungs dieser Technik „Carro Americano" genannt. Die erste Strecke ging am 17. November 1873 in Betrieb, ausgehend vom Bahnhof Santa Apolónia parallel zum Tejo-Ufer bis nach Santos. Bereits 1874 konnte man weiter bis Belém fahren. Im selben Jahr wurde außerdem das noch heute benutzte Depot Santo Amaro bezogen, in dem inzwischen

Lisbon's Tramway System

The Lisbon tramway is certainly among the best-known in the world, although it shrank considerably during the second half of the twentieth century. Its unique appeal lies in the extremely steep and narrow routes through the old town. The nostalgic two-axle cars are part of the city's image, and it's hard to find a postcard not featuring an 'Eléctrico'. The other side of the coin, however, is also clearly visible – Lisbon can hardly boast of having a modern tramway system. Except for the only low-floor line, which runs along the Tagus River, the tramway seems to accept its role as a tourist attraction rather than a state-of-the-art transport system. But it has not always been like this – until the late 1950s, the tramway played a vital role in urban transport.

_ Early history

The Lisbon tramway was actually born in Rio de Janeiro, where the 'Companhia Carris de Ferro de Lisboa' (CCFL or simply Carris) was founded on 18 September 1872 with the goal of building a horse-tram system; due to its American origin, this was referred to as 'Carro Americano' in Portugal. The first route opened on 17 November 1873, and ran from Santa Apolónia railway station parallel to the Tagus River to Santos. The line was extended to Belém in 1874, when the Santo Amaro depot, which is still in service today, also opened. The depot is now also home to the highly recommended Lisbon tramway museum. From 1878, the trams continued further west to Algés. In the north of the city, the Arco do Cego depot was built in 1882 and remained in service until the late 1990s. It was used for the new horse-tram lines to the zoo (1884), Poço do Bispo (1888), Lumiar (1890) as well

Praça do Comércio – Straßenbahn vor dem Triumphbogen, dem Eingangstor zur Baixa | *tram in front of the Triumphal Arch, the gateway to the Baixa*

auch ein sehenswertes Straßenbahnmuseum untergebracht ist. 1878 ging es im Westen weiter bis Algés. Im Norden der Stadt wurde 1882 das bis Ende der neunziger Jahre des zwanzigsten Jahrhunderts benutzte zweite wichtige Straßenbahndepot Arco do Cego eröffnet. 1884 verlängerte man die Pferdebahn zum Zoologischen Garten, 1888 nach Poço do Bispo, 1890 nach Lumiar sowie schließlich 1891 nach Benfica und Areeiro. Damit waren bereits im Pferdebahnzeitalter fast alle Außenposten des späteren elektrischen Netzes erreicht. Für den Betrieb wurden zeitweise bis zu 1.200 Maultiere benötigt.

Die Pferdebahnstrecken waren zunächst normalspurig ausgeführt. Konkurrierende Pferdebusunternehmer setzten daraufhin bald Straßenfahrzeuge mit entsprechender Spurweite ein, um statt auf dem holprigen Kopfsteinpflaster auf den Schienen fahren zu können. Damit verbunden war ein wesentlich besserer Fahrkomfort für die Pferdebusse, aber natürlich auch ein hoher Verschleiß an den quasi parasitär mitbenutzten Gleisen. Versuche der Carris, die unerwünschten Wettbewerber zu verdrängen, blieben jedoch zunächst erfolglos. 1894 kam man dann auf die Idee, die Spurweite auf ein Maß zu reduzieren, welches für die Konstruktion von Straßenfahrzeugen ungeeignet war. Die Wahl fiel dabei auf die 900 mm-Schmalspur. Bis 1900 war die Umspurung abgeschlossen.

Die Hügel der Altstadt wurden von der Pferdebahn wegen zu steiler Straßen weitgehend ausgespart. Stattdessen setzte man dort frühzeitig auf unkonventionelle Verkehrstechniken. So begann am 14. August 1890 ein unabhängiges Unternehmen mit dem Betrieb einer Kabelstraßenbahn nach dem Vorbild von San Francisco, und zwar auf 1,7 km Länge zwischen Praça Luís de Camões und Estrela mit einer Spurweite von 900 mm. Eine zweite, 730 m lange Kabelstraßenbahn mit einem Höhenunterschied von 75 m folgte am 27. Februar 1893 zwischen Martim Moniz und Graça. Zuletzt ging als dritte derartige Verbindung im Januar 1899 eine kurzlebige Strecke vom Rossio bis São Sebastião in Betrieb, die Anfang des zwanzigsten Jahrhunderts aber schon wieder verschwunden war. Weitere Relationen wurden durch Standseilbahnen und Aufzüge erschlossen, worauf noch zu sprechen kommen wird.

Neben den Kabelstraßenbahnen gab es in der Frühzeit des Straßenbahnbetriebes auch unkonventionelle Antriebsformen bei der Carris: Von 1887 bis 1888 wurden Versuche mit einer Batteriestraßenbahn durchgeführt und von 1889 bis 1892 existierte ein regulärer Dampfstraßenbahnbetrieb auf der Tejo-Uferstrecke. Beides sollte aber eine kurze Episode bleiben, und bald darauf entschloss sich die Carris zur Einführung elektrischer Straßenbahnen.

_ Die Elektrische Straßenbahn

1897 stimmte die Stadtverwaltung den Elektrifizierungsplänen der Carris zu. Zur Bereitstellung des notwendigen Kapitals wurde dafür 1899 in London die Gesellschaft *Lisbon Electric Tramways Ltd* (LET) gegründet. Am 31. August 1901 ging schließlich die erste elektrische Linie von Cais do Sodré nach Algés in Betrieb, also in Relation der heutigen Linie 15. Bereits 1902 war das gesamte Pferdebahnnetz elektrifiziert. Erst 1917 verschwanden indes die letzten Pferdebusse von Konkurrenzunternehmern.

Die Wahl der Schmalspur und der elektrischen Traktion erlaubte es der Carris, das Netz nun auch in die hügeligen Teile der Stadt mit ihren schmalen und steilen Gassen auszudehnen. 1905 war Campolide erreicht, 1906 Graça. Außerdem übernahm die Carris die beiden noch verbliebenen Kabelstraßenbahnen und baute diese ebenfalls zu normalen elektrischen Straßenbahnen um. Aus der Estrela-Kabelstraßenbahn wurde dadurch 1914 das Kernstück der Linie 28, aus der nach

as to Benfica and Areeiro (1891). Thus even during the horse-tram period most of the outer destinations, which were later served by the electric trams, had already been reached. Up to 1200 mules were needed for the operation of the network.

The horse-tram routes were initially built with standard-gauge tracks. Horse-bus operators soon modified their vehicles to take advantage of the newly-laid rails, instead of operating over bumpy cobblestones. While the comfort of the bus passengers improved, the wear and tear on the rails increased. After Carris had tried in vain to keep the buses from using their rails, they changed their tracks to 900 mm gauge, which was unsuitable for road vehicles. By 1900, all routes had been regauged.

Due to the steep streets, the horse trams largely bypassed the old town. Instead, other forms of transport had to be implemented there. On 14 August 1890, a San Francisco-style cable-hauled tramway opened between Praça Luís de Camões and Estrela. It was 1.7 km long and had 900 mm gauge. A second 730 m cable tram, which had to negotiate a difference in altitude of 75 m, was opened on 27 February 1893 between Martim Moniz and Graça. A third line of this type opened in January 1899 between Rossio and São Sebastião, but it only lasted for a few years. Other steep areas were served by funiculars and lifts, which will be dealt with separately.

Besides the cable trams, Carris experimented with other traction systems, too: between 1887 and 1888, there were battery powered trams, and from 1889 until 1892, a regular steam tramway operated along the Tagus River. Both systems were only short-lived as Carris then decided to electrify the entire network.

_ The electric tramway

In 1897, the city council approved the electrification of the Carris network. To provide the necessary funds, a company called the 'Lisbon Electric Tramways Ltd' (LET) was founded in London in 1899. On 31 August 1901, the first electric line began service between Cais do Sodré and Algés, a route which corresponds with today's line 15. By 1902, the entire tramway network had been electrified. Some of the competitors' horse buses, however, remained in service until 1917.

The narrow gauge and electric traction finally made it possible to extend the network through the narrow and steep

São Tomé umgelegten Graça-Kabelstraßenbahn 1915 die Linie 12. Beide Linien sind bis heute vorhanden. 1928 wurde besagte Linie 28 schließlich von der Praça Luís de Camões im Bairro Alto bis hinunter in die Baixa weitergeführt, womit das Netz im Kernbereich von Lissabon komplett war. Auf diesem Streckenabschnitt findet sich seitdem die steilste im Adhäsionsbetrieb befahrene Straßenbahnstrecke der Welt, und zwar in der Calçada de São Francisco mit einem Gradienten von 14,5%. Fast genauso steil ist der ehemalige Kabelbahnabschnitt der Linie 12 in der Calçada de Santo André. Auch auf den heutigen Linien 18 und 25 gibt es Steigungen von über 12%. Derartige Werte mögen veranschaulichen, in welche Grenzwertbereiche sich die Ingenieure beim Bau der elektrischen Straßenbahn in Lissabon wagten.

Bis in die fünfziger Jahre wuchs das Straßenbahnnetz weiter. Nach der Fertigstellung des Altstadtnetzes kamen noch einige Streckenverlängerungen in die Vororte hinzu, und zwar nach Alto de São João (1926), Ajuda (1927), Carnide (1929), Campo Ourique (1936), Bairro do Arco do Cego (1941) und Cruz Quebrada (1945). Das letzte große Projekt war eine Tangentialstrecke durch die nördlichen Stadtteile bis zum Tejo-Ufer, wobei über weite Abschnitte bereits bestehende Gleise benutzt werden konnten. 1958 erfolgte schließlich der Lückenschluss zwischen Alto de São João und Madre de Deus. Damit hatte das System seine maximale Ausdehnung von 76 km Strecke erreicht. Nahezu jeder Winkel des recht kompakten Stadtgebietes war nun mit der Straßenbahn erreichbar.

Das Netz des Jahres 1958 umfasste 27 Linien. Auch wenn es stark vermascht war, ließen sich die Linien dennoch in gewisse Gruppen einteilen. Bereits in den zwanziger Jahren hatte man begonnen, den ursprünglichen zentralen Knotenpunkt

Largo do Corpo Santo – Abzweig der Linie 25
– the point where line 25 diverges from lines 15 and 18

alleys of the city. By 1905, the trams had reached Campolide, and by 1906, Graça. Carris took over the two remaining cable-tram lines and converted them into normal electric lines. In 1914, the Estrela cable tram thus became the central part of today's line 28, while the Graça cable tram, which had previously been diverted to São Tomé, has been line 12 since 1915. In 1928, line 28 was extended from Praça Luís de Camões in the Bairro Alto down to the Baixa, thus completing the network in the centre of Lisbon. The route, through the Calçada de São Francisco has since been the world's steepest tramway route with a gradient of 14.5%. Almost as steep is the former cable-tram section on line 12 along Calçada de Santo André. The present lines 18 and 25 also include sections with gradients higher than 12%. These values illustrate just how far the engineers of those days pushed to the limit what electric tramways were able to deliver.

The tramway network kept growing until the 1950s. After the completion of the routes through the old town, some lines were extended into the outer districts – to Alto de São João (1926), Ajuda (1927), Carnide (1929), Campo Ourique (1936), Bairro do Arco do Cego (1941) and Cruz Quebrada (1945). The last big project was a tangential route across the northern neighbourhoods all the way to the Tagus River, although this route included some sections of existing lines, too. In 1958, the gap between Alto de São João and Madre de Deus was finally closed, and the network had reached its maximum extension of 76 km. Almost every corner of the rather compact city was then accessible by tramway.

The 1958 network comprised a total of 27 lines, and although these were strongly interlaced, they can be classified into various groups. Back in the 1920s, the central hub, Rossio, was relieved by distributing the lines among several termini. Praça dos Restauradores became the departure point for all the lines that ran north along Avenida da Liberdade, including the three long suburban lines to Benfica, Carnide and Lumiar. The lines running north along Avenida Almirante Reis started at Praça Martim Moniz. A third corridor was identifiable along the Tagus River, from Cruz Quebrada in the west to Poço do Bispo in the east, with a central stop at Praça do Comércio. These three trunk routes, which were served by 4-axle trams or motor cars with trailers, were complemented by a dense network in the hilly old parts of the city, an area which is still the domain of the 2-axle tramways, with many lines then being operated as circular routes, which was another special feature of the Lisbon tramway.

_ The shrinking of the network

Already back in 1912, the CCFL had experimented with motor buses. Despite this early start, the first commercial line, that to the airport, only opened on 9 April 1944. A new competitor for the tramway was thus emerging, even though the first routes actually complemented the tramway system.

The opening of the Lisbon Metro in late 1959 meant a real incision into the tramway system. The first metro line went from the Praça dos Restauradores northwards along Avenida da Liberdade, and then branched out at Praça Marquês de Pombal to Sete Rios and Entre Campos. As a consequence, most of the parallel tram lines were abandoned. In 1960, tram operation was discontinued completely on Praça Marquês de Pombal, Avenida da Liberdade and Praça dos Restauradores. Many lines were cancelled or diverted onto other routes. The northern suburban lines to Benfica and Carnide were converted into feeder lines for the Sete Rios metro station. Until the end of the 1960s, no more significant line closures happened, although the construction of the new Tagus bridge caused two cross connections to be abandoned at Alcântara in 1966.

Sé – Linie 28 vor der Kathedrale | *Line 28 in front of the cathedral*

Rossio zu entlasten und die Linien auf mehrere verschiedene Endpunkte aufzuteilen. So war die Praça dos Restauradores Ausgangspunkt der Straßenbahnstrecke über die Avenida da Liberdade weiter nach Norden. Über diese Strecke verliefen neben weiteren die drei längeren Vorortlinien nach Benfica, Carnide und Lumiar. Die zweite wichtige Achse in Richtung Norden entlang der Avenida Almirante Reis hatte ihren Ausgangspunkt auf der Praça Martim Moniz. Auch an diesem zentralen Knotenpunkt endeten mehrere Linien. Dritte Haupt-achse war schließlich die Strecke parallel zum Tejo-Ufer von Cruz Quebrada im Westen bis Poço do Bispo im Nordosten mit dem zentralen Knotenpunkt auf der Praça do Comércio. Zu diesen teilweise mit Vierachsern oder Triebzügen mit Beiwagen bedienten längeren Hauptstrecken kam ein dichtes Netz in der hügeligen Altstadt. Diese Berg-und-Tal-Strecken sind teilweise bis heute die Domäne der zweiachsigen Fahrzeuge und wurden lange Zeit vorwiegend von Ringlinien befahren, einem besonderen Charakteristikum der Lissabonner Straßenbahn.

_ Schrumpfung des Netzes

Bereits 1912 hatte die CCFL erstmals mit Motorbussen experi-mentiert. Eine nennenswerte Bedeutung sollte der Busverkehr in Lissabon jedoch erst ab dem 9. April 1944 mit der Eröffnung einer Linie zum Flughafen erlangen. Damit erwuchs der Straßenbahn bald ein neuer Konkurrent. Zunächst wurden die Busse jedoch noch fast ausschließlich auf Routen ergänzend zur Straßenbahn eingesetzt.

Für den ersten großen Einschnitt in das Straßenbahnnetz sollte dann jedoch die Eröffnung der Lissabonner Metro Ende 1959 sorgen. Deren erste Strecke führte von der Praça dos Restauradores unter der Avenida da Liberdade in Richtung Norden und verzweigte sich unter der Praça Marquês de Pom-bal nach Sete Rios und Entre Campos. Konsequenz war, dass die nun parallel zur Metro führenden Straßenbahnstrecken weitgehend stillgelegt wurden. 1960 endete so der Straßen-bahnbetrieb auf der Praça Marquês de Pombal, der Avenida da Liberdade und der Praça dos Restauradores. Viele Linien wurden eingestellt oder erhielten neue Streckenführungen. Die nördlichen Vorortlinien nach Benfica und Carnide funktionierte man dabei zu Metro-Zubringerlinien um. In Sete Rios entstand dafür eine neue Umsteigeanlage. Bis Ende der sechziger Jahre blieben weitere größere Stilllegungen im Straßenbahnnetz dann jedoch erst einmal aus. Lediglich 1966 wurden aufgrund der Bauarbeiten für die Zufahrt zur neuen Tejo-Brücke zwei kur-ze Querverbindungen in Alcântara aufgegeben.

Ende 1972 verlautete die Carris, die Straßenbahn innerhalb von fünf Jahren aus wirtschaftlichen Gründen komplett einstel-len zu wollen. Die Stadt stimmte aber weder diesem Ansinnen noch einer Erhöhung der jahrzehntelang unverändert geblie-benen Sozialtarife zu. Stattdessen bot sie der Carris an, zwei Drittel der Dachgesellschaft LET zu übernehmen. Am 1. Januar 1974 ging daraufhin die Straßenbahninfrastruktur in die Hände der Stadt über. Zwar war die unmittelbare Zukunft der Straßen-bahn mit der städtischen Übernahme erst einmal abgesichert, dennoch erfolgte Anfang der siebziger Jahre ein zweiter großer Einschnitt ins Netz. Dabei wurden die noch verbliebenen Reste der Vorortbahnen im Norden und damit alle über die Nordtan-gente hinausführenden Strecken eingestellt. Den Anfang mach-te 1971 die Strecke nach Lumiar. 1972 wurde die Strecke nach Areeiro durch die Metro ersetzt. Wegen Autobahnbauarbeiten war 1973 Schluss für die Strecken nach Benfica und Carnide. Schließlich entfiel 1975 auch die Strecke nach Bairro do Arco do Cego. Der Zubringerbetrieb der nördlichen Vorortstrecken zur Metro war damit nur ein kurzfristiges Intermezzo. Es sollte mehrere Jahrzehnte dauern, bis die Metro selbst in die nördli-chen Vororte vorstieß und damit für einen Ersatz sorgte.

In late 1972, Carris announced its plan to close down the entire tram network within five years due to economic reasons. The city council did not accept this proposal, but neither did it approve an increase in the low fares, which had remained unchanged for many decades. Instead, it showed its willingness to take over two-thirds of Carris' holding company LET. On 1 January 1974, the tram infrastructure came under the city's control. While the immediate future of the tram system seemed certain, a second important reduc-tion of the network happened during the early 1970s, when all the lines that went beyond the northern tangential route were abandoned. The first to close was the route to Lumiar in 1971, followed by the line to Areeiro, which was replaced by the Metro in 1972. To allow for the construction of a mo-torway, the lines to Benfica and Carnide were closed in 1973. And finally, the route to Bairro do Arco do Cego was given up in 1975. The metro feeder lines were thus only a short-term interlude. It took several decades, however, before the Metro was finally extended to the northern suburbs.

In 1974, when the Salazar dictatorship ended with the Carnation Revolution, a totally new situation emerged. When a little later the former colonies in Africa became inde-pendent, many Portuguese citizens returned to their home country, with a large number of them settling down in and around Lisbon. They contributed significantly to an increase in ridership on the public transport system. At the same time, the international oil crisis raised the status of electri-cally powered vehicles. All these factors rescued the tramway in the mid-1970s from further closures. While many lines continued on the same routes for many years, the state of the infrastructure and vehicles was no longer up to modern standards. Unlike in Central Europe, no real modernisation of the system had been carried out during the post-war period. The vehicles in operation dated from the period before World War II, with some having been rebuilt and others even newly

Rua das Escolas Gerais – Gleisverschlingung der Linie 28 in der Alfama
– interlaced tracks on line 28 in the Alfama

built in the company's own workshops. Although a modernisation programme was started in the second half of the 1970s, it became obvious that some more action had to be taken. The city therefore commissioned a study to the Technical University at Lausanne and the Transport Agency of Zurich to compare the upgrading and expansion of the system with the option of a total closure. In 1978, a report which basically recommended keeping the tramway was published. The steep routes through the old town were especially worthwhile preserving, as motor buses would not even be able to pass through the narrow streets; another route which found special mention was the one along the Tagus River, as it was suitable for modern tram operation, with a partly separate and totally plain right-of-way. This line was to replace a previously planned metro route along the river, which had just been shelved. The rest of the tramway system, however, was to be abandoned as soon as the tracks and vehicles were too worn out for further operation. In the early 1980s, Carris began to consider the renovation of the rolling stock, with new articulated cars for the riverside line, and new 2-axle vehicles for the hilly lines. Despite these plans, nothing happened, and the only route to be abandoned was the short section from Conde Barão to Rato in 1982.

During the first half of the 1990s, the network shrank considerably, even more than originally proposed back in the 1970s. In 1992, the northeastern part of the important riverside line disappeared, although it would have been suitable for modern tramway operation. Between 1991 and 1997, all routes north of the Baixa were abandoned, among them the entire northern tangential route. In 1997, the Arco do Cego

1974 führte das Ende der Salazar-Diktatur im Zuge der portugiesischen Nelkenrevolution dann auf einmal zu einer völlig neuen Situation. Nachdem wenig später die ehemaligen portugiesischen Kolonien in Afrika in die Unabhängigkeit entlassen wurden, kehrten innerhalb kurzer Zeit viele Staatsbürger ins Mutterland zurück. Viele davon siedelten sich in und um Lissabon an, und im öffentlichen Nahverkehr war dies mit hohen Fahrgastzuwächsen verbunden. Fast gleichzeitig sorgte die Ölkrise für einen erhöhten Stellenwert elektrischer Verkehrsmittel. Damit waren die Stilllegungsüberlegungen für die Straßenbahn Mitte der siebziger Jahre erst einmal vom Tisch. Die Linien verkehrten stattdessen anschließend viele Jahre lang fast unverändert weiter. Andererseits entsprach der Zustand der Straßenbahn in dieser Zeitepoche in keiner Weise mehr zeitgerechten Anforderungen. Im Gegensatz zu mitteleuropäischen Straßenbahnsystemen waren grundlegende Modernisierungsprozesse in der Nachkriegszeit weitgehend ausgeblieben. Auf den Gleisen verkehrten weiterhin Vorkriegsfahrzeuge sowie Neu- und Umbauten aus der eigenen Werkstatt. Zwar begann in der zweiten Hälfte der siebziger Jahre ein Fahrzeugmodernisierungsprogramm, doch war weitergehender Handlungsbedarf offensichtlich. Die Stadt gab daher 1976 ein Gutachten bei der Technischen Hochschule Lausanne und den Verkehrsbetrieben Zürich in Auftrag. Gegenübergestellt werden sollten dabei Szenarien zum Ausbau und zur Einstellung der Straßenbahn. Das Gutachten wurde 1978 publiziert und attestierte der Straßenbahn insgesamt die Erhaltenswürdigkeit. Herausgehoben wurden die hügeligen Strecken, welche an einigen Engstellen eine Befahrung mit Bussen überhaupt nicht zulassen, und außerdem insbesondere die Strecke parallel zum Tejo-Ufer. Auf dieser erschien ein moderner Straßenbahnbetrieb dank vergleichsweise großzügiger Trassierung und ebener Streckenführung am einfachsten realisierbar. Gleichzeitig sollte so ein Ersatz für das Projekt einer im selben Zeitraum erst einmal verworfenen uferparallelen Metrolinie geschaffen werden. Der Rest des Straßenbahnsystems sollte dagegen auf-

Rua das Escolas Gerais – Linie 28, engste Stelle im Netz
– line 28, narrowest section on the entire network

gegeben werden, sobald Gleise und Rollmaterial verschlissen waren. Anfang der achtziger Jahre begann die Carris daraufhin mit Überlegungen zur Erneuerung des Wagenparks, und zwar in Form von Gelenkwagen für die Uferstrecke und weiterhin von Zweiachsern für die hügeligen Strecken. Es passierte letztendlich aber wenig, und die einzige stillgelegte Strecke dieser Zeitepoche war 1982 der kurze Abschnitt von Conde Barão nach Rato.

In der ersten Hälfte der neunziger Jahre wurde das Netz dann auf einen Schlag drastisch verkleinert. Gegenüber den Überlegungen der siebziger Jahre ging man dabei jedoch erheblich weiter. So verschwand 1992 mit dem nordöstlichen Teil der Tejo-Uferstrecke eine Hauptachse, auf der bei entsprechendem Willen und der Bereitschaft zum Streckenausbau durchaus moderner Straßenbahnbetrieb möglich gewesen wäre. Ebenso wurden zwischen 1991 und 1997 fast sämtliche noch verbliebenen Strecken nördlich der Baixa eingestellt, inklusive der kompletten Nordtangente. 1997 war schließlich auch Schluss für das Depot Arco do Cego. Für die verbliebenen Linien reicht seitdem das Depot Santo Amaro am Tejo-Ufer vollends aus. Zwischenzeitlich stand die Carris sogar kurz davor, den Straßenbahnbetrieb komplett aufzugeben. Die viel zu kleinen Bahnen standen weiterhin ständig im Stau, die Busse konnten im Gegensatz dazu mehr Fahrgäste befördern und außerdem im Weg stehende Fahrzeuge umkurven – sie schlugen die Straßenbahn also in ihren ureigenen Disziplinen, und das ohne Infrastrukturvorhaltungskosten. Viele unbenutzte Gleise prägen seit den Stilllegungen der neunziger Jahre die Straßen Lissabons, erst allmählich werden sie nach und nach bei Straßenerneuerungen entfernt. Von den vorausgegangenen Modernisierungsplanungen blieb damit nicht mehr viel übrig. Lediglich die Verjüngung des Wagenparks wurde letztendlich Mitte der neunziger Jahre eingeleitet.

Calçada de São Francisco – oberes Ende der steilsten Strecke des Netzes
– upper end of the steepest section on the network

depot also closed, with the one at Santo Amaro providing enough stabling facilities for the remaining lines. Once again, Carris considered completely giving up tramway operation, as the vehicles were both too small and got trapped in traffic jams; buses were able to carry more passengers, and, when obstructed by cars, could bypass them – plus they did not require any expensive infrastructure. Many unused tracks have since been visible in Lisbon's streets; these will only be removed when the roadway is next resurfaced. Little of the previously planned modernisation really took place, although the renewal of the rolling stock started in the mid-1990s.

Calçada de Santo André – 14,5%-Steilstrecke der Linie 12 im Zuge einer ehemaligen Kabelstraßenbahn
– 14.5% route on line 12, formerly served by a cable-hauled tram line

São Tomé – Zusammenführung der Linien 12 (links) und 28 (rechts)
– converging point of lines 12 (left) and 18 (right)

_ Das heutige Netz

Nach der Stilllegungswelle in den neunziger Jahren verblieben lediglich die Linien 12, 15, 18, 25 und 28. Auf der Linie 15 stehen Niederflurwagen im Einsatz. Auf allen anderen Linien fahren modernisierte Zweiachser.

Die Linie 15 ist die traditionelle Tejo-Uferstrecke, die sich am Largo do Calvário in Alcântara mit der Linie 18 und am Largo do Corpo Santo mit der Linie 25 vereinigt. Während die Linie 15 komplett eben verläuft, befahren sowohl die Linie 18 als auch die Linie 25 auf ihren Außenästen äußerst steile Abschnitte. Dreh- und Angelpunkt dieser drei Linien ist die Praça Comércio am südlichen Ende der Baixa direkt am Tejo-Ufer. Von dort aus führen zwei Gleise im Richtungsbetrieb durch Parallelstraßen bis auf die Praça Figueira in der Nähe des Rossio, wo die Linie 15 endet. Außerdem gibt es ab der Praça Comércio noch eine kurze Stichstrecke bis zur Schleife Alfândega, dies ist der letzte Rest des nordöstlichen Teils der Tejo-Uferstrecke und heute Endpunkt der Linien 18 und 25.

Die beiden Linien 12 und 28 sind die wohl berühmtesten Linien, sie befahren die Steilstrecken in der Alfama und bieten ein sehr traditionelles Straßenbahnerlebnis. Seit vielen Jahren unverändert ist die Streckenführung der Linie 28. Besonders sehenswert ist ihr östlicher Streckenteil von der Baixa hinauf in die Alfama und weiter nach Graça. Auf diesem Abschnitt gibt es zwei eingleisige Streckenstücke und eine Gleisverschlingung. Die Bahn führt dabei durch Gassen, die so eng sind, dass aus der Straßenbahn auf beiden Seiten die angrenzen-

_ The present network

After the line closures of the 1990s, only lines 12, 15, 18, 25 and 28 have survived. While line 15 is operated with low-floor cars, all other lines boast refurbished two-axle vehicles.

Line 15 follows the traditional route along the Tagus River; it is joined by line 18 at Largo do Calvário in Alcântara, and by line 25 at Largo do Corpo Santo. While line 15 is totally plain, lines 18 and 25 have very steep sections along the extremes of their respective routes. The three lines' central stop is at Praça Comércio, on the southern side of the Baixa, by the Tagus River. From there, the tracks continue through parallel streets to Praça Figueira near the Rossio, where line 15 terminates. From Praça Comércio there is a short branch to the Alfândega loop, the last reminder of the northeastern leg of the riverside line, and the present terminus for lines 18 and 25.

Lines 12 and 28 are certainly the best-known routes among tourists, as these climb the hills of the Alfama and provide a very nostalgic tramway experience. Line 28's route has remained unchanged for many years. Especially worth seeing is the eastern part of the line from the Baixa up to the Alfama and further on to Graça, a route which includes two single-track sections and one with interlaced tracks. The streets it runs through are at some points so narrow that passengers can actually touch the walls of the adjacent houses on either side. But the western part of this line also has some highlights, like the steepest adhesion section of the entire

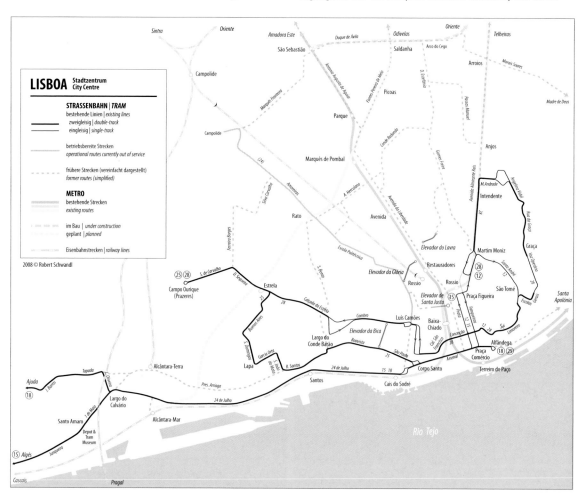

Praça do Império – Niederflurzug der Linie 15 vor dem Jerónimos-Kloster in Belém | *low-floor tram on line 15 in front of the Jerónimos Monastery in Belém*

den Häuserfassaden berührt werden können. Aber auch der westliche Teil der Linie 28 bietet Höhepunkte wie den steilsten Adhäsionsabschnitt des gesamten Netzes sowie weitere Berg- und-Tal-Abschnitte im Zuge der ehemaligen Estrela-Kabelstra-ßenbahn. Die Linie 12 befährt seit 1998 nach Ausmusterung der letzten Zweirichtungswagen neu einen Ringverkehr nur in einer Richtung unter Einbeziehung ihrer ursprünglichen kurzen Pendelstrecke von Martim Moniz nach São Tomé. Auch wenn beide Linien primär eine große Attraktion für Besucher sind, haben sie dennoch bis heute auch gewisse Verkehrsfunktionen für den Alltagsbetrieb. Die Befahrung ihrer Strecken durch normale Busse ist unmöglich.

Seit der Jahrtausendwende hat dieses verbliebene Rumpf-netz einen recht stabilen Zustand erreicht, der mittelfristig trag-bar scheint. Absichten zur Einstellung auch der Linien 18 und 25 wurden von der Carris nach Protesten aus der Bevölkerung nicht mehr umgesetzt. Ebenso wurden Überlegungen verwor-fen, die verbliebenen Linien mit Ausnahme der Linie 15 nur noch wenige Stunden am Tag mit besonderem Fahrpreis für Touristen fahren zu lassen. Stattdessen ist es nicht abwegig, dass das Straßenbahnnetz in Zukunft sogar wieder wachsen wird. Kurzfristig möglich wäre eine Wiederinbetriebnahme der betriebsbereiten ehemaligen Linie 24 zwischen Praça Luís de Camões und Campolide, die 1995 wegen Straßenbauarbeiten temporär eingestellt worden war. Auf dem Papier gibt es indes noch viel weitergehende Ausbauplanungen. Diskutiert werden dabei besonders Tangentiallinien in den Vororten sowie eine Neubaustrecke entlang des nordöstlichen Tejoufers zwischen dem Stadtzentrum und dem Bahnhof Oriente.

Nach Fahrplanstand Sommer 2008 beginnt der Straßen-bahnbetrieb je nach Linie und Wochentag zwischen 5:30 und 9:00 Uhr. Die Linie 15 fährt bis nach 1 Uhr, die Linien 12, 18 und 25 dagegen nur bis gegen 20:30 Uhr und die Linie 28

network, and the up-and-down segments inherited from the original Estrela cable tramway. Since the last bidirectional vehicles were withdrawn in 1998, line 12 has been operating as a circle line in one direction only; the circle includes its original short route between Martim Moniz and São Tomé. Al-though today the two lines may primarily be a tourist attrac-tion, they also play a vital role in the people's everyday life, as these routes could not be served by normal diesel buses.

Those tramway lines that made it into the new millen-nium will certainly be maintained for the foreseeable future. Protests from the local population against the proposed closure of lines 18 and 25 made Carris reconsider their posi-tion. Their idea of converting all lines, except line 15, into mere tourist attractions with a limited timetable and special fares was rejected as well. Instead, the network may even begin to grow again. In the short term, the former line 24, still operational, may be brought back into service between Praça Luís de Camões and Campolide, after it had temporar-ily been closed in 1995 to allow road work. New projects are also on the drawing board, in particular, tangential lines in the suburbs, as well as a new route along the northeastern shore of the Tagus River from the city centre to Oriente railway station.

According to the timetable of summer 2008, the tramways start operation between 05:30 and 09:00, depending on the line and day of the week. Line 15 runs until past 01:00, while line 28 finishes at around 23:00, and lines 12, 18 and 25 only work until around 20:30. Line 25 does not run on weekends, and line 28 is out of service on the section west of Estrela in the evenings. On Saturday afternoons and on Sundays, line 18 only shuttles between Santo Amaro and Ajuda. On line 28 during daytime hours, every other train just serves the Graça – Praça Luís de Camões section. Besides the normal lines,

bis gegen 23 Uhr. Am Wochenende herrscht auf der Linie 25 Betriebsruhe, abends auf der Linie 28 westlich von Estrela. Die Linie 18 verkehrt Samstag nachmittags und sonntags nur zwischen Santo Amaro und Ajuda. Kurzläufer gibt es lediglich auf der Linie 28, auf der tagsüber jeder zweite Kurs nur zwischen Graça und Praça Luís de Camões pendelt. Neben den normalen Linien verkehrt auf einem Rundkurs für Touristen zusätzlich die Linha das Colinas, die Hügellinie. Dafür werden rot lackierte Wagen eingesetzt, normale Fahrausweise gelten nicht. Die Fahrstrecke ist im Wesentlichen eine Kombination der Linien 25 und 28.

Die Taktzeiten liegen auf den Linien 15, 25 und 28 zwischen 5 und 12 Minuten. Dagegen verkehrt die Linie 18 nur im 20-Minuten-Takt. Auf der Ringlinie 12 drehen normalerweise zwei Fahrzeuge ihre Runden, was theoretisch einen 13-Minuten-Takt ergibt. Zeitweise ist aber auch nur ein Wagen mit dementsprechend verlängerter Wagenfolge im Einsatz. Aufgrund weitgehend fehlender Eigentrassen und vielfacher Störeinflüsse durch den Straßenverkehr sind die Fahrplanzeiten in Lissabon jedoch grundsätzlich eher als grober Richtwert zu verstehen. Es hat nicht den Anschein, dass gegen Behinderungen durch Falschparker und Ladeverkehr in irgendeiner Form vorgegangen wird. Oft kommt daher längere Zeit gar keine Straßenbahn und dann ein ganzer Konvoi. Lediglich auf der Linie 15 gibt es einen längeren besonderen Bahnkörper zwischen Cais do Sodré und Alcântara, parallel zur Eisenbahnstrecke nach Cascais. Selbst die Linie 15 kann jedoch trotz ihrer neuen Fahrzeuge auch heute nur bedingt als Straßenbahn in moderner Form angesehen werden, auch sie steht auf anderen Abschnitten oft im Stau. Längst gibt der Bus bei der Carris uneingeschränkt den Ton an: 2006 wurden 234,8 Millionen Fahrgäste befördert, davon 216,2 Millionen mit Bussen und nur noch 18,6 Millionen mit der Straßenbahn sowie den Aufzügen und Standseilbahnen.

_ Straßenbahn-Fahrzeuge

Die Entwicklung des Wagenparks der Lissabonner Straßenbahn war und ist bis heute ein fließender Prozess. Nach den Fahrzeuglieferungen aus der Anfangszeit des elektrischen Betriebes kaufte die Carris für rund acht Jahrzehnte bis zum Beginn des Niederflurzeitalters weder Neu- noch Gebrauchtwagen. Stattdessen eignete man sich bald weit reichende Fähigkeiten im Fahrzeugbau und auch ein gehöriges Improvisationstalent an. So entstanden im Laufe der Jahre viele Um- und Neubauten in der eigenen Werkstatt. Vielfach flossen in diese Konstruktionen Teile älterer Fahrzeuge ein, insbesondere was die elektrische Ausrüstung und die Fahrwerke betreffen. Trotzdem lassen sich verschiedene Wagengenerationen voneinander abgrenzen. Im chronologischen Zeitverlauf sind dies folgende Typen: Brill, Standard, Caixote, Remodelados und

there is a special tourist circuit, the so-called 'Linha das Colinas', the hill line, with vehicles painted in red, requiring a special fare. The route of the 'Linha das Colinas' is a combination of lines 25 and 28.

Lines 15, 25 and 28 operate every 5 to 12 minutes, whereas line 18 only runs every 20 minutes. The circular line 12 is operated with two vehicles, which theoretically results in a 13-minute headway. Sometimes a single car is in service, when the intervals get longer accordingly. Due to a lack of dedicated rights-of-way and interference of all sorts, the published timetable is rather meant for orientation only. No action seems to be taken against obstructions caused by badly parked cars or delivery services; as a result, one may wait a long time for a tram, and then be faced with an entire convoy arriving at the same time. The only section with a separate right-of-way is on line 15 between Cais do Sodré and Alcântara, where it runs parallel to the suburban line to Cascais. But despite its modern rolling stock, even line 15 has to cope with traffic jams along other sections. Buses have long dominated the Carris service – in 2006, the company carried 234.8 million passengers, with 216.2 million in buses and only 18.6 million in tramways, funiculars and lifts.

_ Tramway Rolling Stock

Lisbon's tramway vehicles have repeatedly been rebuilt and modernised, but until the era of low-floor trams, no completely new trams nor second-hand vehicles were acquired, a period covering the first 80 years of electric tramway operation. Bundled with a great talent for improvisation, skills were developed to rebuild the existing rolling stock in the company's own workshops. Many of the 'new' cars incorporated parts of older vehicles, especially the electrical equipment and the wheelsets. Nonetheless, the following types can be distinguished in chronological order: Brill, Standard, Caixote, Remodelados and Articulados, plus some sub-classes. Until the 1990s, there were only two-axle and four-axle motor cars with trailers, but no articulated trams. In 1995/96, together with the closure of large parts of the system, the rolling stock was completely modernised for the remaining lines.

_ The former rolling stock

All Portuguese tramway companies acquired their first electric tram cars as construction kits from the United States. The final assembly was carried out in their own workshops. The reason for the imports from overseas was that on the one hand, Portugal did not yet have its own tramway industry, on the other hand, Portugal had always been orientated rather towards the west than towards Central Europe. Also, the Americans were capable of delivering sturdy vehicles which

Santo Amaro – St. Louis-Wagen für Pendelfahrten innerhalb des Trammuseums – *St. Louis car being used for shuttle services within the tram museum*

Praça Comércio – Standard-Vierachser als Verkaufsbüro für die Touristentram – *'Standard' four-axle vehicle used as a ticket shop for the tourist tram*

Articulados. Dazu kamen noch einige Splittergattungen. Bis in die neunziger Jahre gab es ausschließlich zwei- und vierachsige Triebwagen sowie Beiwagen, jedoch keine Gelenkwagen. 1995/96 wurde der Wagenpark zeitgleich mit der Stilllegung großer Teile des Straßenbahnnetzes komplett modernisiert.

_ Frühere Fahrzeuggenerationen

Alle portugiesischen Straßenbahnbetriebe bezogen ihre Fahrzeuge in der Anfangszeit des elektrischen Betriebes fast ausschließlich in Bausatzform aus den Vereinigten Staaten. Die Endmontage erfolgte anschließend in den eigenen Werkstätten. Grund für die Importe aus Übersee war zum einen das Fehlen einer Straßenbahnindustrie im eigenen Land, zum anderen die traditionelle Orientierung Portugals in Richtung Westen und nicht etwa in Richtung Zentraleuropa. Zudem waren US-amerikanische Fahrzeugfabrikanten in der Lage, robuste und einfach zu wartende Fahrzeuge herzustellen. Hauslieferant sowohl der Carris als auch der anderen Betriebe wurde bald die Firma J.G. Brill Co aus Philadelphia. Beschafft wurde bevorzugt deren „Semi-convertible"-Typ in zwei- und vierachsigen Ausführungen. Dieser zeichnet sich durch Fenster aus, die horizontal im Verhältnis 2:3 geteilt sind. Der untere Teil der Fenster lässt sich dabei im Wageninneren nach oben schieben. Mit wenigen Handgriffen konnte der Wagen damit von einem geschlossenen in einen halb offenen verwandelt werden, was für die klimatischen Verhältnisse Portugals ideal war. Für die Optik der Wagen charakteristisch waren außerdem Laternendächer mit Oberlichtern.

Insgesamt erhielt die Carris in der Frühzeit des elektrischen Betriebes zwischen 1901 und 1914 188 Zweiachser sowie 85 Vierachser aus amerikanischer Produktion. Die Breite dieser Fahrzeuge differierte zwischen 2,25 m und 2,36 m, die Länge zwischen 7,95 m und 12 m. Bei den Zweiachsern kamen 75 Wagenkästen von der St. Louis Car Company und bei den Vierachsern 20 von John Stephenson & Co aus New York. Alle anderen Wagen und sämtliche Fahrwerke lieferte Brill. 80 Zweiachser und 40 Vierachser waren seitlich offene Sommerwagen mit Querbänken, ähnlich wie die heute noch bei der Straßenbahn Sintra eingesetzten Fahrzeuge. In den dreißiger Jahren wurden die offenen Zweiachser ausgemustert. Die restlichen Wagen waren dagegen mit wenigen Ausnahmen bis nach dem Zweitem Weltkrieg in ihrem Ursprungszustand im Einsatz. Einige Fahrzeuge konnten sich sogar bis in die neunziger Jahre im Linienbetrieb halten. Fahrwerke und elektrische Ausrüstung von ausgemusterten Wagen fanden überdies bei den selbstgebauten Standard- und Caixote-Wagen Verwendung. Viele Wagen sind museal erhalten.

Nach dem Ersten Weltkrieg waren Neuimporte nicht mehr finanzierbar. Die Carris begann daher 1924 mit der Konstruk-

were easy to maintain. The main provider for Carris and other companies was the 'J.G. Brill Co' in Philadelphia. The preferred type was the 'semi-convertible' as a two-axle or a four-axle vehicle. Its windows were horizontally divided into two parts (with a 2:3 distribution), and the lower part was able to be pushed up, so that an enclosed car could easily be converted into a partly open one, ideal for the Portuguese climate. Another visual feature were the small windows along the raised section of the roof.

Between 1901 and 1914, Carris acquired a total of 188 two-axle and 85 four-axle cars of American origin. These cars were between 2.25 m and 2.36 m wide, and between 7.95 m and 12 m long. 75 car bodies for the two-axle cars were built by the 'St. Louis Car Company', and 20 by 'John Stephenson & Co' of New York for the four-axle vehicles; the wheelsets and all the other cars were delivered by Brill. 80 two-axle and 40 four-axle cars were summer cars, open on the sides and with perpendicular benches, similar to the vehicles presently in operation in Sintra. The open two-axle cars were scrapped during the 1930s, while most of the rest remained in service until after World War II; some cars even survived until the 1990s without ever being rebuilt. The wheelsets and electrical equipment of the scrapped cars were often re-used for the 'new' Standard and Caixote cars. Many vehicles have been preserved in the tramway museum.

After World War I, the importation of new cars was no longer financially possible. In 1924, Carris therefore began building their own cars in their workshops at Santo Amaro. The first step was to attach 24 original two-axle Brill wheelsets to self-made car bodies, which had been built under Brill license. The next step was taken in 1927, when Carris constructed 12 two-axle vehicles with newly designed car bodies for the Estrela line. The wheelsets were delivered by the English company Maley & Taunton.

In 1928, the production of the so-called 'Standard' car began; this two-axle vehicle has become the classical Lisbon tram car. All the vehicles' car bodies were built by Carris, and were 8.38 m long and 2.38 m wide. The wheelsets and electrical equipment were still supplied by other manufacturers, notably Maley & Taunton; only 20 cars had wheelsets produced by Brill. From 1931, Standard car bodies were also mounted to wheelsets taken from scrapped cars, especially from the two-axle open cars. The rebuilt cars kept their original car numbers. Between 1928 and 1940, a total of 164 two-axle cars were manufactured in this way, 80 of them as totally new cars, and 84 incorporating older parts. The fleet was complemented by 20 four-axle cars of similar dimensions, 15 of them with recycled bogies.

Santo Amaro – Caixote-Wagen im Depot (*Foto Stephan Kyrieleis, 1991*) – *Caixote cars in the tram depot*

Rua de Belém – Stephenson/Brill-Vierachser Nr. 349 von 1907 – *four-axle vehicle no. 349 built in 1907 by Stephenson/Brill* (*Foto Stephan Kyrieleis, 1991*)

tion eigener Straßenbahnen in der Werkstatt Santo Amaro. Zunächst griff man auf 24 neu gelieferte zweiachsige Brill-Fahrwerke zurück und versah diese mit in Lizenz gebauten Wagenkästen gemäß Brill-Entwurf. 1927 baute die Carris als Nächstes zwölf Zweiachser für die Estrela-Linie mit neu entwickelten Wagenkästen. Die dazugehörigen Fahrwerke lieferten Maley & Taunton aus England.

1928 begann der Bau der zweiachsigen sogenannten Standard-Wagen. Die Standard-Konstruktion gilt bis heute als „der" Lissabonner Straßenbahnwagen. Alle Wagen hatten von der Carris selbst gefertigte Wagenkästen mit einer Länge von 8,38 m und einer Breite von 2,38 m. Die Fahrwerke und die elektrische Ausrüstung wurden zunächst noch neu beschafft, wiederum vorwiegend bei Maley & Taunton. Lediglich bei 20 Wagen trat noch einmal Brill als Fahrwerkslieferant in Erscheinung. Ab 1931 versah man dann auch die Fahrwerke ausgemusterter Altfahrzeuge mit neuen Standard-Wagenkästen, insbesondere die der zweiachsigen offenen Wagen. Diese Umbaufahrzeuge behielten dabei ihre ursprüngliche Betriebsnummer. Auf diese Weise entstanden zwischen 1928 und 1940 insgesamt 164 zweiachsige Standard-Wagen, davon 80 als Neubauten und 84 unter Einbeziehung von Vorgängerfahrzeugen. Dazu kamen noch 20 Vierachser in vergleichbarer Ausführung, davon 15 mit den Drehgestellen von ausgemusterten Altfahrzeugen.

Nach dem Zweiten Weltkrieg wurde der Bau von Straßenbahnwagen in der Werkstatt Santo Amaro 1947 wieder aufgenommen. Die Carris wendete sich dabei jedoch von der Standard-Ausführung ab und entwarf eine neue Konstruktion, die Caixote-Wagen. Deren recht gedrungen wirkendes Erscheinungsbild mit glatten Seitenwänden und tief heruntergezogenen Schürzen wich deutlich von den älteren Wagen ab. Die ersten derartigen Fahrzeuge, jeweils zehn Zwei- und Vierachser für den Zweirichtungsbetrieb, erhielten neue Fahrgestelle von Maley & Taunton. Anschließend wurden ausschließlich gebrauchte Fahrgestelle von ausgemusterten Wagen verwendet und darauf Wagenkästen für den Einrichtungsbetrieb montiert. Wie bei den Standard-Wagen erhielten derart rekonstruierte Caixote-Wagen wieder die Wagennummern der Vorgängerfahrzeuge. Einige wenige Caixote-Wagen entstanden auf den Fahrwerken von Standardwagen, die meisten gehen jedoch unmittelbar auf Fahrzeuge der ersten Generation zurück. Insgesamt wurden bis Anfang der sechziger Jahre zuzüglich zu den zwanzig Neubauten 82 Fahrzeuge umgebaut.

Die Ausmusterung der Caixote-Wagen begann in den siebziger Jahren und war Anfang der neunziger Jahre abgeschlossen. 18 ältere Standard-Wagen wurden dagegen noch Mitte der achtziger Jahre modernisiert und erhielten dabei gleichzeitig neue Motoren und neue Türen. Damit erwies sich der Standard-Typ als deutlich langlebiger als die Konstruktionen der Nachkriegszeit. Erst in den neunziger Jahren ging dann auch die Standard-Wagen außer Betrieb. 45 Wagenkästen dienten dabei jedoch als Grundlage für die heute im Einsatz stehenden Remodelados, und von den in den achtziger Jahren modernisierten Wagen sind acht bis heute als Reserve hinterstellt.

Neben den Triebwagen standen bei der Straßenbahn jahrzehntelang auch Beiwagen im Einsatz. Vierzig seitlich offene Beiwagen mit Querbänken wurden im Zuge der Netzumspurung 1898-99 noch als Pferdebahnwagen geliefert und nach Elektrifizierung der Straßenbahn dann weiterverwendet. Zehn weitere, ebenfalls offene Beiwagen kamen 1927 aus eigener Produktion hinzu. Diese erste Generation Beiwagen wurde zwischen 1950 und 1955 durch 100 neue Fahrzeuge ersetzt, deren Wagenkästen denen der Caixote-Wagen glichen. Die Ausmusterung erfolgte bis 1989.

After World War II, tram car production was resumed in the Santo Amaro workshops in 1947, with the new 'Caixote' car succeeding the previous Standard type. Its stumpy appearance, with straight side walls running almost to street level, made it look quite different from the older cars. The first cars of this type, 10 two-axle and 10 four-axle vehicles for bidirectional operation, were equipped with wheelsets from Maley & Taunton. Later, only wheelsets salvaged from scrapped cars were fixed under new car bodies being manufactured for unidirectional operation. Again, the rebuilt Caixote cars kept their original car numbers. Some of the Caixote cars are based on Standard vehicles, but most were derived from first-generation stock. By the early 1960s, 20 Caixote cars had been newly built and 82 rebuilt from other cars.

The withdrawal of the Caixote cars was begun in the 1970s and concluded in the early 1990s. 18 of the older Standard cars, however, were refurbished in the mid-1980s, and equipped with new motors and new doors. The Standard type thus saw a much longer life than the post-war rolling stock, only finally being withdrawn from service in the 1990s. 45 car bodies were again recycled to be used for the present Remodelados, however, and eight of the cars refurbished during the 1980s remain operational.

Besides the motor cars, the Lisbon tramway also had trailers for many decades. 40 trailers, open on the sides and with perpendicular benches, were still delivered for the horse-drawn tramways in 1898/99, but were then also able to be used on the electrified routes. Another ten open trailers were built by Carris in 1927. Between 1950 and 1955, the first-generation trailers were replaced by a total of 100 new cars, which were similar to the Caixote cars. These had also been withdrawn by 1989.

Alfândega – stadtseitige Endschleife der Linien 15 und 18
– city centre terminal loop of lines 15 and 18

_ Der heutige Wagenpark

Für den langfristigen Weiterbetrieb der hügeligen Strecken untersuchte die Carris in den achtziger Jahren mehrere Möglichkeiten des zukünftigen Fahrzeugbetriebes. Dabei war klar, dass die Strecken aufgrund der extremen Radien, Neigungswechsel und Engstellen weiterhin nur von Zweiachsern befahren werden konnten. Bei der Neubeschaffung von Fahrzeugen hätte dies jedoch die Notwendigkeit teurer Sonderanfertigungen bedeutet, da Zweiachser auch damals schon lange nicht mehr im Standardrepertoire der Straßenbahnindustrie aufzufinden waren. Andererseits besann man sich im Zuge der Entscheidungsfindung auf die erhebliche Bedeutung der charakteristischen Standard-Wagen als Teil des Stadtbildes, touristische Attraktion und Identität stiftendes Element. Letztendlich wurde daher beschlossen, 45 Altfahrzeuge auf einen modernen technischen Stand zu bringen. Diese Wagen, genannt Remodelados, entstanden 1995/96 unter Verwendung der am besten erhaltenen Standard-Wagenkästen. Das nach wie vor historische Erscheinungsbild der Remodelados darf dabei nicht darüber hinweg täuschen, dass die elektrische Ausrüstung und die Fahrwerke komplett ausgetauscht wurden. Umgesetzt wurde die elektrotechnische Modernisierung von der Firma Kiepe aus Düsseldorf, die neuen Fahrwerke stammen von MAN. Neben dem traditionellen Stangenstromabnehmer mit Rolle besitzen die Fahrzeuge seit ihrer Rekonstruktion außerdem auch Pantographen. Mit Stange wird weiterhin auf den Linien 12 und 28 gefahren, mit Pantograph auf allen anderen Linien. Alle Remodelados sind Einrichtungswagen. Sechs rot lackierte Wagen stehen als Touristenstraßenbahnen auf der *Linha das Colinas* im Einsatz.

Auch für die Linie 15 parallel zum Tejo-Ufer begannen bereits in den achtziger Jahren Überlegungen zum zeitgemäßen Wageneinsatz. Um Entwicklungskosten für ein maßgeschneidertes eigenes Fahrzeug sparen zu können, wartete die Carris jedoch lange Zeit auf eine Chance, sich an eine passende Bestellung eines anderen Betriebes anschließen zu können. Diese Chance war schließlich gegeben, als 1994 die Stadt Valencia Spaniens erstes modernes Straßenbahnsystem eröffnete, und zwar in Meterspur. Die dafür von Siemens entwickelten Niederflurwagen konnten auf die unübliche Lissabonner Spurweite von 900 mm adaptiert werden. 1995 nahm die Carris daraufhin zehn in Lizenz gebaute neue Wagen für die Linie 15 in Betrieb, davon fünf von CAF sowie ebenfalls fünf von Sorefame. Diese Fahrzeuge sind die ersten in Lissabon eingesetzten Gelenkstraßenbahnen überhaupt. Ursprünglich sollten weitere Fahrzeuge beschafft werden. Folgebestellungen gab es jedoch bis 2008 nicht mehr, so dass der zur Verfügung stehende Wagenpark bis auf weiteres äußerst knapp bemessen ist. Die Niederflurwagen sind für die hügeligen Strecken nicht geeignet und können daher ausschließlich auf der Linie 15 eingesetzt werden.

_ The present fleet

To continue operation along the steep routes through the old town, Carris examined various options during the 1980s. It was clear that due to the extremely small radii, the rapid change from uphill to downhill sections, and the large number of narrow stretches, only two-axle cars could be used. The acquisition of new cars would have implied a costly custom-made car, as the two-axle type had not been common for tram vehicles for a long time. On the other hand, the Standard car had become part of the city's image and a real tourist attraction. It was therefore decided to modernise 45 of the best-preserved vehicles by re-using their car bodies. The 'Remodelados', as they were called, were built in 1995/96. Despite their traditional appearance, they now boast totally new electrical equipment from Kiepe, and new wheelsets from M.A.N., both German companies. Besides the traditional trolley pole with a wheel, these cars are now also equipped with a pantograph. The trolley is used on lines 12 and 28, and the pantograph on the other lines. The Remodelados are all unidirectional, and six red ones operate on the 'Linha das Colinas', the tourist route.

During the 1980s, modern tram vehicles were needed for line 15, which runs parallel to the Tagus River. To save on the design costs of a purpose-built vehicle, Carris waited a long time to join another company's order. In 1994, the city of Valencia opened Spain's first modern tramway line, which had metre gauge. Their Siemens low-floor cars were able to be adjusted to Lisbon's unusual gauge of 900 mm. Five cars were then manufactured under license by CAF, and another five by Sorefame. They were delivered for line 15 in 1995, and were the first articulated trams ever in service in Lisbon. More cars were planned to be ordered, but as this has not yet happened, the present fleet is rather understocked. The low-floor cars cannot operate on the hilly routes, and are therefore limited to service on line 15.

Praça Figueira – räumlich beengte Endstation der Linie 15
– *limited space for the line 15 terminus*

Elevador da Bica – Ausweiche | *passing loop*

Elevador da Bica – Talstation mit Zugangssperre, hier werden Fahrausweise für beide Fahrtrichtungen verkauft
– *lower station with access gates, where tickets are sold for both directions*

Elevadores

Die steilen Straßen zwischen den Tälern und Hügeln Lissabons waren für die Transportunternehmen im Zeitalter der Pferdebahn nahezu unüberwindbare Hindernisse. Aus diesem Grund entwickelte sich auch das Pferdebahnnetz entlang des Tejo sowie weniger steiler Straßen und sparte die hügeligen Teile der Stadt weitgehend aus. Für diese mussten daher andere Formen der Verkehrsanbindung gefunden werden. Lissabon war dabei äußerst kreativ und experimentierfreudig. Ab 1884 gingen zunächst drei Standseilbahnen in Betrieb, ab 1890 die bereits erwähnten Kabelstraßenbahnen und schließlich ab 1892 drei öffentliche Aufzüge. Für die Aufzüge ist der Begriff Elevador gebräuchlich, für die Standseilbahnen ebenfalls Elevador oder aber Ascensor, jedoch nicht das portugiesische Wort für Standseilbahn, Funicular.

Die drei Standseilbahnen Lavra, Glória und Bica sowie der Aufzug Santa Justa sind bis heute vorhanden. Alle vier Anlagen erhielten im Februar 2002 den Status eines nationalen Denkmals und gehören zu den touristischen Sehenswürdigkeiten von Lissabon. Trotz dieses hohen historischen Stellenwertes sind aber insbesondere die Standseilbahnen bis heute auch Verkehrsmittel für den Alltagsbetrieb. Diese doppelte Rolle äußert sich übrigens auch in der Tarifgestaltung: So lassen sich alle Anlagen mit normalen Nahverkehrstickets uneingeschränkt nutzen, sofern man diese vorher besorgt hat. Wer sein Ticket an Bord kaufen möchte, muss dagegen einen Zuschlag bezahlen. Betrieben werden sowohl die Standseilbahnen als auch der Aufzug von der Carris. Die größte Verkehrsbedeutung besitzt die Glória-Bahn, welche eine schnelle Verbindung hinauf ins Bairro Alto schafft.

Lisbon's steep streets, which link the lower parts of the city to the hilly areas, constituted an almost insurmountable obstacle for transport operators during the times of horse-drawn tramways. For this reason, the horse-tram network mostly developed along the Tagus River and bypassed the hills. In search of other forms of transport, Lisbon showed its creativity and willingness to experiment with new technology. In 1884, three funicular railways were brought into service, followed by cable-hauled tramways in 1890, and three public lifts in 1892. For the lifts, the term Elevador is used, and the funiculars are called Elevadores or Ascensores, but not Funiculares, which is also the technical term in Portuguese.

The three funiculars at Lavra, Glória and Bica, as well as the Santa Justa lift, have survived up to the present day. All four systems have been listed national monuments since February 2002 and are among Lisbon's tourist sights. Nonetheless, the funiculars in particular are still an important part of the urban transport system. This dual function can also be observed in the fare structure: all prepaid tickets and seasonal passes are valid, but for onboard tickets a supplement is charged. The funiculars and the lift are operated by Carris. The busiest of these systems is the Glória funicular, which provides a fast link up to the Bairro Alto.

_ Funicular Railways
All three funiculars are characterised by a tramway-like alignment along public roads, with grooved rails and an underground cable. The two vehicles are attached to the cable, so that they haul each other up and down, meeting exactly in the middle.

Elevador da Glória – unterer Streckenabschnitt mit Gleisverschlingung
– *lower section with interlaced tracks*

Elevador do Lavra – Talstation | *lower terminus*

_ Standseilbahnen

Kennzeichnend für alle drei Standseilbahnen sind deren straßenbahnähnliche Trassen im Verlauf öffentlicher Straßen mit Rillenschienen und unterirdisch verlaufenden Zugseilen. Bei allen drei Bahnen pendeln zwei Fahrzeuge jeweils gegenläufig zueinander. Beide sind über das Zugseil miteinander verbunden und begegnen sich damit genau in Streckenmitte.

Die beiden älteren Anlagen, Lavra und Glória, entstanden unter Federführung der am 3. Juni 1882 gegründeten *Companhia dos Ascensores Mecânicos de Lisboa*. Die Lavra-Standseilbahn wurde am 19. April 1884 eröffnet und ist damit die älteste Standseilbahn Lissabons. Ihr unterer Ausgangspunkt befindet sich unweit nordöstlich der Praça dos Restauradores in einer Seitenstraße der Avenida da Liberdade, die Bergstation liegt auf dem Santana-Hügel. Bei einer Länge von 188 m und einem Höhenunterschied von 43 m ist sie die steilste der drei Bahnen. Am 24. Oktober 1885 folgte auf der gegenüberliegenden westlichen Seite der Avenida da Liberdade die Glória-Standseilbahn mit 276 m Länge und 45 m Höhenunterschied. Beide Bahnen waren zunächst meterspurig und wurden per Wasserballast betrieben, so wie heute noch die Standseilbahn in Braga. Zur Regulierung der Geschwindigkeit existierten Bremszahnstangen. Probleme mit der Wasserversorgung führten jedoch schon bald zur Installation stationärer Dampfmaschinen als Antriebsmotor. Während bei der Lavra-Bahn von Beginn an einstöckige Fahrzeuge verwenden wurden, kamen bei der Glória-Bahn zunächst Doppelstöcker zum Einsatz.

Die dritte Standseilbahn, Bica, wurde von einem eigenen Unternehmen gebaut, und zwar von der *Nova Companhia dos Ascensores Mecânicos de Lisboa* (NCAML). Diese trat in derselben Zeitepoche auch als Betreiber der Estrela- und Graça-Kabelstraßenbahnen in Erscheinung. Vergleichbar zu den beiden anderen

The two older systems, the Lavra and Glória funiculars, were built by the 'Companhia dos Ascensores Mecânicos de Lisboa', a company founded on 3 June 1882. The Elevador do Lavra was Lisbon's first funicular, opening on 19 April 1884. It runs from a lower terminus located in a side street off Avenida da Liberdade, northeast of the Praça dos Restauradores, to an upper terminus on the Santana hill. With a total length of 188 m and a difference in altitude of 43 m, it is the steepest of the three funiculars. The Elevador da Glória opened on the western side of Avenida da Liberdade on 24 October 1885. It is 276 m long and climbs 45 m. Both funiculars initially had metre gauge and were powered by water tanks, a traction system still in operation on the funicular in Braga. To adjust speed, the lines were equipped with brake racks. Due to problems with the water supply system though, stationary steam engines were soon built. While the Elevador do Lavra had single-deck cars from the start, the Elevador da Glória initially used double-deck vehicles.

The third funicular, the Elevador da Bica, was erected by a different company, the 'Nova Companhia dos Ascensores Mecânicos de Lisboa' (NCAML), a company which also operated the Estrela and Graça cable-hauled tramways. Like the other two funiculars, the Elevador da Bica was powered by water tanks when it first opened on 28 June 1892. In 1896, however, a stationary steam engine was also built for this line. The lower terminus lies near the Cais do Sodré railway station, and is served by tram line 25. At the upper terminus, transfer is provided to tram line 28, the former Estrela cable-hauled tramway line. The Elevador da Bica is 283 m long, and the difference in altitude between the two termini is 45 m. As it was related to the cable-hauled tramway network, it was also built to 900 mm gauge.

Standseilbahnen wurde auch die Bica-Bahn am 28. Juni 1892 zunächst unter Nutzung von Wasserballast eröffnet. 1896 erfolgte jedoch auch dort der Einbau einer stationären Dampfmaschine. Die Talstation liegt in der Nähe des Bahnhofs Cais do Sodré an der Strecke der Straßenbahnlinie 25. An der 283 m entfernten und 45 m höher liegenden Bergstation besteht Anschluss zur Straßenbahnlinie 28, der ehemaligen Estrela-Kabelstraßenbahn. Die Zusammengehörigkeit zur Kabelstraßenbahn äußerte sich auch in der Wahl derselben Spurweite von 900 mm.

1897 schlossen sich die beiden Standseilbahngesellschaften unter dem Namen der NCAML zusammen. 1912 übernahm dann die Carris die Kontrolle der NCAML, auch wenn die Auflösung der Gesellschaft erst am 15. Dezember 1926 erfolgte. Schon bald beschloss die Carris, alle drei Anlagen zukünftig elektrisch zu betreiben. Daraufhin wurden 1913 sechs neue Wagen bestellt und 1914 die Umbauarbeiten eingeleitet. Im September 1915 ging die Glória-Standseilbahn in neuer Form wieder in Betrieb, die Lavra-Bahn folgte im Dezember desselben Jahres. Bei der Bica-Bahn kam es hingegen am 12. Oktober 1916 im Zuge der Vorbereitung für die elektrische Betriebsaufnahme zu einem folgeschweren Unfall: Einer der neuen Wagen wurde an der Bergstation fehlerhaft aufgegleist und raste von dort ungebremst in die Talstation. Erst am 27. Juni 1927 wurde die Bahn mit noch einmal neuen Fahrzeugen wiedereröffnet.

1930 wurden die Lavra- und die Glória-Bahn erneut umgebaut. Dabei wich das vorhergehende und bis heute bei der Bica-Bahn angewendete konventionelle Standseilbahn-Prinzip mit stationärem Antrieb und ergänzender Fahrleitung für die Bordstromversorgung einer elektrischen Sonderkonstruktion. Alle vier Fahrzeuge erhielten dafür neue Fahrgestelle und eigene elektrische Antriebe. Dazu kam eine vierpolige Fahrleitung. Zwei Drähte dieser Fahrleitung dienen der Stromversorgung, die anderen beiden dagegen der elektrischen Verbindung der beiden Fahrzeuge. Dadurch ist es dem aufwärtsfahrenden Fahrzeug möglich, die Geschwindigkeit beider Wagen synchron zu regulieren. Im Gegenzug verschwanden die stationären Antriebsmotoren. Die Wagenkästen von 1913 wurden weiterverwendet. Mit dem Umbau war außerdem auch eine Umspurung auf das inzwischen etablierte Standardmaß von 900 m verbunden.

Neben der Art des Antriebs unterscheiden sich die Lavra- und Glória-Bahn von der Bica-Bahn noch in einer Reihe anderer Aspekte. Bei den beiden ersteren sind die Gleispaare auf der talseitigen Hälfte jeweils ineinander verschlungen, ab der Begegnungsstelle in Streckenmitte liegen sie jedoch bis in die Bergstation zweigleisig nebeneinander. Dagegen sind die verschlungenen Gleise der Bica-Bahn nur im Bereich der Begegnungsstelle

Elevador da Bica – Standseilbahn mit straßenbahnähnlicher Trasse
– funicular with tram-like alignment

Elevador da Glória – Führerstand | *Driver's cab*

In 1897, the two funicular companies merged under the NCAML acronym. In 1912, Carris took control over the NCAML, although the company only ceased to exist on 15 December 1926. Carris then decided to operate the three lines with electric traction, and in 1913 six new vehicles were ordered. The reconstruction of the lines began a year later. The Elevador da Glória was brought back into service in September 1915, followed by the Elevador do Lavra in December that year. On 12 October 1916, however, the Elevador da Bica suffered a severe accident before electric service had begun — when one of the new cars was put on the track at the upper terminus, it raced down the line and crashed into the lower terminus. The funicular only re-opened on 27 June 1927, with another pair of new cars.

The Lavra and Glória funiculars were rebuilt once again in 1930, when the former stationary traction system plus the complementary catenary for onboard electricity, which is still in place on the Bica line, were replaced by a new electric system. The 1913 car bodies were equipped with bogies and separately powered motors, and a four-pole catenary was installed. Two cables were needed for the power supply, while the other two established an electrical link between the two vehicles. This allowed the speed of both cars to be synchronised from the upgoing vehicle. At the same time, the lines were regauged to 900 m, the standard on Lisbon's tramway lines.

Besides the traction system, the Lavra and Glória funiculars can be distinguished from the Bica funicular by several other features: 1) the first two have interlaced tracks along the lower part of their respective lines, whereas on the upper part, the tracks lie parallel to each other like a normal

aufgeweitet. Ein weiterer Unterschied sind die Fahrzeuge: Bei der Lavra- und Glória-Bahn haben sie horizontale Wagenkästen, die auf den Fahrwerken quasi aufgebockt sind. Dagegen fahren auf der Bica-Bahn Fahrzeuge mit schrägen Wagenkästen und Stufenboden. Außerdem besitzt die Bica-Bahn als einzige der drei Anlagen eine eingehauste Talstation.

double-track line. Along the Bica funicular, however, the interlaced tracks are only separated at the passing loop; 2) the Lavra and Glória funiculars have horizontal car bodies jacked up on their bogies, whereas the Bica line uses inclined car bodies with a tiered floor; 3) the Bica funicular is the only one with a covered lower terminus.

Elevador de Santa Justa – unterer Eingang in der Baixa
– lower entrance in the Baixa

Elevador de Santa Justa – Fußgängersteg und Besucherplattform
– pedestrian bridge and panorama deck

_ Aufzüge

Neben den drei Standseilbahnen gab es in Lissabon ursprünglich auch drei öffentliche Vertikalaufzüge. Die beiden älteren Anlagen waren allerdings nur kurzlebig: Von 1892 bis 1913 existierte der Elevador do Chiado, und von 1897 bis 1915 der Elevador da Biblioteca. Dagegen ist der jüngste Aufzug, der Elevador de Santa Justa, bis heute in Betrieb. Er verbindet die beiden Viertel Baixa und Chiado. Die Anlage steht wie ein Turm in der Unterstadt. Am oberen Ende schließt hoch über den Dächern ein Fußgängersteg zum Largo do Carmo an. Vom Café auf der Aussichtsplattform oberhalb des Maschinenraums hat man einen schönen Ausblick auf Lissabon. Architekt aller drei Aufzüge war Raoul Mesnier du Ponsard, ein Schüler von Gustave Eiffel.

Baubeginn des 32 m hohen Elevador de Santa Justa, auch Elevador do Carmo genannt, war am 2. Juli 1900. Am 31. August 1901 konnten der 25 m lange Fußgängersteg und die obere Plattform für Besucher freigegeben werden. Die Eröffnung des Aufzugs selbst erfolgte jedoch erst am 10. Juli 1902. Ursprünglich wurden die beiden Fahrkörbe durch Dampfkraft bewegt, seit dem 6. November 1907 elektrisch. Betreiber des Aufzugs war zunächst eine Privatgesellschaft, die *Empresa do Elevador do Carmo*. Frühzeitig ging die Betriebsführung an die Carris, die alte Gesellschaft wurde jedoch erst am 24. Juli 1938 liquidiert.

_ Lifts

Besides the three funicular railways, Lisbon also used to have three public vertical lifts. The two older ones did not last very long, though: the Elevador do Chiado existed from 1892 until 1913, and the Elevador da Biblioteca from 1897 until 1915. The newest, however, the Elevador de Santa Justa, is still in service today. The tower-like structure links the Baixa to the Chiado area. At the upper end, a pedestrian bridge leads high above the roofs to the Largo do Carmo. A café established on the platform on top of the engine room provides a pleasant view of Lisbon. The architect of all three lifts was Raoul Mesnier du Ponsard, one of Gustave Eiffel's disciples.

Construction on the 32 m high Elevador de Santa Justa, also referred to as the Elevador do Carmo, started on 2 July 1900. On 31 August 1901, the 25 m long pedestrian bridge and upper platform were made accessible to visitors. The lift, however, only opened on 10 July 1902. Initially, the two cabins were moved by a steam engine, but by 6 November 1907, electric motors had been installed. The lift was first operated by a private company called 'Empresa do Elevador do Carmo', but this company was soon absorbed by Carris, although it was only put into liquidation on 24 July 1938.

Olivais – Station auf der 1998 eröffneten roten Linie | *station on the Red Line opened in 1998*

Die Lissaboner Metro

Das aus vier Linien bestehende Metronetz von Lissabon hat einen überaus interessanten Evolutionsprozess hinter sich. Es wurde nicht Linie für Linie gebaut, sondern wuchs in einer fast organisch zu nennenden Art und Weise. Drei der heutigen Linien gehen auf eine gemeinsame Ursprungsstrecke zurück, welche mehrfach verlängert, umgebaut und zweimal aufgespaltet wurde.

Die Bestrebungen zum Bau einer Metro in Lissabon begannen bald nach dem Zweiten Weltkrieg. Vor dem Hintergrund einer auf den Ausbau elektrischer Energie setzenden Politik erfolgte am 26. Januar 1948 die Gründung der Gesellschaft *Metropolitano de Lisboa*, die anschließend mit der Erstellung der notwendigen technischen und ökonomischen Studien begann. Am 1. Juli 1949 erteilte die Stadt Lissabon die Konzession für die Metro. Baubeginn war letztendlich am 7. August 1955. Bis heute obliegen der Metrogesellschaft sowohl der Betrieb als auch die andauernde Modernisierung und der Ausbau des Netzes.

Im Gegensatz zum portugiesischen Bahnnetz mit iberischer Breitspur von 1668 mm wählte man für die Metro die Normalspur. Weitere technische Parameter des Systems sind ein Mindestradius von 100 m, eine maximale Steigung von 40 Promille und eine Stromversorgung mit 750 V Gleichstrom über eine von oben bestrichene Stromschiene. Gefahren wird wie bei der portugiesischen Eisenbahn im Linksbetrieb.

Als Keimzelle des Systems wurde am 29. Dezember 1959 der Streckenabschnitt von Restauradores in nordwestliche Richtung zur Station Rotunda (heute Marquês de Pombal) mit zwei daran anschließenden Ästen nach Sete Rios (heute Jardim Zoológico) und Entre Campos feierlich eröffnet. Der Regelbetrieb startete am folgenden Tag. Auf der Y-förmigen

The Lisbon Metro

At present, the Lisbon Metro network comprises four lines, which have gone through quite a peculiar process of evolution – they were not built line by line, but three of them originate from one initial line, which was extended several times and twice split up into separate lines.

The first proposal for the construction of a metro system dates back to the period after World War II. Backed by a government policy to strengthen the electric energy sector, the company 'Metropolitano de Lisboa' was founded on 26 January 1948 to carry out the required technical and financial studies. The city of Lisbon approved the Metro project on 1 July 1949, with construction finally beginning on 7 August 1955. The Metro company has since then been responsible not only for the operation of the system, but also for its continuous modernisation and expansion.

Unlike the Portuguese railway network, which uses the Iberian broad gauge of 1,668 mm, international standard gauge was chosen for the Lisbon Metro. Other specifications of the system include a minimum radius of 100 m, a maximum gradient of 4%, and a power supply of 750 V dc collected from the top side of a third rail. Like the Portuguese railways, the Metro is operated on the left side.

The first section opened on 29 December 1959 from Restauradores northwest to Rotunda (now Marquês de Pombal), from where two branches continued north, one to Sete Rios (now Jardim Zoológico) and another to Entre Campos. Revenue service started the following day. The two branches of the Y-shaped network were served by alternating trains. The entire system was underground, and as all the tunnels lie below major roads through the modern part of the city, the cut-and-cover construction method was mainly used.

Linie wurde von Restauradores abwechselnd zu den beiden nördlichen Endpunkten gefahren. Alle Abschnitte verlaufen unterirdisch und folgen breiten Hauptstraßen in den modernen Teilen der Stadt. Die Tunnel konnten weitgehend in offener Bauweise errichtet werden. Lediglich ein rund 900 m langer Abschnitt inklusive der Station Parque entstand bergmännisch und liegt in größerer Tiefe. Der Betriebshof wurde in der Nähe des Endpunktes Sete Rios angelegt, die eingleisige Anbindung zweigt jedoch bereits zwischen den Stationen Praça de Espanha und São Sebastião aus dem Streckentunnel ab. Im ersten Betriebsjahr wurden 15,8 Millionen Fahrgäste befördert.

Ausgehend von der stadtseitigen Endstation Restauradores wurde die Metro in den Folgejahren Stück für Stück erweitert. Die aus dem Nordwesten kommende Ursprungsstrecke wuchs dabei nach einem fast halbkreisförmigen Bogen weiter komplett unterirdisch in nordöstliche Richtung. 1963 war mit dem Rossio der zentrale Platz der Stadt erreicht, 1966 Anjos, 1972 dann schließlich Alvalade. Damit war die zweite Stufe des Metroprojektes vollendet. Auch diese Strecke wurde mit Ausnahme einer 200 m langen bergmännisch hergestellten Unterquerung der Gürteleisenbahn zwischen den Stationen Areeiro und Roma in offener Bauweise errichtet. Am Endpunkt Alvalade wurde eine dreigleisige Station

mit einem Mittel- und einem Seitenbahnsteig gebaut. Alle anderen bis dato eröffneten Stationen haben Seitenbahnsteige. Kennzeichnend für alle Stationen der ersten und zweiten Ausbauphase sind außerdem runde Deckengewölbe.

Als dritte Stufe des Metroprojektes war schließlich eine zweite Linie parallel zum Tejo-Ufer von Alcântara nach Madre de Deus geplant, welche später bis Algés und Olivais weiter geführt werden sollte. Dieses Vorhaben wurde aber letztendlich abgebrochen, und der Blick wandte sich auf die bestehenden Anlagen. Schon bald nach der Eröffnung der Metro hatte sich nämlich gezeigt, dass diese für das schnell wachsende Verkehrsaufkommen völlig unterdimensioniert waren. 1967 wurden erstmals mehr als 30 Millionen Fahrgäste gezählt, 1972 bereits über 70 Millionen. Mit den Ausnahmen Sete Rios, Entre Campos, Rotunda und Rossio besaßen die bis 1966 eröffneten Stationen aber lediglich 40 m lange Bahnsteige, was nur für 2-Wagen-Züge reichte und der Metro im Volksmund schnell wenig schmeichelhafte Beinamen wie „Centímetro" brachte. Bei den 1972 in Betrieb gegangenen Stationen sowie den genannten vier Ausnahmen war man zumindest auf 70 m entsprechend einer 4-Wagen-Einheit gegangen. Vierwagenzüge sollten aber sehr bald im Alltagsbetrieb auch notwendig werden. Man behalf sich zwischenzeitlich damit, an den kurzen Stationen so zu halten, dass nicht alle Türen am Bahnsteig standen. 1973 experimentierte man außerdem

kurzzeitig mit Expresszügen, die jenseits der Verzweigung alle Zwischenstationen ausließen und nur die ausreichend langen Endstationen bedienten. Dieser Zustand war aber natürlich auf Dauer untragbar. Mit der Eröffnung der Verlängerung nach Alvalade wurde daher 1972 beschlossen, keine weiteren Streckenergänzungsprojekte mehr einzuleiten, bis nicht alle kurzen Stationen adäquat verlängert sind. Angesichts des hohen finanziellen Aufwandes zur nachträglichen Verlängerung der Bahnsteige plante man nun aber großzügig, was sich später auch auszahlen sollte. Die Stationen mit 40 m langen Bahn-

Only a 900 m section including Parque station was excavated below ground at a greater depth. The depot and workshop were established near the Sete Rios terminus, although the single-track service link diverged from the running tunnel at a point between Praça de Espanha and São Sebastião stations. During the first year of operation, 15.8 million passengers were counted.

Starting from the city terminus Restauradores, the Metro was gradually extended towards the northeast over the following years, forming a semi-circular route. In 1963, the line reached the Rossio, the city's central square, in 1966, Anjos and in 1972, Alvalade, thus concluding phase 2 of the metro's construction. The entire northeastern branch was again built by cut-and-cover, except for a 200 m section which crosses the belt railway between Areeiro and Roma stations. The 3-track Alvalade terminus was laid out with an island as well as a side platform, whereas the stations built so far only had side platforms. All the stations of phase 1 and 2 boast a vaulted ceiling.

For phase 3, a second line was planned, which was to run parallel to the Tagus River between Alcântara and Madre de Deus, with later extensions to Algés and Olivais. This project was later shelved, and the focus was shifted once again to the existing line. Soon after the Metro had opened, it became clear that the system was undersized, as traffic demand kept growing rapidly. In 1967, 30 million passengers were carried, which rose to 70 million in 1972. Except for Sete Rios, Entre Campos, Rotunda and Rossio, the pre-1972 stations had platforms only 40 m long, just big enough for two-car trains, a fact which soon inspired the nickname 'Centímetro'. The 1972 stations, as well as the four exceptions mentioned, already had 70 m platforms to accommodate four-car trains, which were becoming necessary in daily operation, so for some time these trains stopped at the short stations without opening all the doors. In 1973, express trains were also operated, which skipped the intermediate stations on the two branches and only served the long termini; but this was not a long-term solution either. Once the extension to Alvalade had opened in 1972, it was decided to stop any new construction, and instead extend the platforms in the existing stations. The 40 m platforms were then directly extended to 105 m in provision for the future use of 6-car trains, to avoid the high costs of a second platform extension at a later date. A second mezzanine was added in many stations at the same time. The reconstruction programme was only concluded in 1982, while those stations with 70 m platforms were left unchanged.

Once the existing stations had been rebuilt, the original branches were extended from Sete Rios to Colégio Militar/Luz, and from Entre Campos to Cidade Universitária. Both sections were brought into service on the same day in 1988, with stations having standard 105 m side platforms.

In 1993, the Metro reached Campo Grande, from both Cidade Universitária as well as from Alvalade. The new terminus is a 4-track elevated station, with both branches terminating side by side. Campo Grande was thus the first surface station on the Metro system. The network still only consisted of a single line with two branches, thus with three

steigen wurden anschließend sukzessive auf 105 m gebracht, ausreichend für 6-Wagen-Züge. Dabei erhielten viele Stationen gleichzeitig auch ein zweites Zugangsgeschoss. Die stellenweise sehr aufwändigen Umbauten konnten erst 1982 abgeschlossen werden. Bei den Stationen mit 70 m langen Bahnsteigen gab es zunächst keine Veränderungen.

Im Anschluss an den verkehrsgerechten Ausbau der Stationen begann man mit der Verlängerung der beiden nordwestlichen Äste, von Sete Rios nach Colégio Militar/Luz sowie von Entre Campos nach Cidade Universitária. Beide Abschnitte gingen 1988 am selben Tag in Betrieb. Alle neuen Stationen erhielten ab nun die Regelbahnsteiglänge von 105 m. Weiterhin wurden ausschließlich Stationen mit Seitenbahnsteigen gebaut.

1993 erreichte die Metro sowohl von Cidade Universitária als auch von Alvalade aus die Station Campo Grande. Dort wurde auf einer Viaduktkonstruktion eine viergleisige Anlage aus zwei nebeneinander liegenden Endstationen errichtet. Campo Grande war damit die erste oberirdische Station des Netzes. Gleichzeitig entstand die kuriose Situation, dass die Stammstrecke und eine der beiden Verästelungen nach Beschreibung eines Vollkreises am selben Punkt wieder zusammentrafen. Resultat: Es gab weiterhin eine Linie mit drei Endpunkten, davon aber nun zwei an derselben Stelle. Zwar wurden die beiden in Campo Grande endenden Strecken aus entgegengesetzter Richtung in den Bahnhof eingeführt, ein durchgehender Ringbetrieb war jedoch im Vorgriff auf geplante weitere Verlängerungen weder geplant noch spurplantechnisch möglich. Zusammen mit der Station Campo Grande wurde das Depot Calvanas als zweiter Betriebshof in Betrieb genommen. Die zweigleisige, komplett oberirdisch verlaufende Anbindungsstrecke fädelt am Ostkopf von Campo Grande zwischen den Gleispaaren der beiden Metrostrecken aus.

_ Linientrennung

Mit den beiden Verlängerungen nach Campo Grande hatte die Ursprungslinie ein Ausmaß erreicht, in dem sie nicht mehr praktikabel zu betreiben und auch nicht mehr sinnvoll erweiterbar war. Durch die Verzweigung konnte auf den beiden Zweigstrecken kein nachfragegerechtes Angebot hergestellt werden. Ebenso war durch die unkonventionelle Linienführung mit dem doppelten Endpunkt Campo Grande eine zufriedenstellende Fahrgastorientierung nicht mehr gewährleistet. Schon zum Zeitpunkt der Eröffnung der Station Campo Grande war jedoch auch klar, dass damit nur ein provisorischer Übergangszustand erreicht war. Bereits 1992 hatten nämlich auf der Grundlage eines Erweiterungsplans von 1990 Bauarbeiten begonnen, um aus der bestehenden einen Linie zukünftig deren drei zu machen.

Zunächst teilte man die vorhandene Strecke 1995 in zwei Linien auf. Aus der U-förmigen Relation Campo Grande –

São Sebastião – nachträglich verlängerte Station auf der blauen Linie
– *Blue Line station with extended platforms*

termini, two of which were at the same station, Campo Grande. Although the trains terminating at Campo Grande entered the station from opposite sides, the track layout did not allow through operation. Together with Campo Grande station, a second depot was opened at Calvanas. A double-track link to the depot diverges between the running tracks at the eastern end of the station.

_ Line separation

Once the initial line had been extended to Campo Grande, its operation became more and more unsatisfactory, as due to the two branches, no adequate service could be provided. The line layout did not allow any reasonable extensions either, and the double terminus at Campo Grande was a source of confusion for passengers. But already when this station opened it was clear that this would just be a temporary situation. Based on the 1990 expansion plan, construction had begun in 1992 to split the present single line into three separate lines.

In a first step, the initial line was split into two lines in 1995. The Blue Line would from now on run on existing tracks from Campo Grande via Alvalade, Rossio and Rotunda to Colégio Militar/Luz. The branch from Rotunda to Campo Grande via Entre Campos was separated and became the first section of the Yellow Line. At Rotunda, a new tunnel with a separate station was built for the new line. The two lines were linked by a service tunnel. Interchange between them is rather inconvenient due to the location of the original Rotunda station. The new station was placed in such a way as to allow the Yellow Line's later extension towards Rato. To improve interchange between the two lines, moving walkways were installed in the transfer corridor.

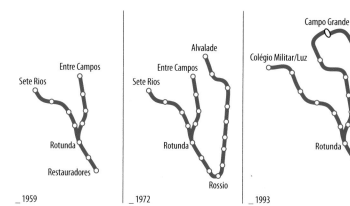

_1959

_1972

_1993

_1995

Marquês de Pombal – Station der blauen Linie, seit 1995 kann hier zur gelben
Linie umgestiegen werden
– *Blue Line station which has provided transfer to the Yellow Line since 1995*

Campo Grande – erste oberirdische Station des Metro-Netzes
– *first surface station on the metro system*

Alvalade – Rossio – Rotunda – Colégio Militar/Luz wurde ohne
Veränderung der Infrastruktur die blaue Linie. Der Abzweig
Rotunda – Entrecampos – Campo Grande wurde dagegen von
der ursprünglichen Stammstrecke abgetrennt, womit das Kernstück der gelben Linie geschaffen war. An der Verzweigungs-
station Rotunda entstand dafür eine niveaufreie Kreuzung
sowie ein betrieblich völlig eigenständiger neuer Stationsteil
für die gelbe Linie. Dazu kam ein neuer Verbindungstunnel für
Betriebsfahrten. Eine Stationsanlage mit kurzen Umsteigewe-
gen konnte am neuen Kreuzungsbahnhof Rotunda jedoch nicht
geschaffen werden. Verantwortlich dafür war sowohl die Lage
der vorhandenen alten Station der blauen Linie als auch die
Positionierung der neuen Station für die gelbe Linie, welche in
Abstimmung auf die spätere Weiterführung in Richtung Rato
erfolgte. Resultat ist, dass die beiden Stationsteile in einiger
Entfernung nebeneinander liegen und durch einen Fußgängertunnel miteinander verbunden wurden. Dieser besitzt zur
Verbesserung der Umsteigebedingungen Fahrsteige.

Ebenfalls 1995 wurden die Bahnsteige der alten Station
Rotunda sowie des ehemaligen Endpunktes Sete Rios von 70
auf 105 m verlängert. Damit war die Grundlage für den späteren Einsatz von 6-Wagen-Zügen auf der blauen Linie in ihrer
heutigen Form geschaffen.

Ende 1997 kamen zwei unterirdische Streckenverlängerungen hinzu: für die blaue Linie im Nordwesten von Colégio
Militar/Luz bis Pontinha, und für die gelbe Linie ausgehend
von der neuen Station Rotunda weiter nach Süden bis Rato.
Im Anschluss an die Station Pontinha ging außerdem 1999 ein

In 1995, the platforms in the original Rotunda station,
as well as at the former terminus Sete Rios, were extended
from 70 m to 105 m. The Blue Line was thus getting ready for
its present operation with six-car trains.

In late 1997, two underground extensions were completed: for the Blue Line from Colégio Militar/Luz to Pontinha,
and for the Yellow Line from Rotunda south to Rato. Beyond
Pontinha, a new depot was opened, making the old small
depot near Sete Rios redundant.

O Metro de Lisboa

29-12-1959	Restauradores – Rotunda* (1103 m)
	Rotunda* – Sete Rios** (2765 m)
	Rotunda* – Entrecampos (2670 m)
27-01-1963	Restauradores – Rossio (458 m)
28-09-1966	Rossio – Anjos (1511 m)
18-06-1972	Anjos – Alvalade (3432 m)
14-10-1988	Entrecampos – Cidade Universitária (1283 m)
	Sete Rios – Colégio Militar/Luz (2536 m)
03-04-1993	Cidade Universitária – Campo Grande II (1334 m)
	Alvalade – Campo Grande I (1769 m)
15-07-1995	Rotunda* II > Aufspaltung in blaue und gelbe Linie
	separation into Blue and Yellow Lines
18-10-1997	Colégio Militar/Luz – Pontinha (1620 m)
19-10-1997	Arroios – Campo Grande >
	temporär eingestellt wegen Feuer in Station Alameda
	temporary closure after fire in Alameda station
29-12-1997	Rotunda* – Rato (677 m)
03-03-1998	Arroios – Campo Grande > Wiedereröffnung	*Re-opening*
	Restauradores – Pontinha > verkürzte blaue Linie
	curtailed Blue Line
	Martim Moniz – Campo Grande > neue grüne Linie
	new Green Line
	Restauradores – Rossio > permanent stillgelegt
	permanently closed (-458 m)
	Rossio – Martim Moniz > temporär stillgelegt
	temporarily closed
18-04-1998	Martim Moniz – Rossio > wiedereröffnet	*re-opened*
	Rossio – Cais do Sodré (1417 m)
25-04-1998	+ Baixa-Chiado I (West)
19-05-1998	Alameda II – Oriente (5041 m)
18-07-1998	+ Cabo Ruivo
08-08-1998	Restauradores – Baixa-Chiado II (Ost) (666 m)
07-11-1998	+ Olivais
03-11-2002	Campo Grande – Telheiras (783 m)
27-03-2004	Campo Grande – Odivelas (5082 m)
15-05-2004	Pontinha – Amadore Este (1847 m)
19-12-2007	Baixa-Chiado II – Santa Apolónia (2200 m)

* Rotunda > heute | *now* Marquês de Pombal
** Sete Rios > heute | *now* Jardim Zoológico

_ 1998

Pontinha Campo Grande Oriente
Alameda
Marquês de Pombal
Rato
Baixa-Chiado
Cais do Sodré

dritter Betriebshof inklusive einer neuen Hauptwerkstatt ans Netz. Die beengten Anlagen aus den fünfziger Jahren bei Sete Rios wurden daraufhin entbehrlich.

Der zweite große Schnitt in die Struktur des Liniennetzes erfolgte im Laufe des Jahres 1998. Dabei wurden wesentliche Mängel der ursprünglichen Streckenführung der Metro beseitigt. Diese berührte nämlich bis dato die Baixa nur an ihrem nördlichen Rand. Zudem waren die beiden direkt am Tejo-Ufer gelegenen Kopfbahnhöfe Cais do Sodré und Santa Apolónia sowie die Fährterminals für den Vorortverkehr auf die andere Tejo-Seite nicht an das Metronetz angebunden. Im Angesicht dessen wurde nun die U-förmige blaue Linie in zwei Linien aufgeteilt. Unter der Baixa ging dafür der neue Knotenpunkt Baixa-Chiado in Betrieb. Der von Pontinha kommende westliche Ast der blauen Linie wurde ab Restauradores in die neue Station eingeführt und hatte nun dort zunächst seine Endstation, die provisorischen Kehrgleise südlich der Station zielten aber bereits in Richtung Santa Apolónia. Aus dem von Campo Grande über Alvalade kommenden östlichen Ast entstand dagegen die neue grüne Linie. Diese erhielt ab Rossio eine Neubaustrecke wiederum über Baixa-Chiado bis zur dreigleisigen neuen Endstation Cais do Sodré, dem Ausgangspunkt der Vorortbahn nach Cascais sowie außerdem auch der Fähren nach Almada. Das kurze Verbindungsstück der alten Linie zwischen Restauradores und Rossio wurde gleichzeitig stillgelegt. Die Linienneusortierung war von mehreren provisorischen Zuständen gekennzeichnet und zog sich letztendlich von März bis August 1998 hin.

Während der Tunnel bis dato weitgehend in offener Bauweise in sehr standfestem Untergrund unter den breiten Avenidas Novas gebaut worden waren, kam bei der Altstadterschließung aufgrund dichter Bebauung und enger Straßen vorwiegend der Schildvortrieb zum Einsatz. Besonders bemerkenswert ist der neue zentrale Knotenpunkt Baixa-Chiado. Wie der Name schon verrät, bindet dieser sowohl die Baixa als auch den darüber liegenden Chiado-Hügel an. Vom Largo do Chiado ausgehend führt eine unterirdische Rolltreppenverbindung aus mehreren Sektionen bis zum ebenerdigen Eingang am Rande der Baixa und von dort aus weiter in das tief liegende Verteilergeschoss oberhalb der Bahnsteige. Dieses Bauwerk ist in seiner Verbindungsfunktion zweier in verschiedenen Ebenen liegenden Stadtviertel durchaus den alten Standseilbahnen und Aufzügen ebenbürtig und kann von Passanten ohne Fahrkarte genutzt werden. Die Station selbst besteht aus zwei parallel nebeneinander liegenden zweigleisigen Bahnsteighallen jeweils mit Seitenbahnsteigen. Dabei sind die beiden inneren Seitenbahnsteige durch Querschläge stufenfrei miteinander verbunden, so dass von Santa Apolónia in Richtung Cais do Sodré bzw. von Telheiras in Richtung Amadora Este stufenfrei umgestiegen werden kann. Alle anderen Umsteigeverbindungen erfordern jedoch zweimalige Treppenbenutzung. Nördlich der Station unterquert die grüne Linie die blaue, am südlichen Bahnhofskopf existiert ein Verbindungsgleis.

_ Die neue rote Linie

Unterdessen war bereits im Mai 1998 mit der roten Linie die vierte Linie hinzugekommen. Im Gegensatz zu den drei anderen Linien entstand diese Linie jedoch für sich allein als eigenständiges Projekt. Ihre Realisierung geht auf die erfolgreiche Bewerbung Lissabons als Ausrichter der Weltausstellung 1998 zurück. In diesem Zusammenhang wurden im Nordosten des Stadtgebietes weite Areale städtebaulich entwickelt und diese dann durch die rote Linie an das Metronetz angebunden.

Baixa-Chiado – Rolltreppenverbindung vom Chiado hinunter zum eigentlichen Eingang der Metrostation
– *Escalators leading from the Chiado down to the metro station entrance*

The second step in the restructuring of the network followed in 1998. The original metro line had not really entered the Baixa, but bypassed it at its northern edge; it reached neither the railway stations at Cais do Sodré and Santa Apolónia, both located on the Tagus River, nor the ferry terminals where commuter boats leave for the south bank of the river. The U-shaped Blue Line was therefore split into two lines, and a new interchange station was built at Baixa-Chiado right below the Baixa. The western leg of the Blue Line from Pontinha was diverted from Restauradores to its temporary terminus at Baixa-Chiado, with provision for its future extension to Santa Apolónia. The eastern leg from Campo Grande via Alvalade, however, was converted into a separate line, the Green Line, with a new section from Rossio via Baixa-Chiado to the 3-track terminus at Cais do Sodré, from where suburban trains depart on the line to Cascais, and ferries go to Almada. The short section between Restauradores and Rossio was abandoned. The change from a 2-line to a 3-line network was made in various temporary stages, and took from March to August 1998.

Whereas the first tunnels had mostly been built by cut-and-cover in solid ground and along the wide Avenidas Novas, tunnel boring machines were used to excavate below the densely built-up old city centre. As the name suggests, the centrally located Baixa-Chiado station serves both the lower part of town and the Chiado area up on the hill. From Largo do Chiado, a series of underground escalators leads down to

Baixa-Chiado – Bahnsteigebene, darüber die Verteilerebene für Umsteiger
– *platform level, with mezzanine above for transferring passengers*

Olaias – Talbrücke der roten Linie | *viaduct on the Red Line*

Direkt am Eingang des Ausstellungsgeländes entstand an der portugiesischen Eisenbahnmagistrale nach Porto außerdem der neue Ostbahnhof, die Estação do Oriente. Die gewünschte und letztendlich auch erreichte rechtzeitige Inbetriebnahme der Linie pünktlich zur Expo führte zu einem gewissen Termindruck. Resultat war, dass einige Zwischenstationen zunächst noch ohne Halt durchfahren werden mussten. Sie kamen dann etwas später im Laufe des Jahres 1998 hinzu. Zudem führte im Oktober 1997 ein Feuer am Ausgangspunkt Alameda zu einer viermonatigen Sperrung des Abschnittes Arroios – Campo Grande der damaligen blauen bzw. heutigen grünen Linie.

Die Station Alameda erhielt für die rote Linie eine zweite Bahnsteigebene, die im rechten Winkel zur alten für die grüne Linie liegt. Wie schon im Falle von Rotunda führte der nachträgliche Umbau einer bestehenden einfachen Station zu einem mehrgeschossigen Kreuzungsbahnhof jedoch ebenfalls zu einer Umsteigeanlage mit langen Wegen. Im Gegensatz zu Rotunda wären in Alameda zwar durchaus kürzere Verbindungen möglich gewesen, doch entschied man sich im Interesse eines möglichst simplen Bauablaufs zum Bau der neuen Station nicht unter, sondern neben der alten. Im Fußgängerverbindungstunnel zwischen beiden Teilen gibt es Fahrsteige. Ebenso entstand im Bereich der Station Alameda ein eingleisiger Verbindungstunnel zwischen den beiden Linien. Dieser wird regelmäßig von ein- und ausrückenden Zügen der roten Linie befahren, da diese im Gegensatz zu den drei anderen Linien keine direkte Anbindung an eine der beiden Depotanlagen in Höhe Pontinha oder Campo Grande besitzt.

Nordöstlicher Endpunkt der roten Linie ist der Bahnhof Oriente. Damit war das Metronetz endlich an den Fernverkehr der Eisenbahn angeschlossen. Zwischen Olaias und Bela Vista

the foot of the hill, where the entrance from the Baixa is located. From there, more escalators take passengers down to the deep-level mezzanine and the platforms. Like the old funiculars and lifts, the flight of escalators provides a vital link between neighbourhoods located on different levels, and can be used without passing through the ticket gates. The station proper consists of two parts lying parallel to each other; each part has two side platforms, with the inner side platforms being linked through passageways. Interchange is thus very convenient between southbound Green Line and northbound Blue Line trains, but for other connections, two flights of stairs have to be used. North of the station, the Blue Line passes under the Green Line; there is a track link between the two lines at the southern end of the station.

_ The new Red Line
Meanwhile, a fourth line had been added to the system in May 1998 when the Red Line opened. Unlike the other three lines, this line was a totally separate project from the start, and was inspired by Lisbon's successful candidacy to host the 1998 World Expo. For this major event, large areas in the city's northeast were redeveloped and linked by a new metro line. Adjacent to the Expo terrain, on the mainline route to Porto, a new railway station, the Estação do Oriente, was built. As the metro line had to be finished in time for the Expo, it opened with some stations still under construction. While trains skipped these stations during the first months, they had all been completed by the end of 1998. During construction at Alameda station in October 1997, a fire broke out, and the section Arroios — Campo Grande (then on the Blue Line, now the Green Line) had to be closed for four months.

überquert die Strecke auf einer 232 m langen Talbrücke einen Geländeeinschnitt sowie die Gürteleisenbahn. Der Rest der Strecke und alle Stationen liegen unterirdisch. Die nordöstlich an die Talflanke anschließenden Hügel werden in größerer Tiefe in einem per Schildvortrieb aufgefahrenen Tunnel unterquert.

Mit der Aufspaltung des Liniennetzes erhielten alle vier Linien sehr poetische Namen und dazu passende Symbole: Die blaue Linie wurde so zur Linha da Gaivota (Seemöwenlinie), die gelbe Linie zur Linha do Girassol (Sonnenblumenlinie), die grüne Linie zur Linha da Caravela (Karavellenlinie) und die rote Linie zur Linha do Oriente (Ostlinie). Für letztere findet sich vereinzelt auch die Bezeichnung Linha da Rosa dos Ventos (Windrosenlinie), die auf das verwendete Symbol Bezug nimmt. Das mit Abstand wichtigste Erkennungsmerkmal für die Linien in der Fahrgastinformation ist jedoch bis heute die Linienfarbe, die Namen und Symbole sind eher schmückendes Beiwerk. Liniennummern gab es bei der Metro Lissabon nie, Linienbuchstaben von A bis D entsprechend der Reihenfolge der Eröffnung der Linien nur intern und nicht in der normalen Fahrgastinformation. Bereits am 1. März 1998 waren außerdem einige Stationen umbenannt worden: Palhavã wurde zu Praça de Espanha, Rotunda zu Marquês de Pombal, Sete Rios zu Jardim Zoológico und Socorro zu Martim Moniz. Im Falle von Sete Rios lief diese Umbenennung dem Ziel eines integrierten Nahverkehrsnetzes aus Vororteisenbahn, Metro, Straßenbahn und Bus jedoch zuwider: der bis dato gleichnamige Bahnhof an der Lissabonner Gürteleisenbahn behielt nämlich seinen alten Namen.

Nach Abschluss der Linientrennung sowie Eröffnung der roten Linie wurden im Jahre 1999 auf den nun vier Linien 667.814 Fahrgäste pro Tag ermittelt: 203.859 auf der blauen, 159.619 auf der gelben, 249.772 auf der grünen und 53.564 auf der roten Linie.

_ Streckenverlängerungen nach 1998

Nach 1998 kamen weitere Streckenergänzungen für die drei alten Linien hinzu. Die grüne Linie wuchs im November 2002 um eine Station von Campo Grande bis Telheiras, wobei der neue Endpunkt wiederum unterirdisch liegt. Im März 2004 wurde die Länge der gelben Linie auf einen Schlag mehr als verdoppelt, von Campo Grande ging es nun weiter nordwärts bis Odivelas. Auch diese Verlängerung führt im Anschluss an das Campo-Grande-Viadukt wieder in den Untergrund, besitzt aber im Außenbereich zwei weitere oberirdische Abschnitte; die Station Senhor Roubado liegt ebenfalls in Hochlage. Odivelas war die erste Station des Metronetzes außerhalb Lissabons.

At Alameda, a separate station was added for the Red Line; it lies perpendicularly to the old one, resulting in a complex station layout with long transfer corridors, a bit like what happened at Rotunda. Unlike at Rotunda, though, a more convenient transfer station would technically have been possible, but to reduce the impact on the Green Line's operation during construction, the new station was added next to rather than below the original station. Moving walkways were installed in the transfer corridor. The two lines are linked at Alameda by a single-track tunnel, which is regularly used by trains entering service or being put out of service, as the Red Line has no direct access to the depots at Pontinha and Campo Grande.

The northern terminus of the Red Line is Oriente railway station, which thus provides the first connection with the long-distance railway network. Between Olaias and Bela Vista, the Red Line crosses a valley and the belt railway line on a 232 m bridge. The rest of the route, including the stations, lies underground. Northeast of the above-mentioned valley, the metro tunnel was built at a great depth using a tunnel boring machine.

When the network was restructured, the four lines were assigned very poetic names and matching symbols: The Blue Line became the 'Linha da Gaivota' (Seagull Line), the Yellow Line the 'Linha do Girassol' (Sunflower Line), The Green Line the 'Linha da Caravela' (Caravel Line) and the Red Line the 'Linha do Oriente' (East Line). The latter has sometimes also been referred to as the 'Linha da Rosa dos Ventos' (Wind Rose Line), which is also visible in the line's symbol. The line colour, however, has remained the most distinctive feature in the passenger information system, while the names and symbols have become mere ornaments. The lines have never been numbered, the letters A to D, following the opening dates of each line, having only been used internally, and not on any maps or other publications intended for passengers. On 1 March 1998, several stations were renamed: Palhavã became Praça de Espanha, Rotunda — Marquês de Pombal, Sete Rios — Jardim Zoológico and Socorro — Martim Moniz. In the case of Jardim Zoológico, the renaming went against the process of full integration of the suburban rail, metro, tram and bus networks, as the railway station on the belt line has preserved its original name, Sete Rios.

With the original line having been divided into three lines and the Red Line having been added to the network, a total of 667,814 passengers were carried in 1999: 203,859 on the Blue Line; 159,619 on the Yellow Line; 249,772 on the Green Line; and 53,564 on the Red Line.

Chelas (links) & **Olaias** (rechts) – Die Stationen der roten Linie beeindrucken durch monumentale Raumarchitektur.
Chelas (left) & **Olaias** (right) – The stations on the Red Line boast spectacular designs.

Alvalade – im Zuge der Bahnsteigverlängerung in den Jahren 2006/07 komplett modernisierte Station
– In conjuction with the platform extension carried out in 2006/07 the station was completely refurbished.

Ebenso über die Stadtgrenzen hinweg führt die kurz danach im Mai 2004 eingeweihte Verlängerung der blauen Linie von Pontinha nach Amadora Este. Für Fahrten zu diesen beiden Stationen gilt daher der ansonsten angewendete Einheitstarif nicht, stattdessen muss ein Fahrschein für zwei Zonen gelöst werden. Tageskarten sind jedoch uneingeschränkt auf dem ganzen Netz gültig.

Seit 2006 werden sukzessive die noch vorhandenen 70 m langen Bahnsteige auf der grünen Linie auf 105 m verlängert, um auch auf dieser Linie zukünftig mit 6-Wagen-Zügen fahren zu können.

Zuletzt konnte im Dezember 2007 am stadtseitigen Ende der blauen Linie der komplett unterirdische Abschnitt von Baixa-Chiado über Terreiro do Paço nach Santa Apolónia in Betrieb genommen werden. An der Zwischenstation wurde eine Verknüpfung mit dem Terminal für die Fähren nach Barreiro hergestellt, die Endstation ist direkt mit dem Bahnhofsgebäude der Eisenbahn verbunden. Weite Teile der Strecke folgen unmittelbar dem Ufer des Tejo, was während des Baus zu schweren Komplikationen führte: Die Fertigstellung der wichtigen Erweiterung verzögerte sich um viele Jahre, nachdem im Juni 2000 Wasser in die Baugrube der Station Terreiro do Paço einbrach und in der Folge der komplette Tunnelrohbau geflutet werden musste. Letztendlich konnte das Bauwerk aber saniert werden.

_ Extensions since 1998

The three older lines have all been extended since 1998. The Green Line continued from Campo Grande to Telheiras in November 2002 with a new underground terminus. In March 2004, the length of the Yellow Line was more than doubled by the opening of the extension from Campo Grande north to Odivelas. Like the Green Line, it returns underground after leaving Campo Grande, but there are two more surface sections on the outer route; Senhor Roubado station lies on a viaduct. Odivelas became the first station located outside the city boundaries. The Blue Line extension from Pontinha to Amadora Este followed soon after in May 2004, and also passes the city border. To go to these stations outside Lisbon, a 2-zone single ticket has to be bought, while day tickets are valid on the entire network.

Since 2006, work has been underway to extend the remaining 70 m platforms on the Green Line to 105 m so that six-car trains can also be operated on this line.

In December 2007, the underground extension for the Blue Line from Baixa-Chiado via Terreiro do Paço to Santa Apolónia was finally brought into service. At the intermediate station, interchange is provided to ferry services to Barreiro, while the terminus of the line is directly linked to the mainline station building. The new extension runs mostly parallel to the Tagus River, which led to severe problems during construction: the completion of the new section was delayed by several years after water came into the construction site at Terreiro do Paço in June 2000, and the whole tunnel shell had to be flooded, but in the end the whole construction site was able to be saved.

_ Die Metro heute

Seit Vollendung der Strecke nach Santa Apolónia ist das Metronetz 37,7 km lang. Wie geschildert sind die vier Linien an den Stationen Alameda, Campo Grande, Marquês de Pombal und Baixa-Chiado durch Verbindungsgleise miteinander verbunden. Alle diese Betriebsgleise sind derart ausgeführt, dass immer per Sägefahrt mit Fahrtrichtungswechsel zwischen den Linien gewechselt werden muss.

Im Jahre 2006 wurden 184 Millionen Fahrgäste gezählt. Während die Gesamtzahl der Fahrgäste im öffentlichen Nahverkehr von Lissabon seit Beginn der neunziger Jahre bis 2006 um fast ein Drittel zurückgegangen ist, konnte die Metro ihre Verkehrsbedeutung im gleichen Zeitraum noch einmal deutlich steigern. Trotz der relativ geringen Netzausdehnung befördert sie inzwischen rund 40% aller Fahrgäste im städtischen Nahverkehr.

Gemäß Stand 2008 verlassen die ersten Züge die Endpunkte um 6:30 Uhr, dies gilt für alle Linien und Wochentage. Bis mindestens 1 Uhr nachts bestehen an allen Stationen Fahrtmöglichkeiten in beide Richtungen. Betriebsschluss ist gegen 1:30 Uhr. Die kürzesten Zugintervalle betragen 4:30 Minuten auf der blauen, 4:15 Minuten auf der gelben, 3:25 Minuten auf der grünen und 4:20 Minuten auf der roten Linie, genaue Fahrpläne gibt es nicht. In den späten Abendstunden muss maximal 11:30 Minuten auf den nächsten Zug gewartet werden. Auf der gelben Linie endet unter der Woche tagsüber jeder zweite Zug bereits in Campo Grande. Alle anderen Züge fahren stets von Endpunkt zu Endpunkt.

Die Metro ist seit Mitte 2003 ein geschlossenes System mit Zugangssperren an allen Eingängen. Alle Stationen sind darüber hinaus personalbesetzt. Zu beachten ist, dass eine ganze Reihe Haltestellenzugänge abends und am Wochenende geschlossen sind. Tariflich gibt es in Lissabon sowohl Haustarife von Carris und Metro als auch Gemeinschaftsfahrkarten, jedoch unter Ausschluss des Vororteisenbahnverkehrs. Praktisch sind die sogenannten „7 Colinas"-Karten, auf die sich per Automat Einzel- oder Tagestickets laden lassen. Der Ballungsraum ist in ein Zonensystem aufgeteilt.

_ Weiterer Netzausbau

Für die Zukunft ist ein weiterer Ausbau des Metronetzes fest vorgesehen. Drei Vorhaben befanden sich 2008 in der Realisierungsphase, weitere sollen zu einem späteren Zeitpunkt folgen.

Im Oktober 2004 begannen die Bauarbeiten für eine 1,8 km lange Verlängerung der roten Linie von Alameda weiter nach Westen über Saldanha nach São Sebastião. An der Station Saldanha wird eine Verknüpfung zur gelben Linie hergestellt, an der Station São Sebastião wird man zur blauen Linie umsteigen können. Nach Abschluss der Maßnahme sind damit alle vier Linien direkt miteinander verknüpft. Die Eröffnung soll 2009 stattfinden. Für die Herstellung der doppelgleisigen Tunnelröhre kam eine Schildvortriebsmaschine zum Einsatz.

Seit 2007 in Bau ist eine 3,6 km lange Verlängerung der roten Linie am anderen Ende von Oriente bis zum Flughafen mit drei neuen Stationen. Diese Strecke war lange Zeit umstritten, da der mitten in der Stadt liegende Flughafen langfristig durch eine neue Großanlage weiter außerhalb ersetzt werden soll. Paradoxerweise wurde kurz nach Beginn der Bauarbeiten für die

_ The Metro today

With the completion of the extension to Santa Apolónia, the total length of the metro network is 37.7 km. As mentioned above, the four lines are linked via service tracks at Alameda, Campo Grande, Marquês de Pombal and Baixa-Chiado. All four links require multiple reversing to get from one line to the other.

In 2006, the Metro carried 184 million passengers. While overall ridership on all public transport in Lisbon fell by almost one third between the early 1990s and 2006, the Metro's share increased disproportionately. Despite the limited size of its network, the Metro accounts for about 40% of all trips taken on the city's public transport system.

As of 2008, the first trains leave their respective termini at 06:30 on all lines during weekdays. Until at least 01:00, trains operate at all stations and in each direction. The system closes at around 01:30. The shortest headways are 4:30 minutes on the Blue Line, 4:15 minutes on the Yellow Line, 3:25 minutes on the Green Line, and 4:20 minutes on the Red Line. The Lisbon Metro does not publish detailed timetables. In the evenings, the longest time between trains is 11:30 minutes. During daytime service on weekdays, every other Yellow Line train terminates at Campo Grande. All other trains run from end to end at all times.

Since mid-2003, the Metro system has been equipped with access gates at all entrances; all stations are still manned, however. Several entrances are closed in the evenings and at weekends. In Lisbon, exclusive tickets are available for either Metro or Carris, but combined tickets for these two operators are also sold, whereas suburban rail services are not integrated. A '7 Colinas' prepaid card can be used for single rides or as a day pass. The conurbation is subdivided into fare zones.

_ Expansion projects

In the future, the metro network will be further expanded. Three projects are currently being realised, while others are to follow at a later stage.

The construction of a 1.8 km extension from Alameda west to São Sebastião via Saldanha started in October 2004. At Saldanha, interchange will be provided to the Yellow Line, and at São Sebastião, to the Blue Line, so that all four lines will be directly linked when the extension is completed in 2009. The double-track tube tunnel was built using a tunnel boring machine.

Senhor Roubado
– die 2004 eröffnete Verlängerung der gelben Linie verläuft stellenweise oberirdisch
– *The Yellow Line extension opened in 2004 includes some surface sections.*

Bela Vista – die Lissaboner Metro ist seit 2003 ein geschlossenes System mit Zugangssperren.
– *Since 2003, the Lisbon Metro has been equipped with access barriers.*

Metrostrecke Anfang 2008 verkündet, dass man nun tatsächlich auch das Projekt des neuen Flughafens ernsthaft angehen wolle. Nach einer längeren Standortdiskussion soll dieser nun auf einem ehemaligen Militärgelände nördlich von Alcochete auf der Südseite des Tejo entstehen. Dessen ungeachtet ist geplant, die Metro zum vorhandenen Flughafen 2010 in Betrieb zu nehmen. Nach dessen Standortwechsel soll sie dann der Erschließung von auf dem Flughafengelände vorgesehenen Stadtentwicklungsgebieten dienen.

Das dritte laufende Projekt ist eine Verlängerung der blauen Linie von Amadora Este nach Reboleira. Im August 2008 begannen die Bauarbeiten für diese 0,6 km lange Strecke mit einer zusätzlichen Station. Am zukünftigen Endpunkt Reboleira wird eine Verknüpfung mit der Vororteisenbahnstrecke nach Sintra hergestellt. Das Projekt soll bis 2011 vollendet sein.

Ein weiteres Projekt ist im aktuellen Ausbauplan bereits ebenfalls fixiert. Dabei handelt es sich um die 1,0 km lange Weiterführung der roten Linie über São Sebastião hinaus nach Campolide, und zwar ins Zentrum dieses Vorortes und nicht zum gleichnamigen Bahnhof. Man hofft auf eine Fertigstellung ebenfalls im Jahre 2011.

Nach Abschluss all dieser Maßnahmen stehen weitere Vorhaben an, für die im Jahre 2008 jedoch noch keine Zeitplanung existierte. Wesentlicher Bestandteil der Planungen ist eine weitere Verbesserung der Vernetzung der Linien untereinander sowie mit dem Vororteisenbahnverkehr. Die gelbe Linie soll demnach von Rato um drei Stationen nach Südwesten bis Alcântara wachsen und dort Anschluss zur Vorortbahn nach Cascais herstellen. Ein erster Abschnitt könnte zunächst bis zum Straßenbahnknoten Estrela führen. Die grüne Linie soll von Telheiras nach Pontinha weitergeführt werden und damit einen zweiten Knotenpunkt mit der blauen Linie erhalten. Die umfangreichsten Vorplanungen bestehen jedoch wiederum für die rote Linie. Von der zukünftigen westlichen Endstation Campolide ist eine weitere Verlängerung in Richtung Campo de Ourique und später eventuell weiter bis Miraflores westlich des Stadtgebietes anvisiert, und vom Flughafen aus weiter nach Lumiar mit Anschluss an die gelbe Linie. Zudem soll auf der roten Linie nördlich von Oriente eine Verzweigung in Richtung Sacavém hergestellt werden.

The Red Line's northern extension from Oriente to the airport, with three new stations, has been under construction since 2007. This route was controversial for a long time, as the centrally located airport has long been planned to be relocated outside the city. Detailed plans for the new airport were revealed in early 2008, just after construction on the new extension had started. Its definitive location will be on former military terrain north of Alcochete on the south bank of the Tagus River. But the metro extension is nonetheless scheduled to open in 2010, as the present airport grounds are to be redeveloped once the planes have gone.

The third project is an extension of the Blue Line from Amadora Este to Reboleira. The construction of the 0.6 km section began in August 2008 for completion in 2011. The future terminus will provide interchange with the Sintra suburban line.

Another project is included in the current master plan: by 2011, the Red Line will be extended 1 km further west from São Sebastião to Campolide, but instead of going to the railway station of that name, it will serve the centre of that neighbourhood.

Further extensions are planned, though no timeframe can be given yet. A major goal is to create more transfer options between the four lines, as well as between the Metro and the suburban railways. The Yellow Line will therefore be extended southwest to Alcântara, where interchange will be provided to the Cascais suburban line. The first stage is planned to be an extension to the tram hub at Estrela. The Green Line will continue from Telheiras to Pontinha, where it will link to the Blue Line. The most ambitious plans, however, are for the Red Line: from the future Campolide terminus, an extension to Campo de Ourique and possibly further on to Miraflores is being considered; from the airport, a link to Lumiar station on the Yellow Line is possible; and north of Oriente station, a branch towards Sacavém may be built.

_ Metro-Fahrzeuge

Die Ursprungsfahrzeuge der Metro waren insgesamt 84 Einzelwagen der Baureihe ML 7. Zur Eröffnung der Metro 1959 standen davon zunächst 24 Wagen zur Verfügung. Diese wurden aus Deutschland importiert, Hersteller war die LHB Salzgitter, die elektrische Ausrüstung kam von Siemens. 1963/64 stockte man den Wagenpark um 14 Fahrzeuge auf, 1972 kamen weitere 32 und 1975 noch einmal 14 hinzu. Die Nachlieferungen wurden in Lizenz von der einheimischen Waggonfabrik Sorefame in Amadora nördlich von Lissabon gebaut. Alle Wagen besaßen jeweils einen Führerstand. Im Einsatz standen fest gekuppelte 2-Wagen-Einheiten, die auch als 4-Wagen-Züge verkehrten. Am 21. Mai 1976 brach nahe der Station Arroios in einem derartigen 4-Wagen-Zug ein Feuer aus. Es gab keine Verletzten, der betroffene Zug musste jedoch ausgemustert werden. Die restlichen 80 Wagen waren bis in die neunziger Jahre im Einsatz und wurden alle zusammen am 28. Januar 2000 aus dem Bestand gestrichen. Ein Doppelzug wird museal erhalten.

Von der nächsten Baureihe ML 79 wurden zwischen 1983 und 1989 wiederum von Sorefame/Siemens insgesamt 56 Einzelwagen ausgeliefert. Auch diese Wagengeneration ist inzwischen aus dem Betriebsalltag verschwunden. Ihre Ausmusterung erfolgte bereits am 11. Juli 2002. Die Fahrzeuge hatten wie die ML 7 16 m lange Wagenkästen aus Stahl, pneumatische Doppelschiebetüren mit Türentaschen und ebenfalls jeweils einen Führerstand. Sie wurden wiederum zu 2- oder 4-Wagen-Zügen gekuppelt. In den letzten Betriebsjahren kamen auch 6-Wagen-Züge zum Einsatz. Im Gegensatz zu den ML 7 betrug die Höchstgeschwindigkeit 72 statt 60 km/h. Die Breite wurde außerdem von 2,70 m auf 2,79 m erhöht, ein Maß, das auch bei allen späteren Lieferungen Verwendung finden sollte. Möglich wurde dies durch eine bauchige Ausbuchtung der Seitenwände oberhalb des Wagenbodens.

Der umfangreiche Ausbau des Metronetzes während der neunziger Jahre resultierte in einer Verdreifachung der geleisteten Wagenkilometer. Man entschied sich im Zuge der damit anstehenden Aufstockung des Wagenparks gleich auch die Altfahrzeuge zu ersetzen. Ab 1993 wurden daraufhin von Sorefame/Siemens neue Züge in mehreren Unterbaureihen ausgeliefert. Damit verbunden war auch eine neue Philosophie der Zugbildung, und zwar weg von den 2-Wagen-Zügen. Alle neu gelieferten Züge bestehen stattdessen in der Grundeinheit aus zwei Triebwagen mit je einem Führerstand und einem dazwischengekuppelten Beiwagen. Dies bedeutete Kostenersparnisse in der Beschaffung, ein geringeres Gewicht und

_ Metro Rolling Stock

The original fleet of metro rolling stock comprised 84 single cars of class ML 7. When the Metro opened in 1959, 24 of these were available. They had been manufactured by LHB in Salzgitter, Germany, with electrical equipment from Siemens. In 1963-64, an additional 14 cars were delivered, with another 32 arriving in 1972, and 14 in 1975. The later series were built under license at Sorefame, a rolling stock factory in Amadora, north of Lisbon. All cars were equipped with a single driver's cab, so they had to be used as coupled pairs, which were able to be used as four-car trainsets, too. On 21 May 1976, a fire in Arroios station damaged one of these four-car trains, and although there were no injuries, the cars had to be withdrawn and scrapped. The remaining 80 cars stayed in service until the 1990s and were all withdrawn on 28 January 2000. One four-car train has been preserved for museum purposes.

A total of 56 single cars of class ML 79 was delivered between 1983 and 1989; they were again manufactured by Sorefame and Siemens. These cars only remained in service until 11 July 2002. Like class ML 7, they had 16 m steel bodies, pneumatic sliding doors opening inside the car walls, and a single driver's cab. They were coupled to form two-car or four-car trains, and during their last years of operation, even six-car trains. Unlike the ML 7, their maximum speed was 72 km/h, not 60 km/h. The car's width was increased from 2.70 m to 2.79 m, which became the standard width for all future cars. This was made possible by slightly bulging the sides of the cars above the platform level.

The rapid expansion of the metro network during the 1990s led to a triplication of the rolling stock required. While new cars had to be ordered anyway, it was decided to replace all the older cars, too. From 1993 on, new cars were built by Sorefame/Siemens in several subseries. Instead of the original coupled pairs, the new concept was to have permanently coupled three-car units, made up of a trailer between two end cars, each with a driver's cab. This resulted in lower acquisition costs, a lower weight, and higher capacity, as the trailers had no driver's cabs and were not motorised. Two three-car units can be coupled to form a six-car train. The long trainsets were first used on 10 June 1998, running on the Red Line during the Expo, but since then, three-car trains have provided enough capacity on this line. Since 31 January 2000, six-car trains have become the standard on the Blue and Yellow Lines. The latter was first operated with alternating three-car trains, but since 26 March 2001, six-car

Baureihe ML 7 | *Class ML 7 (Foto Stephan Kyrieleis)*

Baureihe ML 79 | *Class ML 79 (Foto Stephan Kyrieleis)*

außerdem auch ein erhöhtes Platzangebot, da die Beiwagen weder Führerstände noch einen eigenen Antrieb besitzen. Zwei 3-Wagen-Einheiten können zu 6-Wagen-Zügen gekoppelt werden. Derartige 6-Wagen-Züge kamen erstmals während der Expo ab dem 10. Juni 1998 auf der roten Linie zum Einsatz, seit dem Ende der Expo reichen dort jedoch wieder 3-Wagen-Züge aus. Seit dem 31. Januar 2000 sind 6-Wagen-Züge jedoch Standard auf der blauen und der gelben Linie. Auf letzterer verkehrten sie zunächst noch im Wechsel mit 3-Wagen-Zügen, ab dem 26. März 2001 dann auf allen Kursen. Lediglich auf der grünen Linie fuhren 2008 noch provisorisch 4-Wagen-Züge mit ausgekuppelten Beiwagen. Sobald alle Bahnsteige verlängert sind, sollen aber auch dort 6-Wagen-Züge fahren.

Auch wenn sich die in den neunziger Jahren in Betrieb genommenen Züge weitestgehend gleichen und technisch zueinander kompatibel sind, gibt es doch einige Unterschiede. Die 19 3-Wagen-Züge der Baureihe ML 90 besitzen als besonderes Erkennungsmerkmal Stirntüren in der Mitte der Fahrzeugfronten. Am 29. März 1993 ging der erste Zug in den Probebetrieb, bis 1996 war die Serie komplett. Es folgten 38 technisch verbesserte 3-Wagen-Züge der Baureihe ML 95 aus den Jahren 1997 und 1998. 18 weitere 3-Wagen-Züge der Baureihe ML 97 wurden 1999 abgenommen, diese Fahrzeuge besitzen erstmals in Lissabon Faltenbälge und damit Durchgänge zwischen den einzelnen Wagen. Zuletzt kamen zwischen Juli 2000 und Oktober 2002 noch einmal 38 3-Wagen-Züge der neuesten Baureihe ML 99 hinzu. Alle Züge haben Edelstahlkästen und im Gegensatz zu den älteren Baureihen pneumatische Außenschwingtüren. Im Vergleich zu den Altfahrzeugen konnte der Energieverbrauch pro Wagenkilometer durch Verwendung moderner Elektrotechnik mehr als halbiert werden. Ein Triebwagen der Baureihe ML 99 wurde nach einem Unfall im Betriebshof Calvanas 2002 ausgemustert. Damit standen für den Betrieb der Metro 2008 insgesamt 225 Triebwagen und 113 Beiwagen zur Verfügung.

Typ *Class*	Wagen-Nr. *Car No.*	Baujahr *Year*	Länge *Length* (mm)	Leergew. *Net weight* (t)	Sitze *Seats*	Stehplätze *Standees* (6 P./m²)	Anmerkungen *Comments*
ML 7	1-84	1959-75	16000	35	36	137	2-Wagen-Züge | *2-car units*
ML 79	101-156	1983-89	16000	30,8	40	124	2-Wagen-Züge | *2-car units*
ML 90	201-257	1993-96	M 16240	30,4	40	122	19 3-Wagen-Züge | *19 3-car units*
			B 16090	19,6	48	130	
ML 95	301-414	1997-98	wie | *like* ML 90				38 3-Wagen-Züge | *38 3-car units*
ML 97	501-554	1999	M 16224	29,3	38	127	18 3-Wagen-Züge | *18 3-car units*
			B 16058	18,8	44	141	
ML99	601-714	2002-02	wie | *like* ML 97				38 3-Wagen-Züge | *38 3-car units*

M = motorisierter Wagen | *motorised car*; B = Beiwagen | *trailer*

trains have been running on all workings. At present in 2008, the Green Line is temporarily being equipped with four-car trains, with their centre trailers removed, but six-car trains will be in service once all station platforms have been extended.

Although the cars acquired during the 1990s are largely identical and compatible with each other, there are some differences. The 19 three-car units of class ML 90 can be distinguished by a door in the middle of the car front. The first of these cars entered trial service on 29 March 1993, with the last ones being delivered in 1996. These were followed by 38 technically improved three-car trainsets of class ML 95 built between 1997 and 1998. The 18 3-car units of class ML 97, in operation since 1999, were the first to be equipped with gangways between cars. The newest cars, 38 units of class ML 99, arrived between July 2000 and October 2002. All the cars have stainless-steel bodies and, unlike the original vehicles, doors which slide on the outside of the vehicles. The energy consumption was reduced by more than 50% of that of the older rolling stock through the use of advanced electronic equipment. One class ML 99 car was scrapped after an accident at the Calvanas depot in 2002, making a total number of 225 motorised end cars and 113 trailers available in 2008.

Baureihe ML 97 mit durchgängig begehbarem Innenraum
Class ML 97 with gangways between individual cars

Baureihe ML 95
Class ML 95

33

Parque – im Rahmen des Projektes „To Write the Human Rights" 1994 analog ähnlicher Stationen in Brüssel, Paris, Berlin und Stockholm neu gestaltet
– *refurbished in 1994 for a project called 'To Write the Human Rights', together with metro stations in Brussels, Paris, Berlin and Stockholm*

_ Kunst in der Metro

Die Lissabonner Metro ist berühmt für ihre künstlerisch ausgestalteten Stationen, und dies so sehr, dass sie sogar in Reiseführern als Sehenswürdigkeit beschrieben wird. Seit Eröffnung der ersten Strecke 1959 gilt der Grundsatz, dass alle Stationen künstlerisch zu verschönern sind. In der Anfangszeit wurde dabei ausschließlich auf Azulejos zurückgegriffen, bemalte Keramikfliesen, die in Portugal allgegenwärtig sind. Später wurde die Stationsgestaltung dann immer individueller. Das wegweisende Kunstprogramm geht auf eine Initiative des ersten Direktors der Metro zurück, Francisco de Mello e Castro.

Die frühen Stationen der Metro sind eng mit dem Namen Keil verbunden. Francisco Keil do Amaral war in den vierziger und fünfziger Jahren Hausarchitekt der Stadt Lissabon. Er entwarf in dieser Epoche den Stationsprototyp für die Metrostationen der ersten Ausbaustufe. Die künstlerische Ausgestaltung der Stationen ist dagegen das Werk seiner Frau, der Malerin Maria Keil. Um Monotonie in den zunächst sehr kleinen Stationen zu vermeiden, entschied sie sich für eine individuelle, abstrakte und farbenfrohe Gestaltung mit Azulejos. Sie begründete damit eine Modernisierung des traditionellen Azulejo-Handwerks, welches zu diesem Zeitpunkt als überkommen und kitschig galt. Aus Kostengründen beschränkte sich die Azulejo-Verzierung allerdings meist auf die Zwischengeschosse und die Treppenabgänge zu den Bahnsteigen. Bis 1972 wurden nahezu alle Stationen gemäß des Stationsprototyps gebaut, und mit Ausnahme von Avenida lag die künstlerische Verantwortung bei allen Stationen in den Händen von Maria Keil. Im Rahmen des anschließenden Bahnsteigverlängerungsprogramms war sie anschließend noch bis 1982 weiter für die Metrogesellschaft tätig, um die umzubauenden Stationen dem ursprünglichen Gestaltungskonzept entsprechend weiterzuent-

_ Art on the Metro

The Lisbon Metro is renowned for its artistically decorated stations, which are even mentioned in many tourist guidebooks. Ever since the Metro opened in 1959, artistic elements have been a feature of the stations. In the early years, only azulejos, traditional Portuguese painted tiles, were used. Later, the stations received more individual designs. This pioneering concept was initiated by the Metro's first director, Francisco de Mello e Castro.

The early stations were all related to the name of Keil. During the 1940s and 1950s, Francisco Keil do Amaral was the city administration's architect, so he designed the station prototype for the first phase of construction. The artistic elements, however, were added by his wife, the painter Maria Keil. To avoid monotony in the initially rather small stations, she decided to use individual, abstract and colourful azulejo artwork, thus modernising a traditional handicraft, at the time considered old-fashioned and kitsch. To reduce costs, these azulejo ornaments were in most cases limited to the mezzanine areas and the staircases leading down to the platforms. Until 1972, almost every station was built with a standard layout, and except Avenida, the tilework was created by Maria Keil. When the platforms were extended in most of the older stations, she collaborated with the Metro company until 1982, making sure that the original design concept was maintained. Maria Keil's masterpiece is probably Intendente station, which boasts artwork reminiscent of a city photographed from space.

From the late 1980s, an individual artist was chosen for each station. Although other materials now started appearing too, azulejos illustrating a certain theme continued to be used. Sometimes they are applied in quite a traditional

wickeln. Als Höhepunkt des Schaffens von Maria Keil gilt die Station Intendente, deren Fliesenmuster entfernt an eine aus dem Weltall fotografierte Stadt erinnert.

Mit der Erweiterung des Netzes ab Ende der achtziger Jahre wurde das Kunstprogramm dann individueller. Fortan war für jede neue Station ein eigener Künstler zuständig. Auch wenn nun zunehmend auch andere Materialien für die Kunstwerke verwendet wurden, blieb doch die Gestaltung mit bemalten Azulejos ein bestimmendes Thema. Mal tauchen diese wie etwa an der Station Colégio Militar/Luz in eher traditioneller Form auf, mal als moderne Kunst wie an der Station Laranjeiras, wörtlich Orangenbäume, mit wandfüllenden Orangenmotiven. In den neunziger Jahren wurden außerdem auch

Intendente – Treppenhaus-Azulejos von Maria Keil | *tilework designed by Maria Keil*

diverse alte Stationen komplett renoviert und dabei völlig neu gestaltet. Hervorzuheben ist die Station Parque, die in ihrer fantasievollen Ausführung vielen als die schönste Metrostation Lissabons überhaupt gilt. Höhepunkt des Kunstprogramms ist aber sicherlich die gesamte rote Linie, rechtzeitig eröffnet zur Weltausstellung von 1998. Besonders die Endstation Oriente, gelegen direkt am Weltausstellungsgelände, wurde fast verschwenderisch ausgestaltet. Nicht weniger als elf namhafte Künstler waren für die Dekoration der Station verantwortlich. Auch sind die meisten Stationen der roten Linie perfekte oder stellenweise fast übertriebene Beispiele einer Symbiose aus Architektur und Innenausbau.

Am Rande bemerkt sei, dass Azulejos zur Gestaltung von U-Bahnhöfen als Geschenk der portugiesischen Botschaft auch in die Station Deutsche Oper der U-Bahn Berlin Einzug erhielten. Andererseits finden sich bei der Metro Lissabon auch Gestaltungszitate anderer U-Bahn-Systeme, etwa am Abgang der Station Picoas ein originaler Jugendstileingang der Metro Paris oder in der Station Baixa-Chiado eine ebenfalls an Paris angelehnte weiße Verfliesung.

way, like at Colégio Militar/Luz, and sometimes as modern artwork, like Laranjeiras [orange trees], which has walls full of oranges. During the 1990s, many older stations were refurbished and some were totally redesigned. With its highly imaginative details, Parque station is often listed as the most beautiful metro station in Lisbon. The Red Line, which opened in time for the World Expo 1998, then brought the artistic approach to its climax. The terminus Oriente, located next to the Expo terrain, is lavishly decorated, with no less than eleven renowned artists participating in its completion. Most stations on the Red Line are perfect examples, albeit sometimes exaggerated, of the symbiosis of architecture and interior design.

Azulejos were also used for the refurbishment of Deutsche Oper station on the Berlin U-Bahn; these were a gift from the Portuguese embassy. On the other hand, the Lisbon Metro has 'quotations' from other metro systems, like the original art nouveau station entrance at Picoas received from Paris, or the white tiling in Baixa-Chiado station, also reminiscent of the Paris Métro.

Laranjeiras - Orangenmotive | *orange theme*

Colégio Militar/Luz – traditionelle Azulejo-Motive | *traditional azulejos*

①② **Amadora Este**

15-05-2004 eröffnet | *opened*
Architektur – Leopoldo de Almeida Rosa
Kunst | *Art* – Graça Morais

③④ **Alfornelos**

15-05-2004 eröffnet | *opened*
Architektur – Álvaro Barradas
Kunst | *Art* – Ana Vidigal

Die im Jahr 2004 eröffneten Stationen Amadora
Este und Alfornelos zeichnen sich durch sehr
geräumige Bahnsteigebenen aus, welche mittig vom
Zwischengeschoss durchschnitten werden. Künst-
lerische Gestaltung findet sich insbesondere um die
Tunnelportale herum.

*The two stations opened in 2004, Amadora Este and
Alfornelos, boast a spacious platform level divided
into two sections by a central mezzanine. The
artistic elements can mostly be found around the
tunnel portals.*

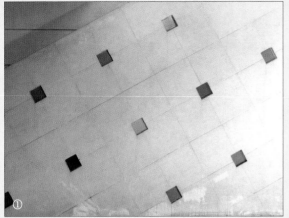

①②③ Pontinha

18-10-1997 eröffnet | *opened*
Architektur – Ana Nascimento
Kunst | *Art* – Jacinto Luís

①-④ Carnide

18-10-1997 eröffnet | *opened*
Architektur – Sérgio Gomes
Kunst | *Art* – José de Guimarães

Gestaltungsthema: örtliches Fest „Wunder des Lichts", sichtbar herausgestellt durch große Neon-Installationen.

Theme: neon lights inspired by a local festival called the 'Miracle of Lights'.

①② Colégio Militar/Luz

14-10-1988 eröffnet | *opened*
Architektur – António J. Mendes
Kunst | *Art* – Manuel Cargaleiro

Gestaltungsthema: „Die großartigen blauen Korridore Portugals", blaue, dreidimensional erscheinende Azulejos in traditionellem Stil.
Nördlich der Station gibt es eine zweigleisige Kehranlage, südlich eine weitere eingleisige, beide liegen jeweils zwischen den Streckengleisen. Nahe der Station liegt das berühmte Estádio da Luz des Fußballvereins Benfica Lissabon.

Theme: 'The great blue corridors of Portugal' is the theme of this station decorated with blue tiles in traditional style, which appear to be three-dimensional.
Two sidings are located between the running tracks north of the station, and a single one to its south. Near the station, the Estádio da Luz is the home of the football club Benfica Lisbon.

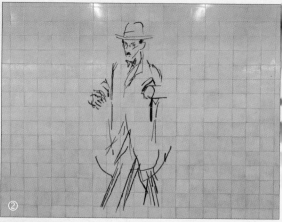

①② Alto dos Moinhos

14-10-1988 eröffnet | *opened*
Architektur – Ezequiel Nicolau
Kunst | *Art* – Júlio Pomar

Gestaltungsthema: Reminiszenzen an die vier großen Dichter Portugals, Almada Negreiros, Bocage, Camões und Fernando Pessoa. Jedem der Vier ist jeweils eine Bahnsteighälfte und die dazugehörige Treppe gewidmet.

Theme: homage to Portugal's four most famous writers, Almada Negreiros, Bocage, Camões and Fernando Pessoa. Half a platform and the adjacent flight of stairs is dedicated to each of them.

③④ Laranjeiras

14-10-1988 eröffnet | *opened*
Architektur – António J. Mendes
Kunst | *Art* – Sá Nogueira

Gestaltungsthema: Der Name der Station bedeutet wörtlich Orangenbäume, großformatige Orangen-bilder nehmen dies als Gestaltungszitat auf. Wie bei allen drei 1988 eröffneten Stationen der blauen Linie wirkt der Bahnsteigbereich durch die niedrige Decke relativ beengt.

Theme: the name of the station translates as 'orange trees', hence the large oranges visible on the station walls. Like in all the 1988 stations, the suspended ceiling makes the platform area appear rather small.

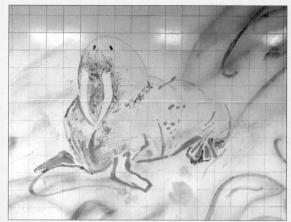

①-④ Jardim Zoológico

29-12-1959 eröffnet | *opened* (Sete Rios)
Architektur – Falcão e Cunha
Kunst | *Art* – Maria Keil

25-07-1995 Bahnsteigverlängerung und Modernisierung
platform extension and refurbishment
Architektur – Benoniel de Carvalho
Kunst | *Art* – Júlio Resende

Gestaltungsthema: Motive der Flora und Fauna, gemäß dem unmittelbar an die
Station angrenzenden Zoo.

Theme: images related to nature in reference to the nearby zoo.

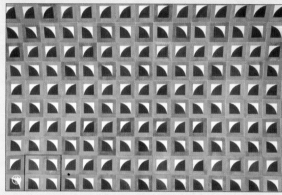

①② Praça de Espanha

29-12-1959 eröffnet | *opened* (Palhavä)
Architektur – Falcão e Cunha
Kunst | *Art* – Maria Keil

15-10-1980 Bahnsteigverlängerung
platform extension
Architektur – Sanchez Jorge
Kunst | *Art* – Maria Keil

③④ São Sebastião

29-12-1959 eröffnet | *opened*
Architektur – Keil do Amaral
Kunst | *Art* – Maria Keil

18-04-1977 Bahnsteigverlängerung
platform extension
Architektur – Dinis Gomes
Kunst | *Art* – Maria Keil

①-⑤ Parque

29-12-1959 eröffnet | *opened*
Architektur – Keil do Amaral
Kunst | *Art* – Maria Keil

1975 Bahnsteigverlängerung
      platform extension
29-12-1994 modernisiert | *refurbished*
Architektur – Sanchez Jorge
Kunst | *Art* – Françoise Schein +
          Federica Matta

Gestaltungsthema: Projekt „To Write
the Human Rights", analog ähnlicher
Stationen in Brüssel, Paris, Berlin,
Stockholm. Neben der aus unzähligen
Buchstabenfliesen zusammen gebauten
Menschenrechtserklärung finden sich
geheimnisvolle Landkarten, phantasie-
volle Ausrüstungsgegenstände sowie
Sprüche von Philosophen und Poeten.

*Theme: international project 'To Write
the Human Rights', together with
metro stations in Brussels, Paris, Berlin
and Stockholm. The articles of Human
Rights are written on numerous tiles,
mixed with mysterious maps, fantasy
equipment and quotations from philo-
sophers and poets.*

①② Marquês de Pombal

29-12-1959 eröffnet | *opened* (Rotunda)
Architektur – Keil do Amaral + Falcão e Cunha
Kunst | *Art* – Maria Keil

15-07-1995 Bahnsteigverlängerung
platform extension
Architektur – José Santa Rita + João Santa Rita
Kunst | *Art* – João Cutileiro

Gestaltungsthema: Der Marquês de Pombal, seines Zeichens Stadtplaner und rücksichtsloser Modernisierer ähnlich dem Baron Haussmann im Paris des 19. Jahrhunderts, von ihm stammen die Pläne zum Wiederaufbau Lissabons nach dem Erdbeben von 1755. Zwischen den Gleisen steht eine Statue des Marquês de Pombal, die auf beiden Seiten seine Rückansicht zeigt.

Theme: like Baron Haussmann in 19th century Paris, the Marquês de Pombal was an urban planner and a ruthless moderniser; he was responsible for Lisbon's reconstruction after the 1755 earthquake. The statue of the Marquês located between the tracks shows his back from both sides.

③④ Avenida

29-12-1959 eröffnet | *opened*
Architektur – Falcão e Cunha
Kunst | *Art* – Rogério Ribeiro

09-11-1982 Bahnsteigverlängerung
platform extension
Architektur – Sanchez Jorge
Kunst | *Art* – Rogério Ribeiro

① Restauradores

① **Restauradores**

29-12-1959 eröffnet | *opened*
Architektur – Falcão e Cunha
Kunst | *Art* – Maria Keil

11-02-1977 Bahnsteigverlängerung | *platform extension*
Architektur – Benoliel de Carvalho
Kunst | *Art* – Maria Keil

15-09-1994 Nordeingang modernisiert | *northern entrance refurbished*
Architektur – Sanchez Jorge, Duarte Nuno Simões
Kunst | *Art* – Luiz Ventura

08-08-1998 Südeingang modernisiert | *southern entrance refurbished*
Architektur – Manuel Ponte
Kunst | *Art* – Nadir Alfonso, Lagoa Henriques

②③ **Baixa-Chiado**

08-08-1998 eröffnet | *opened*
Architektur – Siza Vieira
Kunst | *Art* – Ângelo de Sousa

Die gesamte Station inklusive der Zugangsbereiche ist im Stile der Pariser Metro weiß gefliest. Ausrüstungsgegenstände wurden dabei auf das Nötigste beschränkt. Die beiden Stationsteile für die blaue und grüne Linie liegen auf gleicher Höhe direkt nebeneinander und sind baulich identisch. Zum Umsteigen dienen die direkt über den Gleisen innerhalb des Bahnsteighallengewölbes befindliche Verteilerebene sowie Durchbrüche zwischen den beiden inneren Bahnsteigen.

The entire station is tiled in the style of the Paris Métro, with a minimum of furniture on the platforms. The platform areas of the Green Line and the Blue Line are identical and lie parallel to each other. Transfer between them is provided via mezzanines suspended above the tracks, as well as through direct passageways linking the inner platforms.

①-④ **Terreiro do Paço**

19-12-2007 eröffnet | *opened*
Architektur – Artur Rosa
Kunst | *Art* – João Rodrigues Vieira

①

②

①-④ Santa Apolónia

19-12-2007 eröffnet | opened
Architektur – Leopoldo Rosa
Kunst | Art – José Santa Bárbara

Gestaltungsthema: Tejo und Bahnhof Santa Apolónia, dargestellt durch abstrakte Azulejos, an die Fenster des Bahnhofs
erinnernde Wandverkleidungen sowie eine wasserblaue
Farbgestaltung.

*Theme: Tagus River and Santa Apolónia railway station – with
abstract azulejos, wall cladding reminiscent of the railway
station windows, and an overall blue design.*

③

④

⑤

①② Odivelas

27-03-2004 eröffnet | *opened*
Architektur – Paulo Brito da Silva
Kunst | *Art* – Álvaro Lapa

③④ Senhor Roubado

27-03-2004 eröffnet | *opened*
Architektur – Manuel Bastos
Kunst | *Art* – Pedro Croft

①-⑤ **Ameixoeira**

27-03-2004 eröffnet | *opened*
Architektur – Robert Mec
Fadden
Kunst | *Art* – Irene Buarque

①② Lumiar

27-03-2004 eröffnet | *opened*
Architektur – Dinis Gomes
Kunst | *Art* – António Moutinho, Marta Lima,
Susete Rebelo

③④ Quinta das Conchas

27-03-2004 eröffnet | *opened*
Architektur – Bartolomeu Costa Cabral, Mário
Crespo, João Gomes, Anabela João
Kunst | *Art* – Joana Rosa, Manuel Baptista

①-④ Campo Grande

01-04-1993 eröffnet | *opened*
Architektur – Ezequiel Nicolau
Kunst | *Art* – Eduardo Nery

Gestaltungsthema: ironische Interpretation typischer Azulejo-Motive aus dem 18. Jahrhundert mit sogenannten „Begrüßungsfiguren" (Figuras de Convite), nimmt modernen Azulejo-Kitsch auf die Schippe.

Theme: ironical interpretation of typical 18th century azulejo images, with so-called 'figuras de convite' (welcoming courtesans), an answer to modern azulejo kitsch.

①② Cidade Universitária

14-10-1988 eröffnet | *opened*
Architektur – Sanchez Jorge
Kunst | *Art* – Maria Helena Vieira da Silva

Gestaltungsthema: Bild „Le Métro" von 1940 auf Fliesen adaptiert, es zeigt Pariser Bevölkerung, die in der Metro Zuflucht vor Bombenangriffen sucht.

Theme: 'Le Métro', a 1940 painting transferred onto tiles, depicting the Paris people taking refuge in the metro stations.

③-⑤ Entre Campos

29-12-1959 eröffnet | *opened*
Architektur – Falcão e Cunha
Kunst | *Art* – Maria Keil

15-07-1973 Bahnsteigverlängerung
platform extension
Architektur – Dinis Gomes
Kunst | *Art* – Maria Keil

31-08-1993 Nordteil modernisiert
northern part refurbished
11-12-1993 Südteil modernisiert
southern part refurbished
Architektur – Sanchez Jorge,
Kunst | *Art* – Bartolomeu Cid dos Santos

①-③ Campo Pequeno

29-12-1959 eröffnet | *opened*
Architektur – Falcão e Cunha
Kunst | *Art* – Maria Keil

26-03-1979 Bahnsteigverlängerung | *platform extension*
Architektur – Benoliel de Carvalho
Kunst | *Art* – Maria Keil

29-12-1994 modernisiert | *refurbished*
Architektur – Duarte Nuno Simões
Kunst | *Art* – Francisco Simões

Gestaltungsthema: Auf den Campo Pequeno, das kleine Feld, kamen früher die Frauen der Umgebung, um landwirtschaftliche Produkte zu verkaufen. Zudem findet sich heute oberhalb der Station die bekannteste Stierkampfarena Lissabons. Auf beides nehmen illustrierte Keramikwände sowie zwei Skulpturengruppen Bezug.

Theme: The Campo Pequeno, the small field, was formerly used by women to sell their agricultural products. Next to the station lies Lisbon's best-known bullfight arena. Tiled walls and a groups of women on the platform make a reference to these subjects.

① Saldanha

29-12-1959 eröffnet | *opened*
Architektur – Falcão e Cunha
Kunst | *Art* – Maria Keil

14-03-1977 Bahnsteigverlängerung
　　　　　platform extension
Architektur – Falcão e Cunha + Sanchez Jorge
Kunst | *Art* – Maria Keil

28.12.1996 Nordteil modernisiert
　　　　　northern part refurbished
17.05.1997 Südteil modernisiert
　　　　　southern part refurbished
Architektur – Paulo Brito da Silva, A Jorge Vieira,
　　　　　Luis Filipe de Abreu

②-④ Picoas

29-12-1959 eröffnet | *opened*
Architektur – Falcão e Cunha
Kunst | *Art* – Maria Keil

09-11-1982 Bahnsteigverlängerung
　　　　　platform extension
Architektur – Benoliel de Carvalho
Kunst | *Art* – Maria Keil

03-04-1995 modernisiert | *refurbished*
Architektur – Dinis Gomes
Kunst | *Art* – Martins Correia

Gestaltungsthema: Stadt Lissabon und ihre Einwohner. Außerdem steht am Eingang an der Oberfläche
ein echtes Pariser Metro-Entree im Jugendstil von
Hector Guimard, ein Geschenk der Pariser RATP.

Theme: The city of Lisbon and its people.
The entrance on the surface is decorated with an
authentic Hector Guimard art nouveau arch, a
present from the Paris transport agency RATP.

①② Marquês de Pombal

15-07-1995 eröffnet | *opened*
Architektur – Duarte Nuno + Nuno Simões
Kunst | *Art* – Menez + Charters de Almeida

③④ Rato

29-12-1997 eröffnet | *opened*
Architektur – Sanchez Jorge
Kunst | *Art* – Arpad Szènés, Vieira da Silva

①②

①② Telheiras

02-11-2002 eröffnet | *opened*
Architektur – Duarte Nuno Simões
Kunst | *Art* – Eduardo Batarda

Campo Grande ▶

siehe gelbe Linie Seite 51
see Yellow Line on page 51

②

③

③④ Alvalade

18-06-1972 eröffnet | *opened*
Architektur – Dinis Gomes
Kunst | *Art* – Maria Keil

25-10-2007 Bahnsteigverlängerung
            platform extension

Wie auch Cais do Sodré hat die Station Alvalade als ehemaliger Endpunkt drei Gleise mit einem Mittel- und einem Seitenbahnsteig. Nördlich der Station finden sich außerdem zwei Abstellgleise, je eines auf der linken und der rechten Seite der Streckengleise.

Like Cais do Sodré, the former terminus Alvalade has three tracks, with one island and one side platform. North of the station there is a siding on either side of the running tracks.

④

① Roma

18-06-1972 eröffnet | *opened*
Architektur – Dinis Gomes
Kunst | *Art* – Maria Keil

12-04-2006 Bahnsteigverlängerung
platform extension

②-④ Areeiro

18-06-1972 eröffnet | *opened*
Architektur – Dinis Gomes
Kunst | *Art* – Maria Keil

①② **Alameda**

18-06-1972 eröffnet | *opened*
Architektur – Dinis Gomes
Kunst | *Art* – Maria Keil

03.03.1998 renoviert | *refurbished*
Architektur – Manuel Taínha
Kunst | *Art* – Noronha da Costa (Bilder | *Images*)

③④ **Arroios**

18-06-1972 eröffnet | *opened*
Architektur – Dinis Gomes
Kunst | *Art* – Maria Keil

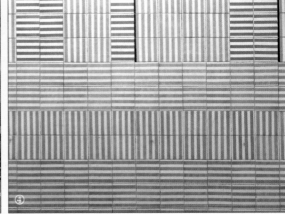

①② **Anjos**

28-09-1966 eröffnet | *opened*
Architektur – Dinis Gomes
Kunst | *Art* – Maria Keil

15.11.1982 Bahnsteigverlängerung | *platform extension*
Architektur – Sanchez Jorge
Kunst | *Art* – Rogério Ribeiro

①② Intendente

28-09-1966 eröffnet | opened
Architektur – Dinis Gomes
Kunst | Art – Maria Keil

07-03-1977 Bahnsteigverlängerung
          platform extension
Architektur – Dinis Gomes
Kunst | Art – Maria Keil

③-⑦ Martim Moniz

28-09-1966 eröffnet | opened (Socorro)
Architektur – Dinis Gomes
Kunst | Art – Maria Keil

30-11-1982 Bahnsteigverlängerung | platform extension

10-05-1997 modernisiert | refurbished
Architektur – Paulo Brito da Silva
Kunst | Art – José João Brito, Gracinda Candeias

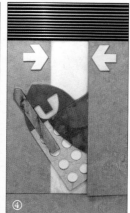

Gestaltungsthema: stilisierte Marmor-Reliefs von Rittern und Mönchen, die an das Jahr 1147 erinnern, als ein christliches Heer unter Führung des Ritters Martim Moniz Lissabon von den Mauren zurückeroberte. Am Bahnsteigende sinkt Martim Moniz zu Boden ④, für dieses Motiv stand das Warnschild vor sich schließenden Metro-Türen Pate.

Theme: Stylised marble reliefs depicting knights and monks from 1147, when a Christian army led by Martim Moniz recaptured Lisbon from the Moors. At the end of the platform, Martim Moniz falls to the floor ④, an image inspired by the sign that warns passengers that doors are closing.

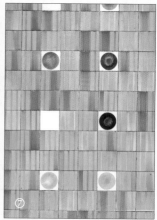

①② Rossio

27-01-1963 eröffnet | opened
Architektur – Falcão e Cunha
Kunst | Art – Maria Keil

18-04-1998 modernisiert | refurbished
Architektur – Leopoldo Rosa, Artur Rosa und Helena Almeida

Baixa-Chiado ▶ siehe blaue Linie Seite 45
see Blue Line on page 45

25-04-1998 eröffnet | opened
Architektur – Siza Vieira
Kunst | Art – Ângelo de Sousa

③ Cais do Sodré

18-04-1998 eröffnet | opened
Architektur – Nuno Teotónio Pereira
Kunst | Art – António Dacosta

Gestaltungsthema: Cais do Sodré ist wichtiger Umsteigebahnhof zu Fähren und Vorortzügen. An den Seitenwänden findet sich darauf Bezug nehmend in vielfacher Ausführung das hektisch mit seiner Uhr rennende Kaninchen aus Alice im Wunderland, darunter sinngemäß der Satz „Ich bin spät dran".

Theme: As Cais do Sodré is an important transfer point between the Metro, suburban trains and ferries, the side walls are decorated with the White Rabbit from 'Alice in Wonderland' running, looking at its watch and shouting out: "I'm late! I'm late!".

①

①-⑧ Oriente

19-05-1998 eröffnet | *opened*
Architektur – Sanchez Jorge
Kunst | *Art* – Magdalena Abakanowicz (Polen), Arthur Boyd (Australien), Erró (Gudmundur Gudmundsson, Island), Friedensreich Hundertwasser (Österreich), Abdoulaye Konaté (Mali), Yayoi Kusama (Japan), Joaquim Rodrigo (Portugal), Syed Haider Raza (Indien), Sean Scully (Irland), António Seguí (Argentinien), Zao Wou-Ki (China)

Gestaltungsthema: Ozeane; zusammen mit der an dieser Stelle abgehaltenen Expo-Weltausstellung von 1998 wurde auch das 500-jährige Jubiläum der Entdeckung des Seeweges nach Indien durch Vasco da Gama gefeiert. Im Zwischengeschoss und an den Bahnsteigwänden finden sich Bilder und Skulpturen von elf namhaften internationalen Künstlern. So werden auf einem Meeres-Comic des Isländers Erró Personen der Zeitgeschichte und Comic-Figuren von einer großen Welle durch die Station gespült ①, im Zwischengeschoss steht ein großer Blechfisch von Magdalena Abakanowicz ②, Friedensreich

Hundertwasser thematisiert den Untergang von Atlantis ⑥ und auf dem Werk von António Seguí tummeln sich Meerjungfrauen, Fische, sinkende Schiffe, versinkende Männer, Krebse und Leuchttürme ⑤. Insgesamt ist Oriente fast schon mehr eine Kunstgalerie als eine Metrostation.

Theme: The Oceans; the World Expo 1998 held next to the station celebrated the 500th anniversary of Vasco da Gama's discovery of a sea route to India. The mezzanine and platform walls were decorated by a series of renowned international artists: on a comic strip created by Erró, historical figures as well as cartoon characters are washed through the station by a big wave ①; the mezzanine exhibits a big metal fish by Magdalena Abakanowicz ②; Friedensreich Hundertwasser illustrates the sinking of Atlantis ⑥; and António Seguí's work of art is full of mermaids, fish, sinking ships, sinking men, crabs and lighthouses ⑤. All in all, Oriente station rather resembles an art gallery than a metro station.

②

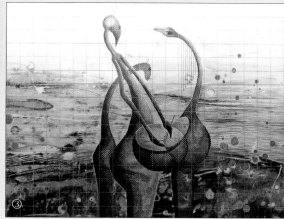

③

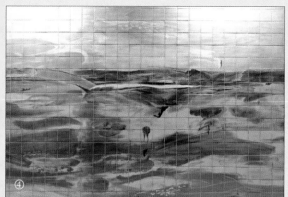

①② Cabo Ruivo

18-07-1998 eröffnet | *opened*
Architektur – Duarte Nuno Simões, Nuno Simões, J.D. Santa Rita, J.P. Santa Rita
Kunst | *Art* – David de Almeida

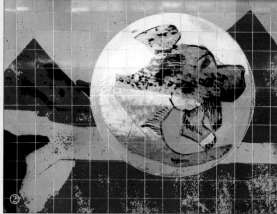

①-④ Olivais

07-11-1998 eröffnet | *opened*
Architektur – Rui Cardim
Kunst | *Art* – Nuno de Siqueira, Cecília de Sousa

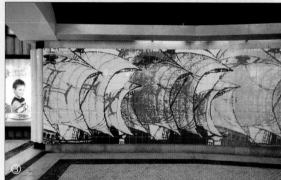

①② **Chelas**

19-05-1998 eröffnet | *opened*
Architektur – Ana Nascimento
Kunst | *Art* – Jorge Martins

①-④ **Bela Vista**

19-05-1998 eröffnet | *opened*
Architektur – Paulo Brito da Silva
Kunst | *Art* – Querubim Lapa

①② Olaias

19-05-1998 eröffnet | *opened*
Architektur – Tomás Taveira
Kunst | *Art* – Tomás Taveira, Pedro Cabrita Reis, Rui Sanchez, Graça Pereira
        Coutinho, Pedro Calapez

Gestaltungsthema: Tradition des Schiffbaus

Theme: shipbuilding tradition

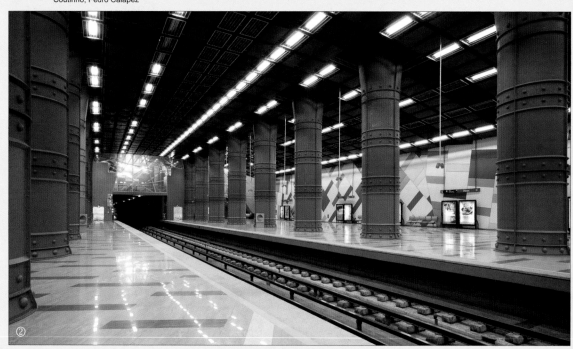

①-④ **Alameda**

19-05-1998 eröffnet | *opened*
Architektur – Manuel Taínha
Kunst | *Art* – Costa Pinheiro, Alberto Carneiro,
        Juahana Bloomstedt (Fußboden | *floor*)

Monte do Estoril – die *Linha de Cascais* verläuft stellenweise direkt am Atlantikufer entlang
– along some sections, the Cascais line runs directly along the Atlantic Coast

Die S-Bahn von Lissabon

Neben der Metro gibt es in Lissabon auch Stadtschnellbahnverkehr auf einigen Vororteisenbahnstrecken. Bis auf die Fertagus-Strecke über die Tejo-Brücke werden alle Linien von der portugiesischen Staatsbahn *Comboios de Portugal* (CP) betrieben. Das Netz ist zwar nicht sehr umfangreich, aber sehr gut ausgebaut und in dichtem Takt befahren. Die Infrastruktur ist wie in Portugal üblich in 1.668 mm-Breitspur angelegt und komplett elektrifiziert, gefahren wird links. Dennoch lassen sich zwei Teilnetze voneinander abgrenzen. Dies ist zum einen die vom restlichen Eisenbahnnetz fast vollständig isolierte zweigleisige *Linha de Cascais* im Westen, welche als einzige Strecke mit 1.500 V Gleichstrom betrieben wird und abgesehen von sporadischem Güterverkehr ausschließlich dem Nahverkehr dient. Ausgangspunkt der *Linha de Cascais* ist der Kopfbahnhof Cais do Sodré. Alle anderen Strecken sind dagegen mit 25 kV/50 Hz Wechselstrom elektrifiziert und werden über weite Abschnitte im Mischbetrieb mit Fernzügen befahren. Große Teile des Wechselstromnetzes sind daher viergleisig ausgebaut. Namentlich handelt es sich dabei um die *Linha de Sintra* im Nordwesten, die *Linha da Azambuja* im Nordosten sowie die *Linha de Cintura* oder sinngemäß Gürtelbahn, welche alle Strecken miteinander verbindet. Für die *Linha de Sintra* gibt es in Lissabon den Kopfbahnhof Rossio, für die *Linha da Azambuja* den Kopfbahnhof Santa Apolónia. Dazu kommt seit einigen Jahren die von der Gürtelbahn abzweigende Strecke über die Ponte 25 de Abril auf die Südseite des Tejo, welche von der privaten Bahngesellschaft Fertagus betrieben und im Kapitel Almada beschrieben wird.

Suburban Rail in and around Lisbon

Besides the Metro, Lisbon also has several suburban railways, all operated by the Portuguese State Railways, 'Comboios de Portugal' (CP), except for the Fertagus route across the Tagus bridge. The network is not very extensive, but the headways provided are good. Like the other mainline railways in Portugal, the suburban lines have 1,668 mm broad gauge and are operated on the left; all routes are electrified. Despite these common specifications, the system can be divided into two parts:
1) The double-track Cascais line runs from the Lisbon terminus at Cais do Sodré to Cascais in the west, and is almost totally isolated from the rest of the railway network. It is the only line operated with 1,500 V dc power supply, and except for some sporadic freight trains, it is exclusively used by suburban services.
2) All the other routes are electrified at 25 kV/50 Hz ac, and shared by long-distance trains along some sections. Large parts of the ac routes have therefore been quadrupled. The suburban services are referred to as the 'Linha de Sintra' in the northwest, the 'Linha da Azambuja' in the northeast, and the 'Linha de Cintura' [belt railway], which links all the other lines. The Sintra line has its terminus at Rossio, while the Azambuja line departs from Santa Apolónia. Besides these lines, there is the privately operated Fertagus, which diverges from the 'Linha de Cintura' before running across the 25 de Abril Bridge to the southern side of the Tagus River. This line is described in the Almada chapter.

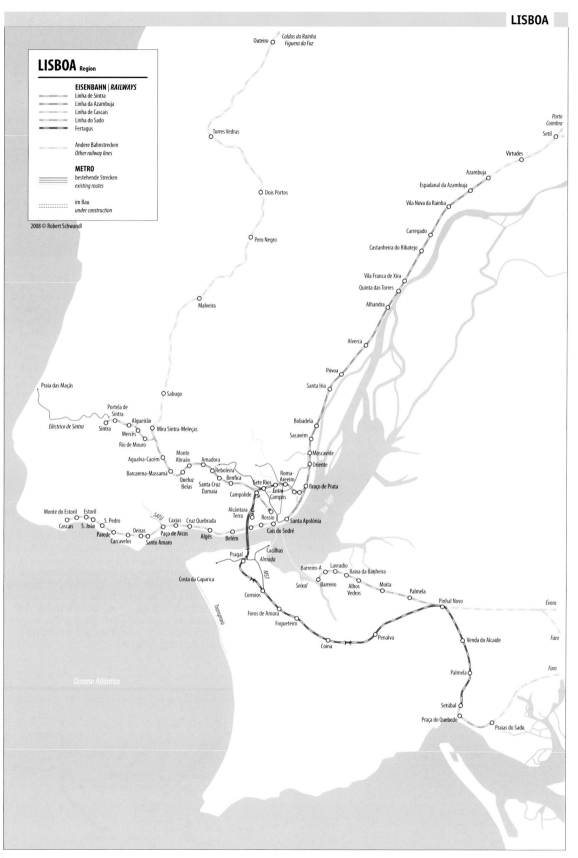

LISBOA Region

EISENBAHN | RAILWAYS

Linde de Sintra
Linha da Azambuja
Linha de Cascais
Linha do Sado
Fertagus

Andere Bahnstrecken
Other railway lines

METRO

bestehende Strecken
existing routes

im Bau
under construction

2008 © Robert Schwandl

Outeiro
Caldas da Rainha
Figuera da Foz

Porto
Coimbra
Setil

Torres Vedras

Virtudes

Azambuja
Espadanal da Azambuja
Vila Nova da Rainha

Dois Portos

Carregado
Castanheira do Ribatejo

Pero Negro

Vila Franca de Xira
Quinta das Torres
Alhandra

Malveira

Alverca

Póvoa
Santa Iria

Praia das Maças

Sabugo

Bobadela
Sacavém

Portela de Sintra
Algueirão
Mira Sintra-Meleças

Moscavide
Oriente

Eléctrico de Sintra
Sintra
Mercês
Rio de Mouro

Monte Abraão
Amadora
Reboleira
Benfica
Roma-Areeiro
Braço de Prata

Agualva-Cacém
Barcarena-Massamá
Queluz Belas
Santa Cruz Damaia
Sete Rios
Campolide
Entre Campos

Alcântara Terra
Rossio
Santa Apolónia

Monte do Estoril
Estoril
S. Pedro
SATU
Caxias
Cruz Quebrada
Cais do Sodré

Cascais
S. João
Parede
Oeiras
Paço de Arcos
Algés
Belém

Carcavelos
Santo Amaro

Rio Tejo

Pragal
Cacilhas
Almada

Costa da Caparica

MST

Barreiro-A
Lavradio
Baixa da Banheira

Seixal
Barreiro
Alhos Vedros
Moita

Corroios

Palmela

Transpraia

Foros de Amora
Fogueteiro
Pinhal Novo

Évora

Penalva
Coina

Venda do Alcaide

Faro

Palmela

Faro

Setúbal
Praça do Quebedo
Praias do Sado

Oceano Atlântico

Santa Apolónia – Empfangsgebäude | *Station building*

Santa Apolónia – Bahnsteighalle | *Platform hall*

_ Linha da Azambuja

Die erste Strecke des heutigen Wechselstromnetzes war die Linie von Lissabon nach Porto und Spanien, genannt *Linha do Norte* oder im Kontext des Vorortverkehrs auch *Linha da Azambuja*. Sie ging ab 1856 schrittweise als erste Eisenbahnstrecke Portugals in Betrieb und ist die große Magistrale des portugiesischen Eisenbahnnetzes. Zunächst hatte man die Normalspur gewählt. Bereits 1861 wurde die Strecke im Hinblick auf die bevorstehende Verknüpfung mit dem spanischen Netz aber auf Breitspur umgebaut. Bis 1893 war der zweigleisige Ausbau abgeschlossen. Die Strecke folgt ab Lissabon dem nordwestlichen Ufer des Tejo. Vertakteter Vorortverkehr findet heute bis Azambuja statt, 46,9 km von Lissabon entfernt. Zwischen Braço de Prata, dem Verknüpfungsbahnhof mit der Gürtelbahn, und Alverca ist die Strecke inzwischen viergleisig ausgebaut.

Ausgangspunkt der *Linha da Azambuja* ist der Kopfbahnhof Santa Apolónia. Die Anlage wurde seit ihrer Eröffnung 1856 mehrfach umgebaut, das heutige Bahnhofsgebäude stammt aus dem Jahre 1908. Mit nur zwei Gleisen in der Haupthalle und jeweils zwei weiteren Gleisen auf beiden Seiten vor der Halle ist der Bahnhof recht übersichtlich. In Santa Apolónia enden alle Fernzüge aus Spanien und Nordportugal.

Der zweite wichtige Bahnhof an der *Linha da Azambuja* ist der neue Durchgangsbahnhof Oriente. Er ging 1998 im Zusammenhang mit der damaligen Weltausstellung in Betrieb und befindet sich unmittelbar neben dem Ausstellungsgelände. In den letzten Jahren mauserte sich Oriente mehr und mehr zum Hauptbahnhof von Lissabon. Zwar liegt der Bahnhof zentrumsfern, doch ist er seit 2003 auch Endpunkt aller Fernzüge nach Südportugal. Diese fahren seitdem ab Oriente über die Gürtelbahn und die neue Eisenbahnstrecke über die Ponte 25 de Abril. Daneben beeindruckt der Bahnhof mit seiner luftigen Architektur, entworfen vom spanischen Stararchitekten Santiago Calatrava.

_ Linha da Azambuja

The line from Lisbon to Porto and to Spain, called the 'Linha do Norte', or 'Linha da Azambuja' as far as suburban traffic is concerned, was Portugal's first railway line. It opened in stages from 1856 on, and is now Portugal's primary railway route. It was initially built to European standard gauge (1435 mm), but was regauged in 1861 to broad gauge to allow direct links to the Spanish railway network. By 1893, the line had been doubled along its entire length. Leaving Lisbon, it follows the northwestern bank of the Tagus River, with suburban trains terminating at Azambuja, 46.9 km from Lisbon. Between Braço de Prata, the junction where the belt railway diverges, and Alverca, the route has meanwhile been quadrupled.

In Lisbon, the 'Linha da Azambuja' departs from the terminal station Santa Apolónia. This station has been rebuilt several times since it first opened in 1856, with the present station building dating from 1908. With only two tracks under the main roof, and two additional tracks on each side, the station is rather small. It is the terminus for all long-distance trains arriving from northern Portugal and Spain.

Another important station along the 'Linha da Azambuja' is the through station Oriente. It was added in 1998 in conjunction with the World Expo being held adjacent to it. In recent years, Oriente station has increasingly taken over the position of the city's main station. Although far from the city centre, it became the terminus for long-distance trains from southern Portugal in 2003, when these were diverted over the 25 de Abril Bridge and the belt railway. The station boasts outstanding architecture designed by the renowned Spanish architect Santiago Calatrava.

Eröffnungsdaten | *Opening Dates*

28-10-1856 Santa Apolónia – Carregado
30-07-1857 Carregado – Azambuja
02-04-1887 Alcântara Terra – Campolide – Benfica – Cacém – Sintra
21-05-1887 Cacém – Mira Sintra-Meleças (– Torres Vedras)
20-05-1888 Santa Apolónia – Chelas – Sete Rios – Benfica
30-09-1889 Cascais – Pedrouços
06-12-1890 Pedrouços – Alcântara Mar
11-06-1891 Rossio – Campolide
10-08-1891 Alcântara Mar – Alcântara Terra
05-09-1891 Campolide – Sete Rios
05-09-1891 Chelas – Braço de Prata
04-09-1895 Alcântara Mar – Cais do Sodré
18-05-1998 + Oriente

Estação do Oriente – Lissabons neuer Hauptbahnhof im Nordosten der Stadt | *Lisbon's new main station in the northeast of the city*

_ Linha de Sintra und Linha de Cintura

Die 27,2 km lange *Linha de Sintra* und die 10,5 km lange Gürtelbahn sind betrieblich und geschichtlich eng miteinander verknüpft. Beide Strecken gingen erst viele Jahre nach der *Linha da Azambuja* in Betrieb, und zwar abschnittsweise zwischen 1887 und 1891. Den Anfang machte der Abschnitt von Sintra nach Campolide sowie daran anschließend der südwestliche Teil der Gürtelbahn von Campolide bis Alcântara Terra. Ebenfalls noch 1887 folgte außerdem die in Cacém von der *Linha de Sintra* abzweigende Fernbahnstrecke nach Figueira da Foz, die heute jedoch nur eine untergeordnete Verkehrsbedeutung hat. 1888 war dann auch der nördliche Teil der Gürtelbahn befahrbar, und zwar zunächst zwischen der *Linha de Sintra* und dem bestehenden Kopfbahnhof Santa Apolónia. Damit konnten die Züge aus Sintra nun entweder Alcântara Terra oder aber Santa Apolónia ansteuern. Eine direkte Verbindung ins Zentrum von Lissabon fehlte jedoch zunächst noch. Diese folgte letztendlich 1891 mit der Inbetriebnahme des 2,6 km langen Rossio-Tunnels zwischen Campolide und dem neuen zentralen Kopfbahnhof Rossio. Ebenfalls 1891 kamen auch noch zwei Verbindungskurven im Zuge der Gürtelbahn sowie die Verknüpfung von Gürtelbahn und *Linha de Cascais* in Alcântara hinzu. Seitdem sind in Lissabon Zugbewegungen von allen Außenstrecken zu allen Endpunkten sowie zwischen allen Außenstrecken unter Umgehung der Kopfbahnhöfe möglich.

Der Bahnhof Rossio liegt im Herzen von Lissabon. Er war kurzzeitig Endpunkt für alle Fernzüge, seit langem dient er nun aber nur noch den Vorortzügen nach Sintra. Zwei hufeisenförmige Eingänge prägen die schöne Fassade im manuelinischen

_ Linha de Sintra & Linha de Cintura

The 27.2 km 'Linha de Sintra' and the 10.5 km belt railway are both operationally and historically interlaced. Both lines were opened in stages between 1887 and 1891, long after the 'Linha da Azambuja'. The first section brought into service was from Sintra to Campolide, and from there south to Alcântara Terra, now the southern part of the belt railway. In 1887, a branch off the 'Linha de Sintra' from Cacém to Figueira da Foz was added, but this line is of little importance nowadays. From 1888, trains from the Sintra line were able to reach the Santa Apolónia terminus via the northern belt railway, thus providing an alternative destination to Alcântara Terra. A direct route into the Lisbon city centre was finally completed in 1891, when the 2.6 km Rossio tunnel between Campolide and the central Rossio terminus was inaugurated. In 1891, the belt railway was linked to the northern Azambuja line as well as the Cascais line, and the third leg at the Campolide triangle completed the semi-circular belt railway. Since then, trains from any outer branch have been able to reach any terminus or continue on any outer branch without reversing at any of the terminal stations.

Rossio station lies in the heart of the city. For a short period it was the terminus for all long-distance trains, but now it is only used by suburban trains to Sintra. The façade of the station building was designed in traditional Portuguese Manueline style, with two horseshoe-shaped entrances dominating it. The station's four tracks lie two floors above street level, taking advantage of a slope. The double-track Rossio tunnel, which runs through the north-western hills, starts

73

Rossio - Empfangsgebäude am Ausgangspunkt der *Linha de Sintra* | *Station building at the terminus of the 'Linha de Sintra'*

Stil, einem traditionellen Baustil Portugals. Vor dem Empfangsgebäude lässt sich aber kaum erahnen, was sich dahinter verbirgt: Der Bahnhof wurde nämlich am Rande eines Geländesprungs angelegt, und die vier Bahnsteiggleise befinden sich zwei Stockwerke über dem Straßenniveau. Trotzdem führen die Streckengleise sofort am Ende der Bahnsteige in den zweigleisigen Rossio-Tunnel, der die nordwestlich anschließenden Hügel unterquert. Eine große Bahnsteighalle überspannt den gesamten Bahnhofskomplex. Am Rande bemerkt: Metronutzer sollten wissen, dass der Bahnhof Rossio an der Metrostation Restauradores und eben nicht an der Station Rossio liegt – eines von diversen Beispielen für die fehlende Abstimmung von Metro und Eisenbahnvorortverkehr, die sich leider in Lissabon allgegenwärtig zeigt.

Betrieblicher Dreh- und Angelpunkt der *Linha de Sintra* ist der Bahnhof Campolide, gelegen am Nordportal des Rossio-Tunnels. Dort gibt es ausgedehnte Abstellanlagen, da am Bahnhof Rossio selbst kein Platz dafür zur Verfügung steht. In Campolide wird die *Linha de Sintra* per Gleisdreieck in beiden Fahrtrichtungen mit der Gürtelbahn und außerdem auch mit der Neubaustrecke über die Ponte 25 de Abril verknüpft. Anschließend geht es weiter durch dicht bebaute Vorstädte. Entlang der Gleise entstanden in den vergangenen Jahrzehnten kilometerweit uniforme Schlafstädte mit großen Wohnblöcken. Dadurch ist die *Linha de Sintra* heute die mit Abstand wichtigste Vororteisenbahnstrecke Lissabons und zudem eine der am stärksten belasteten S-Bahnen Europas. Sie erschließt ein Einzugsgebiet von etwa einer halben Million Menschen und wird in den Hauptverkehrszeiten alle fünf Minuten von knapp 200 m langen Zugeinheiten bedient. Zwischen Rossio und Cacém war die

right at the end of the platforms. The station is covered by an overall roof. For metro passengers it is important to note that the metro station adjacent to Rossio railway station is *Restauradores* and not *Rossio* - one of several examples of the lack of harmonisation between Metro and suburban railways.

The centre of operation of the 'Linha de Sintra' is Campolide, located at the northern portal of the Rossio tunnel; this station has extensive sidings not available at Rossio. At the Campolide triangle, the Sintra line is linked to the belt railway in both directions, as well as to the new line across the 25 de Abril Bridge. From Campolide, the Sintra line continues through densely built-up suburbs with high-rise blocks of flats, which makes the Sintra line by far the busiest of all suburban lines in Lisbon, and probably one of the busiest in all of Europe. It serves an area inhabited by some 500,000 people, with 200 m trains running every five minutes during peak hours. Initially, the route was double-track between Rossio and Cacém, and single-track from there to Sintra. In 1947 the outer section was also doubled. Starting in the 1990s, the section between the Campolide triangle and Cacém is gradually being quadrupled. When completed in 2011, two tracks will be available in each direction, so that express services can also be scheduled.

Traffic on the belt railway has increased rapidly during recent years, partly due to the opening of the new route across the 25 de Abril Bridge. The section between the Campolide triangle and Roma-Areeiro has four tracks, whereas the rest up to Braço de Prata is double-track. The section between Campolide and Alcântara Terra, as well as the linking curve towards Santa Apolónia, which is not used

Strecke ursprünglich zweigleisig, zwischen Cacém und Sintra dagegen nur eingleisig. 1947 erhielt der äußere Streckenabschnitt jedoch ebenfalls ein zweites Gleis. Seit den neunziger Jahren baut man nun sukzessive an einem viergleisigen Ausbau ausgehend vom Gleisdreieck in Campolide bis Cacém. Das Projekt soll 2011 abgeschlossen sein. Auf dem viergleisigen Abschnitt wird die Strecke im Richtungsbetrieb befahren, nach Abschluss der Bauarbeiten ist mit der Einführung von beschleunigten Expressfahrten zu rechnen.

Die Gürtelbahn schließlich erfuhr in der jüngeren Vergangenheit eine große Verkehrszunahme, nicht zuletzt durch die Inbetriebnahme der Neubaustrecke über die Ponte 25 de Abril. Zwischen dem Gleisdreieck bei Campolide und Roma-Areeiro ist sie heute viergleisig, weiter bis Braço de Prata zweigleisig. Die Streckenabschnitte von Campolide nach Alcântara Terra sowie die nicht für den Vorortverkehr genutzte Verbindungskurve nach Santa Apolónia sind dagegen nur eingleisig. Im viergleisigen Abschnitt wird die Strecke im Linienbetrieb bedient: Zwei Gleise dienen dabei den von der *Linha de Sintra* kommenden Zügen, die beiden anderen den Zügen von Alcântara Terra und von der Ponte 25 de Abril. Im Kernbereich von Lissabon werden von der Gürtelbahn im Zuge des viergleisigen Abschnitts die drei Bahnhöfe Sete Rios, Entrecampos und Roma-Areeiro bedient. Alle drei dienen auch der Verknüpfung mit der Metro. Dabei gibt es jedoch nur in Sete Rios kurze Umsteigewege, und zwar zur Metrostation Jardim Zoológico, die bis 1998 ebenfalls Sete Rios hieß. An den beiden anderen Bahnhöfen befinden sich die nächsten Metrostationen dagegen jeweils mehrere hundert Meter entfernt. Zwischen der Metrostation Entre Campos und dem Bahnhof Entrecampos, beide in eigener Schreibweise, wurde nachträglich zumindest ein direkter Fußgängertunnel geschaffen. Entrecampos wird außerdem auch von Fernzügen bedient und besitzt einen zusätzlichen Bahnsteig im westlichen Gleisvorfeld. Sehr unzufriedenstellend ist die Situation dagegen am Bahnhof Roma-Areeiro, der genau zwischen den Metrostationen Roma und Areeiro liegt. Pläne zum Bau einer zusätzlichen Metrostation direkt unter dem Bahnhof bei dann freilich recht kurzen Stationsabständen werden derzeit nicht weiter verfolgt.

Campolide – Blick auf Lissabons Aquädukt aus dem 18. Jahrhundert
– *Lisbon's aqueduct, built in the 18th century*

by suburban trains, is only single-track. Along the four-track section, two tracks are used by the Sintra line, and the other two by trains to and from Alcântara Terra and the 25 de Abril Bridge. Along the central section of the belt railway, there are three stations: Sete Rios, Entrecampos and Roma-Areeiro. All three stations provide transfer to the Metro, although only Sete Rios lies close to its metro station, Jardim Zoológico (called Sete Rios until 1998!). At the other two, the respective metro stations lie a few hundred metres away. Between Entre Campos (Metro) and Entrecampos (belt railway) – note the different spelling – a direct pedestrian tunnel was added later. Entrecampos is also a stop for long-distance trains, and has an additional island platform west of the station proper. As the name suggests, Roma-Areeiro station lies right between Roma and Areeiro metro stations. The construction of an additional metro station right below the railway station would result in very short station distances, and is therefore not an option at present.

Campolide – Umsteigebahnhof zwischen Fertagus und der *Linha de Sintra*
– *interchange between Fertagus and the 'Linha de Sintra'*

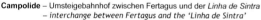

_ Betrieb Wechselstromnetz

Am 28. April 1957 wurde auf fast allen Strecken in und um Lissabon der elektrische Zugbetrieb aufgenommen. Ausgenommen davon war der zu diesem Zeitpunkt nur noch sporadisch für den Güterverkehr genutzte südliche Teil der Gürtelbahn von Campolide nach Alcântara sowie die bereits seit 1926 mit Gleichstrom elektrifizierte *Linha de Cascais*. Der Abschnitt von Campolide nach Alcântara Terra erhielt letztendlich am 2. April 1987 auch eine Fahrleitung. Seit 1992 wird diese Strecke auch wieder im Personenverkehr befahren.

Nach Fahrplan 2008 gibt es im Vorortverkehr des Wechselstromnetzes vier verschiedene Zugläufe. Zwei davon bedienen die klassischen Relationen ausgehend von den beiden Kopfbahnhöfen, also von Rossio nach Sintra und von Santa Apolónia nach Azambuja. Dabei lassen die ganztags im Halbstundentakt verkehrenden Züge nach Azambuja zwischen Moscavide und Póvoa alle Zwischenstationen aus. Zwischen Rossio und Sintra wird in der Hauptverkehrszeit alle zehn und ansonsten alle zwanzig Minuten mit Halt an allen Stationen gefahren. Die beiden anderen Zugläufe verkehren dagegen über die Gürtelbahn. Ein Zuglauf startet jede halbe Stunde in Alcântara Terra und fährt dann über die Gürtelbahn und die *Linha da Azambuja* bis Castanheira do Ribatejo. Der andere beginnt in der Hauptverkehrszeit alle zehn und ansonsten alle zwanzig oder dreißig Minuten am Bahnhof Mira Sintra-Meleças, fährt dann über die *Linha de Sintra* auf die Gürtelbahn und endet schließlich in Roma-Areeiro. In den Hauptverkehrszeiten werden einige Züge dieses Zuglaufs bis Oriente oder Alverca durchgebunden.

Befahren wird das Wechselstromnetz mit einstöckigen und doppelstöckigen Elektrotriebzügen. Ursprünglich waren in und um Lissabon Züge der Baureihen 2000, 2100 und 2200 unterwegs. Dabei handelte es sich um dreiteilige Fahrzeuge in Inox-Ausführung. Inzwischen wurden diese Züge aber weitgehend

_ Operation of the ac network

On 28 April 1957, electric service started on most routes in and around Lisbon, the only exception being the southern part of the belt railway between Campolide and Alcântara, which was then only sporadically used by freight trains. The Cascais line had already been electrified with direct current back in 1926. The Campolide – Alcântara Terra section was eventually electrified on 2 April 1987, with passenger service being resumed in 1992.

According to the 2008 timetable, the ac network is operated with four 'lines', two of which represent the classical routes from the city's terminal stations - one between Rossio and Sintra, and another from Santa Apolónia to Azambuja. On the Azambuja line, there is a basic 30-minute headway during daytime service, with trains skipping all stations between Moscovide and Póvoa. Between Rossio and Sintra, there is a train every ten minutes during peak hours, and every 20 minutes at other times, with trains calling at all stations. The other two lines run along the belt railway - one line starts half-hourly at Alcântara Terra, running via the belt railway to Castanheira do Ribatejo on the Azambuja line; and another one departs every 20 or 30 minutes from Mira Sintra-Meleças on a branch of the Sintra line to terminate at Roma-Areeiro on the belt railway – during peak hours some trains are extended to Oriente or Alverca.

The ac network is operated with single-deck and double-deck EMUs. Initially, class 2000, 2100 and 2200 units, i.e. 3-section stainless-steel vehicles, were used on the Lisbon network. Since 1992, these have gradually been replaced by 84 trains of class 2300 and 2400. The two classes of train are rather similar, each unit having two end cars and two trailers. During peak hours, 2-unit trainsets are used. In 1999, twelve 4-section double-track trains of class 3500 were brought into service for the belt railway service to Alcântara Terra.

Entrecampos – Bahnhof in Hochlage, seitliche Verkleidung der Bahnsteighalle
– elevated station with peculiar exterior design

Entrecampos – Langzug der Linha de Sintra
– coupled trainsets on the Linha de Sintra

aus Lissabon abgezogen. Ab 1992 kamen stattdessen sukzessive 84 Züge der neuen Baureihen 2300 und 2400 in Einsatz. Beide neuen Baureihen ähneln sich stark und sind jeweils vierteilig, bestehend aus zwei Trieb- und zwei Beiwagen. In den Spitzenzeiten verkehren die Züge in Doppeltraktion. Seit 1999 stehen auf der Linie über die Gürtelbahn nach Alcântara Terra außerdem zwölf vierteilige Doppelstocktriebwagen der Baureihe 3500 im Einsatz.

Gegenüberliegende Seite | *Facing page:*

Alcântara Terra – südwestlicher Endpunkt der Gürtelbahn, im Hintergrund die Ponte 25 de Abril
– southwestern terminus of the belt railway, with the Ponte 25 de Abril in the background

Sete Rios – Doppelstockzug der Baureihe 3500
– double-deck train of class 3500

Sintra – moderner Triebzug der Baureihe 2300/2400
– modern EMU of class 2300/2400

Oriente – modernisierter Inox-Triebzug
– refurbished stainless-steel EMU

_ Linha de Cascais

Die 25,4 km lange *Linha de Cascais* beginnt in Lissabon am Kopfbahnhof Cais do Sodré, gelegen unmittelbar am Tejo-Ufer westlich der Baixa. Von hier aus folgt die Bahn dem Ufer westwärts bis Estoril und Cascais, beide bereits am offenen Ozean gelegen. Entlang der Strecke finden sich viele Strände und Badeorte. Besonders Estoril blickt auf eine lange touristische Tradition zurück und gilt als mondänster Ort Portugals.

Die Strecke wurde 1889/90 zunächst zwischen Cascais und Alcântara eröffnet und ist seit 1891 über die Gürtelbahn mit dem restlichen Eisenbahnnetz verbunden. Erst 1895 ging dann auch der Kopfbahnhof Cais do Sodré in Betrieb. Weitergehende Planungen zur unterirdischen Verlängerung der Strecke bis zum Kopfbahnhof Santa Apolónia mitsamt einem Zentralbahnhof unter der Praça do Comércio wurden dagegen nie verwirklicht. Bereits 1896 konnte jedoch der zweigleisige Ausbau abgeschlossen werden. 1918 ging die *Linha de Cascais* dann an die private *Sociedade Estoril* über und wurde ab 1924 von der AEG elektrifiziert. Sie war damit die erste und bis in die fünfziger Jahre auch die einzige elektrische Eisenbahnstrecke Portugals. Der Tag der Aufnahme des elektrischen Betriebs war der 15. August 1926, verbunden mit einer neuen Betriebskonzession für fünfzig Jahre. Nach Ablauf dieser Zeit wurde die *Linha de Cascais* 1976 wieder Teil der portugiesischen Staatsbahn CP. Unterdessen war bereits 1967 eine erst 1944 eröffnete 700 m lange Zweigstrecke zum Nationalstadion in Cruz Quebrada schon wieder eingestellt worden.

Seit langer Zeit wird die *Linha de Cascais* durch ein ausgeklügeltes Fahrplansystem bedient, welches sowohl dichte Taktfolgezeiten als auch schnelle Verbindungen bietet. Hintergedanke dabei ist es, alle Orte möglichst gut an Lissabon anzubinden. Dafür gibt es ein abgestuftes System mit Zwischenendstationen und verschiedenen Zugläufen, von denen einige stellenweise beschleunigt verkehren. Tagsüber fahren dabei an allen Wochentagen stets Lokalzüge von Cais do Sodré nach Oeiras mit Halt an allen Stationen. Dazu kommen *Rápidos* von Cais do Sodré nach Cascais, die bis Oeiras nur in Alcântara Mar und Algés halten, anschließend jedoch wiederum alle Stationen bedienen. Beide Zugläufe verkehren jeweils alle zwanzig Minuten und sind ab Cais do Sodré um zehn Minuten zeitversetzt. In den Hauptverkehrszeiten wird der Schnellzuglauf nach dem selben Muster noch einmal geteilt. Dann lassen die *Rápidos* auch die Stationen zwischen Oeiras und São Pedro aus. Zusätzlich gibt es sogenannte *Semi-Rápidos* von Cais do Sodré nach São Pedro. Alle drei Zugläufe fahren dann jeweils im Viertelstundentakt mit Abfahrten im 5-Minuten-Takt ab Cais do Sodré. Die zweigleisige Streckeninfrastruktur wird durch dieses System maximal ausgereizt. Lediglich in den Schwachlastzeiten zwischen 20 und 2 Uhr verkehrt nur ein Zuglauf im

_ Linha de Cascais

The 25.4 km 'Linha de Cascais', in the UK also known as the Estoril line, starts at the terminal station Cais do Sodré, located by the Tagus River on the western side of the Baixa. It then continues west to Estoril and Cascais, both situated on the Atlantic Coast. Along the route, there are many beaches and seaside resorts. Estoril in particular is known worldwide, with a long tradition as a tourist destination.

The Cascais line was opened in stages from Alcântara to Cascais between 1889 and 1890, and in 1891 it was linked to the rest of the railway network via the belt railway. The city terminus Cais do Sodré was only opened in 1895. Initial plans to create an underground link between the two terminal stations, Cais do Sodré and Santa Apolónia, with a central station below Praça do Comércio, never materialised. The double-tracking of the line, however, was completed in as early as 1896. In 1918, the Cascais line was taken over by the private company Sociedade Estoril, before being electrified by AEG between 1924 and 1926. It was thus the first electrified railway line in Portugal, and up to the 1950s, the only one. Electric service started on 15 August 1926, together with a new operation concession for another 50 years. When this expired in 1976, the Cascais line was re-integrated into the Portuguese national railway network (CP). Before that took place, a 700 m branch, opened in 1944 to serve the National Stadium at Cruz Quebrada, had been closed in 1967.

For a long time, the Cascais line has been following a sophisticated timetable which allows both dense headways and fast connections. The basic idea is to provide fast links between all the towns along the line and Lisbon. The line therefore has several intermediate termini, and trains that skip certain stations. During daytime service, local trains serve all stations between Cais do Sodré and Oeiras. These are complemented by express trains (Rápidos) from Cais do Sodré to Cascais, which only call at Alcântara Mar and Algés, and at all stops from Oeiras to Cascais. Both 'lines' operate every 20 minutes, so that a train departs from Cais do Sodré every ten minutes. During peak hours, the number of trains is doubled. Additionally there are Semi-Rápidos from Cais do Sodré to São Pedro. With all three types of services departing every 15 minutes, a train leaves Cais do Sodré every five minutes. The double-track infrastructure is thus used at the limit of its capacity. During evening hours, from 20:00 to 02:00,

Links | *Left:* **Cais do Sodré** – Endbahnhof der *Linha de Cascais* in Lissabon
– *Lisbon terminus of the 'Linha de Cascais'*

Oeiras – endender Lokalzug auf dem mittleren Gleis
– *terminating train on the middle track*

Halbstundentakt, der dann alle Stationen bedient. Güterverkehr findet heute nur noch sporadisch über die ansonsten unbenutzte Verbindungsstrecke zur Gürtelbahn in Alcântara statt.

Kehrseite des abgestuften Bedienungssystems ist es, dass abseits der Schwachlastzeiten nicht zwischen allen Stationen umsteigefrei gefahren werden kann. Dafür sind jedoch die Zwischenendstationen besonders ausgebaut, so dass dieser Nachteil nicht besonders relevant ist. So gibt es in Oeiras und São Pedro jeweils drei Gleise und zwei Mittelbahnsteige. Nach demselben Muster ist auch der Bahnhof Algés ausgebaut, in dem jedoch keine Züge enden. Das mittlere Gleis dient dabei stets den endenden Zügen und hat Bahnsteigkanten an beiden Seiten. Dadurch kann auf kürzestem Wege zwischen den endenden und den beschleunigten Zügen umgestiegen werden, und das in beiden Fahrtrichtungen. Da die endenden Züge außerdem bei fahrplanmäßigem Betrieb von den folgenden beschleunigten Zügen fast eingeholt werden bzw. unmittelbar nach Abfahrt des beschleunigten Gegenzuges wieder abfahren, muss im Regelfall nur wenige Minuten auf einen Anschlusszug gewartet werden.

Das Betriebswerk der *Linha de Cascais* befindet sich westlich von Oeiras. Für den elektrischen Zugbetrieb wurden in den zwanziger Jahren zunächst 18 dreiteilige Triebzüge aus je einem Triebwagen, einem Beiwagen und einem Steuerwagen beschafft. Hersteller der Triebwagen waren Baume & Marpent aus Belgien, Dyle & Bacalan aus Bordeaux lieferten die anderen Wagen. Der Wagenpark wurde 1950/51 durch weitere dreiteilige Triebzüge des englischen Fabrikanten Cravens aufgestockt, eingereiht als Baureihe 3100. Ab 1959 lieferte schließlich Sorefame neue Zugeinheiten der Baureihe 3200. 1960 begann man damit, auch für etwa zwei Drittel der Ursprungsfahrzeuge gleichartige neue Wagenkästen zu beschaffen. Die restlichen Altwagen von 1926 gingen außer Betrieb. Auch wenn sich die Baureihen 3100 und 3200 optisch wesentlich unterscheiden, sind sie doch technisch miteinander voll kompatibel. Seit 1971 wird mit 7-Wagen-Zügen gefahren, bestehend aus je einer 3- und einer 4-Wagen-Einheit. 1998 wurde ein großangelegtes Modernisierungsprogramm für insgesamt 34 Zugeinheiten durchgeführt. Dabei erhielten die Wagen auch neue Fahrzeugköpfe in einem sehr grellen gelben Design.

Neben den Triebzügen gab es bei der *Linha de Cascais* außerdem lange Zeit drei elektrische Lokomotiven. Zwei kamen zur elektrischen Betriebsaufnahme von der AEG, eine weitere in den fünfziger Jahren von Cravens. Neben Rangierdiensten wurden die Loks auch als Antriebsverstärkung in die Triebwagenzüge mit eingereiht. Dies wird heute jedoch nicht mehr praktiziert.

trains only operate half-hourly, and stop at every station. The otherwise unused link between the Cascais line and the belt railway at Alcântara is only used by a few freight trains.

The negative side of the tiered timetable is that except for the evening hours, not all trips between any two points along the line can be made without changing trains; but as the intermediate termini provide convenient transfer, this disadvantage is somewhat irrelevant. At Oeiras and São Pedro there are three tracks, with two island platforms between them; Algés station has the same layout, although it is not a terminus. The centre track is used by terminating trains, and with platforms on either side of the train, it is easy to change to and from the express trains in both directions. The connecting trains normally arrive only a few minutes later.

The depot and workshop for the Cascais line is located west of Oeiras. When electric service started in the 1920s, 18 three-section EMUs, consisting of one motorised car, one trailer and one driving van trailer, were ordered. The motorised cars were built by Baume & Marpent of Belgium, while the other cars came from Dyle & Bacalan of Bordeaux, France. During 1950/51, the fleet was enlarged with 3-section EMUs (class 3100) built by Cravens of Sheffield, England. In 1959, new trains of class 3200 were delivered by Sorefame. From 1960, some two-thirds of the original cars were rebuilt with new car bodies, while the rest of the 1926 stock was withdrawn from service. Although the 3100 and 3200 stock have totally different designs, they are fully compatible. Since 1971, 7-car trains consisting of 3-car and a 4-car units have been in service. In 1998, a total of 34 EMUs were refurbished, when, among other changes, they received a new yellow front.

Besides the EMUs, for a long time the Cascais line had three electric locomotives in service. Two were built by AEG when the line was electrified, and a third came from Cravens during the 1950s. Besides being used for shunting manoeuvres, they were also added to trains to increase the EMUs' traction power.

Alcântara Mar – Zug der *Linha de Cascais* im Ursprungszustand, im Hintergrund die Ponte 25 de Abril noch ohne die 1999 eingeweihte Schienenstrecke – train on the 'Linha de Cascais' in original livery, with the Ponte 25 de Abril in the background, still without the railway deck added in 1999 (Foto Stephan Kyrieleis, 1991)

Algés – dreigleisige Station mit Mittelgleis für endende Züge – 3-track station with centre track for terminating trains

OEIRAS

Ein kurioses modernes Stadtverkehrsmittel findet sich in Oeiras, einem Ort an der *Linha de Cascais* zwischen Lissabon und Cascais. Seit dem 7. Juni 2004 fährt dort eine aufgeständerte vollautomatische Kabelbahn namens SATU (Sistema Automático de Transporte Urbano). Technisch ist sie am ehesten mit der Kabinenbahn im französischen Laon zu vergleichen. Wie diese wurde sie vom Seilbahn- und Aufzugfabrikanten Poma-Otis konzipiert. Die Betreibergesellschaft von SATU untersteht der Stadt Oeiras sowie dem Baukonzern Teixeira Duarte.

Ausgangspunkt der 1,15 km langen Strecke ist die Station Navegantes unmittelbar neben dem Bahnhof Paço de Arcos an der Bahnstrecke nach Cascais. Von dort führt die Bahn steil

A rather peculiar urban rail system can be found at Oeiras, a town on the railway line from Lisbon to Cascais. Since 7 June 2004, a fully automated cable-hauled railway called SATU (Sistema Automático de Transporte Urbano) has been running on an elevated structure. Technically, it is comparable to the peoplemover in the French city of Laon, both having been designed by Poma-Otis, a major manufacturer of lifts and cable cars. SATU is operated jointly by the Oeiras city council and the construction holding company Teixeira Duarte.

The 1.15 km line starts at Navegantes station, which is located adjacent to the Paço de Arcos station on the Cascais suburban line. A steep route takes the peoplemover up to the terminus at Forum, which lies next to a shopping mall. There

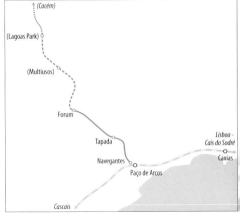

bergauf bis zur Endstation Forum neben einem Einkaufszentrum. Unterwegs wird die Zwischenstation Tapada bedient. Im Einsatz stehen zwei Fahrzeuge, die jeweils 11,25 m lang und 2,86 m breit sind. Sie fahren im fahrerlosen Betrieb und bieten fast ausschließlich Stehplätze. Bewegt werden die Fahrzeuge durch zwei voneinander unabhängige Umlaufseile jeweils zwischen den Stationen. Die Strecke ist einspurig, an der Zwischenstation kann gekreuzt werden. Gefahren wird von 8 Uhr bis 0.30 Uhr. Die minimale Zugfolgezeit beträgt vier Minuten.

Aufgrund schwacher Fahrgastnachfrage steht die Kabelbahn in der Kritik. Verantwortlich dafür sind nicht zuletzt vergleichsweise hohe Fahrpreise auf recht kurzer Streckenlänge, zudem gibt es keine Durchtarifierung mit der anschließenden Vororteisenbahn nach Lissabon. Auch in optischer und akustischer Hinsicht wird das Projekt kontrovers diskutiert. Aus diesen Gründen ist es fraglich, ob ein weiterer Ausbau des Systems noch realisiert wird.

Ursprünglich zeitnah geplant war die Umsetzung einer zweiten Projektphase mit 1,37 km Strecke und zwei weiteren Stationen bis Lagoas, einem Büropark des Anteilseigners Teixeira Duarte. Reine Zukunftsmusik ist eine dritte Phase, die bis Cacém führen könnte. Damit wäre eine Querverbindung zwischen den Eisenbahnstrecken von Lissabon nach Cascais bzw. Sintra hergestellt.

① **Navegantes** – unterer Ausgangspunkt der SATU-Bahn, Blick vom Bahnsteig der Eisenbahnstation Paço de Arcos
- *lower terminus of the SATU line, seen from the railway station platform at Paço de Arcos*

② **Tapada** – Zwischenstation, hier wird planmäßig gekreuzt
- *intermediate station with passing loop*

③ **Forum** – oberer Endpunkt direkt neben einem Einkaufszentrum
- *upper terminus next to a shopping mall*

④ **Navegantes** – freundlich gestalteter Stationsinnenraum mit Bahnsteigtüren
- *pleasant station design with platform screen doors*

⑤ **Navegantes** – aufgeständerte Fahrtrasse
- *elevated route*

is an intermediate stop at Tapada. The system is operated with two cars, each 11.25 long and 2.86 m wide. They are driverless and provide room almost exclusively for standees. The cars are moved by two separate cables, each running between two stations. At Tapada, they switch from one cable to the next. The route is single-track, with a passing loop at Tapada. The peoplemover operates from 08:00 until 00:30, with a minimum headway of four minutes.

Due to low ridership, the peoplemover has been heavily criticised; the fares are relatively high for the short ride, and no through tickets are available to transfer to the suburban railway to Lisbon. The visual and accoustic impact on the environment are other strong arguments against the innovative system. It is therefore unclear whether a planned 1.37 km extension with two new stations will be built. The future terminus was envisaged at Lagoas, where a business park owned by Teixeira Duarte is located. In a later stage, though not in the near future, the line could reach Cacém, thus providing a link between the Cascais and Sintra suburban lines.

Ribeira – komplett sanierte Strecke in Höhe der Ausweiche vor dem Depot
– *passing loop in front of the depot, on the totally refurbished route*

SINTRA

Sintra liegt am Fuß eines bis zu gut 500 m hohen Höhenzuges, knapp 25 km nordwestlich von Lissabon entfernt. Dank des angenehmen Klimas, des idyllischen grünen Umfelds und der Nähe zur portugiesischen Hauptstadt entwickelte sich die Stadt im Mittelalter zur bevorzugten königlichen Sommerresidenz. Im neunzehnten Jahrhundert wurde Sintra zu einem europäischen Zentrum romantischer Architektur und bald darauf erster touristisch bedeutsamer Ort Portugals. Die einzigartige Kulturlandschaft ist seit 1995 Unesco-Welterbestätte und sorgt bis heute für einen regen touristischen Anstrom.

Nahezu ausschließlich touristische Bedeutung hat auch die Überlandstraßenbahn zur Atlantikküste, die sich noch heute weitgehend originalgetreu im Zustand der Jahrhundertwende präsentiert. Nach vielen Jahren ungewisser Zukunft und eingeschränktem oder gar ganz eingestelltem Betrieb fährt die Bahn seit ihrem hundertjährigen Geburtstag im Jahr 2004 wieder regelmäßig. Wenige Kilometer südlich des Endpunktes Praia das Maças liegt das Cabo da Roca, der westlichste Punkt Kontinentaleuropas. Damit ist auch die Straßenbahn die westlichste Bahnstrecke des Kontinents.

_ Geschichte der Straßenbahn von Sintra

Nach der Eröffnung der Eisenbahnstrecke von Lissabon nach Sintra im Jahre 1887 tauchte bald die Idee auf, eine weiterführende Bahn bis zur nahen Atlantikküste zu bauen. Aufgrund des starken Gefälles hinunter zum Ozean kam ein Weiterbau der Vollbahnstrecke nicht in Frage. Man entschied sich stattdessen für eine meterspurige Anschlussbahn. Zunächst wurde diese als Dampfkleinbahn projektiert. Nach der Elektrifizierung der Lissabonner Straßenbahn änderte man die Planung dann jedoch zu einer elektrischen Überlandstraßenbahn ab. Baubeginn war am 12. August 1901. Am 31. März 1904 konnte von Sintra bis Colares gefahren werden, am 10. Juli desselben Jah-

Sintra lies at the foot of a 500 m high range, some 25 km northwest of Lisbon. Thanks to a pleasant climate, an idyllic green countryside and its vicinity to the Portuguese capital, it was already the preferred royal summer residence back in the Middle Ages. In the 19th century, Sintra became the first centre of European Romantic architecture, and thus the first important tourist destination in Portugal. The unique cultural landscape of Sintra has been listed as a UNESCO World Heritage site since 1995, and still attracts many tourists.

The interurban tramway line, which links Sintra to the Atlantic Coast, is also more of a tourist attraction, because it is largely preserved the way it was a century ago. After many years of an uncertain future and limited or suspended service, the tramway has been running regularly since its centenary in 2004. Only a few kilometres south of the terminus Praia das Maças lies the Cabo da Roca, continental Europe's westernmost point. The tramway is thus also the westernmost railway line on the continent.

_ History
When the railway line from Lisbon to Sintra opened in 1887, the idea of a railway line all the way to the Atlantic Coast soon appeared. Due to the steep slope down to the coast, a continuation of the mainline railway was ruled out, and a metre-gauge line was decided upon instead. It was originally intended to be operated with steam locomotives, but when the Lisbon tramway system was electrified, the plans were changed and an interurban electric tramway was built instead. Construction started on 12 August 1901, and on 31 March 1904, the first section between Sintra and Colares was brought into service, with the rest of the line down to Praia das Maças following on 10 July that same year. The tramway company was initially called 'Companhia do

res bis Praia das Maçãs. Die Straßenbahngesellschaft firmierte zunächst unter dem Namen *Companhia do Caminho de Ferro de Cintra à Praia das Maçãs*, ab 1904 dann unter *Companhia Cintra ao Oceano*.

Die Straßenbahnstrecke wurde eingleisig mit Ausweichen angelegt und mit 550 V Gleichstrom überspannt. In Sintra lag der Ausgangspunkt ursprünglich in der Altstadt. Die Gleise führten im Straßenpflaster zum Endbahnhof der *Linha de Sintra* und dann weiter zum Ortsausgang. Von dort aus geht es bis heute auf eigenem Bahnkörper meist direkt neben der Landstraße bis Praia das Maçãs. Unterwegs durchquert die Straßenbahn kleine Dörfer. In Ribeira unterhalb von Sintra entstanden das Depot und ein eigenes E-Werk mit Dampf-generator. Ein zweiter kleiner Wagenschuppen wurde in Banzão errichtet. Dort gab es ursprünglich außerdem ein An-schlussgleis zu einem nahen Weingut, über welches gelegent-licher Güterverkehr bis zu einem Übergabegleis am Bahnhof Sintra durchgeführt wurde. Die Endstation in Praia das Maçãs liegt direkt am Strand.

1914 ging die ursprüngliche Betreibergesellschaft Bankrott. Sie wurde am 18. Oktober 1914 durch die neue *Companhia Sintra-Atlântico* ersetzt. Diese baute die Straßenbahn anschlie-ßend noch weiter aus. Am 31. Januar 1930 wurde die Strecke von Praia das Maçãs um rund 2 km bis Azenhas do Mar ver-längert. Die Strecke hatte mit 14,5 km nun ihre maximale Aus-dehnung erreicht. Im selben Zeitraum wurde die Oberleitung an die öffentliche Stromversorgung angeschlossen. In Ribeira und Banzão entstanden dafür zwei Unterwerke.

Ab 1948 war der Straßenbahnbetrieb wieder defizitär, und so tauchten 1951 erste Stilllegungspläne auf. Diese wurden von der Stadt Sintra jedoch abgelehnt. Stattdessen einigte man sich darauf, die Straßenbahn wegen ihrer hohen Bedeutung für den Freizeitverkehr nur noch in den Sommermonaten fahren zu lassen. Dies wurde dann ab 1953 so praktiziert. In den Folgejahren kam es jedoch zu weiteren Einschnitten. Am 31. Oktober 1954 endete der Betrieb auf dem jüngeren Abschnitt von Praia das Maçãs nach Azenhas do Mar. Genau ein Jahr später am 31. Oktober 1955 fuhr der letzte Zug innerhalb von Sintra zwischen Bahnhof und Altstadt. Im selben Jahr wurde auch der spärliche Güterverkehr aufgegeben. Anschließend verkehrte die Straßenbahn noch einmal zwanzig Jahre ohne größere Veränderungen. Zwar gingen die Regionalbuslinien in Sintra und Umgebung und mit ihnen die Straßenbahn 1967 an das private Verkehrsunternehmen Eduardo Jorge, eine erneut angedrohte Stilllegung der Straßenbahn konnte von der Stadt Sintra durch die Bewilligung von Geldern für Modernisierungs-maßnahmen jedoch abgewendet werden. Der Sommerbetrieb

Caminho de Ferro de Cintra à Praia das Maçãs', but changed its name in 1904 to 'Companhia Cintra ao Oceano'.

The tramway route was single-track with several passing loops. It was electrified at 550 V dc. In Sintra, the original terminus was in the old town, from where the tracks lay embedded in the roadway on their way to the railway station and to the end of town. The interurban route then ran on a separate right-of-way alongside the road to Praia das Maçãs. Both the depot and the dedicated electric power plant, which had a steam engine, were located at Ribeira just outside Sintra. Another small car shed was erected at Banzão. In the early days, a branch line led from there to a winery, with some freight traffic being carried on the tramway line to the Sintra goods station. After passing several small villages, the tramway reached its terminus by the beach at Praia das Maçãs. The route was initially operated with two lines, one from the railway station to the old town, and another from the railway station to the coast. All trains arriving from Lisbon had connecting trams.

The original tramway company went bankrupt in 1914. It was taken over on 18 October 1914 by the new 'Companhia Sintra-Atlântico', which extended the line from Praia das Maçãs to Azenhas do Mar (2 km) on 31 January 1930. At 14.5 km, the line had then reached its maximum extension. At the same time, the overhead power supply was connected to the public electricity network, with two substations having been erected at Ribeira and Banzão. In 1931, the tramway company established a feeder bus service to the villages not directly served by the tramway.

By 1948, the tramway was again operating at a loss, and the closure of the line was proposed in 1951, but rejected by the Sintra city council. As a compromise, from 1953 the tram-way only remained open during the summer months, when it provided an essential means of transport to the beaches. But in the following years, further cutbacks were unavoidable. On 31 October 1954, operation ceased on the latest extension between Praia das Maçãs and Azenhas do Mar; and exactly one year later, the last tram operated between the railway station and the old town of Sintra. The sporadic freight traf-fic was also discontinued in 1955. For the next 20 years, the tramway kept running without any alterations. In 1967, the regional bus lines in Sintra and its surroundings, as well as the tramway, were taken over by the private company Eduar-do Jorge, but again a proposal for the closure of the tramway line was rejected by the city council, and instead funds for its modernisation were approved. As summer service contin-ued, 200,000 passengers were transported during 1973.

Ribeira – aus Lissabon übernommener Standard-Wagen
  – 'Standard' car acquired from the Lisbon tramway

Galamares – Überlandstrecke neben der Landstraße
  – interurban route running alongside the road

lief daraufhin wie gehabt weiter, und 1973 wurden 200.000 Fahrgäste gezählt.

Am 15. September 1974 verabschiedete sich die Straßenbahn wie in den vorhergehenden Jahren zur Winterpause. Unterdessen hatte jedoch die Nelkenrevolution von 1974 zu großen gesellschaftlichen Umbrüchen geführt. Die privaten Regionalbusunternehmen wurden in der Folge 1975 verstaatlicht und gingen an die neue Gesellschaft *Rodoviária Nacional*. In den Wirren der Umstrukturierung wurde der Straßenbahnbetrieb im folgenden Frühsommer nicht wieder aufgenommen, ohne dass langfristige Zukunftsentscheidungen über eine Stilllegung oder einen Weiterbetrieb gefallen wären. Zwischen 1975 und 1979 fand kein Betrieb statt, und die Fahrzeuge verblieben in den Depots. Gleichzeitig verwahrloste die Strecke zunehmend, und die im Straßenpflaster liegenden Gleise zum Bahnhof von Sintra wurden ganz abgebaut. Bevölkerung und Lokalpolitik drängten jedoch auf eine Wiedereröffnung. Das in Sintra stets vorhandene Engagement für die Straßenbahn sollte letztendlich dann auch doch noch zu deren Erhalt führen. Am 15. Mai 1980 wurde der Betrieb zwischen Praia das Maçãs und Banzão auf 3 km Streckenlänge wieder aufgenommen, zunächst sehr improvisiert. Nach Stabilisierung der Verhältnisse fuhr man täglich außer montags. Der bescheidene Rumpfbetrieb konnte sich in den folgenden Sommerperioden etablieren, lediglich 1990 konnten wegen eines Defekts im Unterwerk keine Straßenbahnen fahren. Hinter den Kulissen arbeitete die Stadt Sintra an einer Wiedereröffnung der restlichen noch vorhandenen Strecke, kam damit jedoch lange Jahre nicht voran.

1995 wurde ein Dreijahresprogramm zur Ertüchtigung der Infrastruktur verabschiedet, und zwei Straßenbahnen wurden zwecks Überholung nach Lissabon zur CCFL überstellt. Neuen Wind brachte dann die Reprivatisierung des Regionalbusverkehrs am 1. Januar 1996. In Sintra und Umgebung gingen die Verkehre an das schottische Unternehmen *Stagecoach*, und dieses sollte sich in den Folgejahren in erheblichem Ausmaß für den Betrieb und Ausbau der Straßenbahn engagieren. Im Zuge des anschließenden Modernisierungsprogramms wurde die Strecke von Praia das Maçãs bis zum Depot Ribeira komplett durchgearbeitet. Altbrauchbare Gleise und Weichen kamen von stillgelegten Meterspurstrecken der portugiesischen Staatsbahn. Die Oberleitung wurde in traditioneller einfacher Ausführung neu gebaut, ebenso wurden die beiden Unterwerke durch zeitgemäße Anlagen ersetzt. Insgesamt kam das Programm praktisch einem Neubau der Strecke auf bestehender Trasse gleich. Aufgrund der Arbeiten ruhte der Betrieb 1996 vollständig. Am 15. September 1997 ging die Straßenbahn dann von Praia das Maçãs bis Banzão wieder in Betrieb. Im November desselben Jahres folgte dann auch der Abschnitt bis Ribeira. *Stagecoach* führte anschließend an Wochenenden sogar den Winterbetrieb wieder ein, und 1999 wurde im Sommer an allen Wochentagen gefahren. Dennoch blieben die Fahrgastzahlen unter den Erwartungen, besonders aufgrund der weiterhin fehlenden direkten Anbindung von Sintra. 2000 wurde der Betrieb wieder auf die Tage Donnerstag bis Sonntag beschränkt. 2001 gab *Stagecoach* die Busverkehre schließlich an das Unternehmen *ScottURB* ab, und die Straßenbahn fuhr in diesem Jahr überhaupt nicht.

Letztendlich übernahm die Stadt Sintra die Bahn am 15. September 2001 in Kommunalbesitz. Seitdem sind die Wagen mit *Câmara Municipal de Sintra* beschriftet. Nach der kommunalen Übernahme begannen bald Vorbereitungen zur Rückverlängerung der Straßenbahn bis an den Rand des Zentrums. Gefahren wurde zunächst weiterhin nur sporadisch. 2002 verkehrte die Straßenbahn nur freitags bis sonntags im Sommer, 2003 wieder überhaupt nicht. Die Arbeiten zur Wiederaufnahme des Verkehrs auf der noch vorhandenen Trasse von Ribeira hinauf nach Sintra konnten letztendlich jedoch pünktlich zum hundertjährigen Jubiläum der Straßenbahn abgeschlossen werden. Seit dem 4. Juni

On 15 September 1974, the tramway closed for its scheduled winter break. Meanwhile, however, the 1974 Carnation Revolution had led to many changes in Portuguese society. The private bus operators were nationalised in 1975 and integrated into the new company 'Rodoviária Nacional'. In the turmoil of these changes, the tramway did not re-open the following spring, although no decisions had been taken about its future. Until 1979, the vehicles remained in the depots, while the route gradually deteriorated and the tracks embedded in the roadway in Sintra were removed. Local politicians and the people of the region got involved and service was finally resumed on 15 May 1980 on the 3 km section between Praia das Maçãs and Banzão, although at first plagued by many disruptions and necessary repair work. Once these difficulties had been overcome, regular service was provided every day except Mondays. The trams continued to run over the following summers, except in 1990, when a technical defect in a substation prevented any service. Behind the scenes, the city of Sintra was also working to re-open the rest of the existing route, but for many years no results were visible.

In 1995, a 3-year programme to modernise the tramway infrastructure was approved, and two tram vehicles were sent to Lisbon to be overhauled at the CCFL. On 1 January 1996, regional bus services were privatised again, with buses in the Sintra region now being operated by the Scottish company 'Stagecoach'. In the following years they were closely involved in the modernisation of the tramway line, with the section between Praia das Maçãs and the depot at Ribeira being completely rebuilt. Second-hand rails and points were acquired from abandoned metre-gauge CP lines, a new simple overhead catenary was installed, and the two substations were upgraded. Due to the construction work, there was no service during 1996. On 15 September 1997, the tramway resumed service between Praia das Maçãs and Banzão, with the remaining stretch to Ribeira following in November of that year. 'Stagecoach' even operated a weekend service during the winter months, and during the summer of 1999, the tramway ran every day of the week. Ridership figures remained below expectations, though, mostly due to the missing link between Ribeira and Sintra. Ribeira is only about 1 km from Sintra as the crow flies, but there is a steep incline. In 2000, service was once again limited to Thursday to Sunday. In 2001, when 'Stagecoach' transferred all bus services to 'ScottURB', the tramway remained in the depot.

Sintra – im Jahre 2004 wurde die Straßenbahnstrecke bis zum Ortseingang wieder aufgebaut
– *in 2004, the tramway route was rebuilt up to the edge of town*

Sintra – eingleisige Endstation am Ortseingang
– single-track terminus at the edge of town

2004 fahren die Wagen wieder von Sintra bis Praia das Maçãs, und zwar das ganze Jahr über von Freitag bis Sonntag. Dienstag bis Donnerstag kann die Straßenbahn für private Anlässe gemietet werden, montags ist Betriebsruhe. Im Sommer wird mit zwei Fahrzeugen im Stundentakt und Kreuzung in Galamares gefahren, im Winter pendelt ein Wagen im Zweistundentakt. Die Fahrzeit beträgt 45 Minuten. Die neue Endhaltestelle in Sintra ist als Stumpfendstation ohne Weichen ausgelegt und liegt am Ortseingang. Bestrebungen zum Wiederaufbau der abgebauten Stadtstrecke zumindest bis zum Bahnhof war bislang jedoch noch kein Erfolg beschert. 2006 wurde dagegen in Ribeira ein neues Depot eröffnet, weiterhin gibt es in Banzão einen zweiten Fahrzeugschuppen. Entlang der Strecke existieren fünf Ausweichen, dazu kommt ein Umsetzgleis an der Endstation Praia das Maçãs.

Im Angesicht der Modernisierung und Rückverlängerung sehen die Zukunftsperspektiven der Straßenbahn durchaus gut aus. Allerdings führten schwere Stürme im Winter 2007/08 nun zu einer Unterbrechung der Strecke zwischen Ribeira und Atlantik. Die Straßenbahn pendelt seitdem nur zwischen Ribeira und Sintra. Eine Sanierung der Strecke ist ab Herbst 2008 geplant.

_ Straßenbahn-Fahrzeuge

Sintra ist einer der wenigen Straßenbahnbetriebe der Welt, der noch über den nahezu kompletten Fahrzeugpark aus der Zeit der Betriebsaufnahme zu Beginn des zwanzigsten Jahrhunderts verfügt und diesen im Regelbetrieb einsetzt. Kurios ist der Alltagseinsatz von offenen Wagen mit Querbänken, den es in Europa in vergleichbarer Form sonst nur noch bei der Manx Electric Railway auf der Isle of Man in der Irischen See gibt. Alle Straßenbahnen in Sintra waren und sind Zweiachser.

Zur Eröffnung der Bahn wurden von Brill sieben Triebwagen und sechs Beiwagen geliefert, dazu kamen sechs offene Güterwagen. Von den Triebwagen waren drei geschlossen und vier offen, von den Beiwagen zwei bzw. vier. Die Fahrzeuge entsprachen in vielen Aspekten vergleichbaren Typen der anderen portugiesischen Straßenbahnstädte. Sie besaßen allerdings etwas geringere Abmessungen. Andererseits waren sie aufgrund der steigungsreichen Überlandstrecke und dem Beiwagenbetrieb leistungsstärker ausgeführt.

Zwei geschlossene und ein offener Triebwagen bekamen 1948 neue Wagenkästen entsprechend dem Lissabonner Standard-Typ. Aus den dadurch freigesetzten Wagenkästen entstanden zwei neue Beiwagen, einer offen und einer geschlossen. Seit 1958 ergänzt eine Diesellok vom Hafen Leixões den Fuhrpark, ursprünglich 1928 für das Breitspurnetz gebaut und später umgespurt. Alle Triebwagen erhielten um 1960 elektrisches Second-Hand-Equipment aus Lissabon. In der Zeit des *Stagecoach*-Engagements wurden außerdem drei Standard-Straßenbahnwagen aus Lissabon gekauft. Ein Wagen wurde renoviert und auf Meterspur umgebaut, bei den anderen steht eine Rekonstruktion noch aus. Von den Ursprungstriebwagen waren im Jahr 2008 mit zwei Ausnahmen alle betriebsfähig, darunter alle drei noch vorhandenen offenen Wagen. Beiwagen können derzeit nicht eingesetzt werden, da die neugebaute stadtseitige Endstation kein Umsetzgleis besitzt.

The city of Sintra eventually took control of the tramway on 15 September 2001, and the cars have since carried the 'Câmara Municipal de Sintra' logo. Once in municipal ownership, preparations for its extension back to the town edge were resumed, but service remained rather sporadic. In 2002, the tramways ran from Friday to Sunday during summer months, but in 2003 there was no service at all. Just in time for the tramway's centenary, however, the extension was completed, and since 4 June 2004 the tramway has been running the entire route from Sintra to Praia das Maçãs, all year round, Friday to Sunday. From Tuesday to Thursday, the trams can be hired for private events, and Monday is closing day. During the summer, two vehicles provide an hourly service, with a passing loop at Galamares; during the winter, a single vehicle runs every two hours. The total travel time is 45 minutes. The new Sintra terminus, now located at the edge of town, has no sidings. Proposals to rebuild the line through the town, or at least to the railway station, have not come to fruition yet. In 2006, however, a new depot opened at Ribeira, while a second car shed is still in place at Banzão. Along the route, there are five passing loops, plus a siding at the Praia das Maçãs terminus.

While the future of the tramway seemed to be quite certain, heavy storms caused severe damage during winter 2007/08, and the section between Ribeira and the Atlantic Coast had to be temporarily closed, so the tramways can only run between Sintra and Ribeira. The rebuilding of the remaining section is planned to start in autumn 2008.

_ Tram vehicles

Sintra's tramway is one of only a few worldwide which has preserved and still operates most of its original rolling stock. A rarity are the open cars with perpendicular benches, which elsewhere in Europe can only be seen on the Manx Electric Railway on the Isle of Man. Tram vehicles in Sintra have always been two-axle cars.

For the line's inauguration, seven motor cars and six trailers were bought from Brill, along with six open freight wagons. Four of the motor cars were of the open type, and four of the trailers, too. In many aspects, the vehicles were similar to rolling stock used in other Portuguese tramway cities, but they were smaller in size. On the other hand, they had to be more powerful to negotiate the steep interurban route with trailers.

In 1948, two of the enclosed cars and one open car were rebuilt with new car bodies similar to the Lisbon 'Standard' type. The thus redundant car bodies were converted into two additional trailers, one open and one enclosed. Since 1958, a diesel locomotive acquired from the Leixões seaport has complemented the fleet. It was initially built for the broad-gauge network in 1928, but was later regauged. Around 1960, all motor cars were equipped with second-hand electric gear from Lisbon. During the 'Stagecoach' period, three 'Standard' vehicles were bought from Lisbon. One car was refurbished and rebuilt for metre gauge, while the others still await reconstruction. All but two of the original cars are still operational in 2008, among them three of the open cars. As there is no track for shunting at the city end, no trailers can currently be used.

Ponte 25 de Abril – Blick von Almada in Richtung Atlantikküste
– *View from Almada towards the Atlantic Coast*

ALMADA

Die Lissabon gegenüber liegenden Orte auf der Südseite des Tejo bzw. dem nordwestlichen Zipfel der Halbinsel von Setúbal waren durch die Flussbarriere lange Zeit verkehrstechnisch isoliert und nur per Fähre mit der portugiesischen Hauptstadt verbunden. Dies änderte sich mit der am 6. August 1966 eröffneten Ponte Salazar, die nach dem Sturz des portugiesischen Diktators ihren heutigen Namen Ponte 25 de Abril erhielt. Als Hängebrücke mit roter Farbgebung erinnert die Ponte 25 de Abril stark an die Golden Gate Bridge in San Francisco, sie wurde auch vom selben US-amerikanischen Baukonzern gebaut. Mit der Brücke gewann das südliche Umland von Lissabon als Wohnstandort enorm an Bedeutung. So verdoppelte sich die Einwohnerzahl des direkt südlich der Brücke liegenden Bezirks Almada innerhalb von nur zwanzig Jahren. Im weiter südlich liegenden und vormals rein ländlichen Bezirk Seixal wuchs die Bevölkerung zwischen 1960 und 1980 sogar um das Viereinhalbfache. Der Wachstumstrend ist bis heute ungebrochen. 2007 lebten in Almada und Seixal jeweils etwa 165.000 Menschen, womit fast schon von einem eigenständigen kleinen Ballungsraum gesprochen werden kann. Hinsichtlich des Berufsverkehrs stellt sich die Situation in Almada heute zweigeteilt dar: 55% der Arbeitnehmer arbeiten im Stadtgebiet und 45% sind Pendler, davon 70% mit dem Ziel Lissabon.

Verkehrstechnisch und städtebaulich führte die sehr schnelle Urbanisierung nicht unbedingt zu zufriedenstellenden Strukturen. Gewachsene Zentren sind südlich des Tejo nur mit Mühe auszumachen, der Bevölkerungsdruck führte zum Bau einer Vielzahl uniformer Viertel mit hohen Wohnblocks und hinsichtlich der Verkehrserschließung setzte man jahrzehntelang fast ausschließlich auf die Straße. Eine traditionelle Eisenbahnerschließung war Fehlanzeige. Erst 1999 erhielt die Ponte 25 de Abril nachträglich eine beim Bau bereits konstruk-

For a long time, the towns on the south side of the Tagus River and the northwestern tip of the Setúbal peninsula have been isolated from the Portuguese capital by the wide stream. This situation changed on 6 August 1966, when the Salazar Bridge opened; after the fall of the Portuguese dictator, the bridge was renamed Ponte 25 de Abril. The red suspension bridge is reminiscent of the Golden Gate Bridge in San Francisco, and was in fact built by the same U.S. construction company. With the new bridge, the population in the municipality of Almada doubled within twenty years. Further south, in the formerly rural municipality of Seixal, the population grew by as much as 450% between 1960 and 1980, and this trend has continued to the present day. In 2007, Almada and Seixal each had a population of approx. 165,000, thus forming a small conurbation on their own. 55% of all working people of Almada work within their municipality, whereas the other 45% commute to other places; 70% of them travel to Lisbon every day.

The rapid growth did not lead to satisfactory traffic solutions or planned urban development. Naturally grown town centres are scarce, and monotonous neighbourhoods of highrise blocks of flats dominate. All traffic had to be handled by roads, as historically there had never been railways in this area. A railway route was only established in 1999 via the 25 de Abril Bridge, although this had already been planned when the bridge was built. A fast suburban railway operated by Fertagus provides a link to Lisbon, but due to its long distances between stations, and rather marginal route far from the densely built-up areas (e.g. the Almada town centre), it was not completely satisfactory. As a result, a modern light rail system was proposed for the south side of the Tagus River. It had to meet two requirements: improve connections

tiv berücksichtigte Eisen-
bahntrasse. Damit gibt es
seitdem eine schnelle S-Bahn
nach Lissabon, welche unter
Regie der Bahngesellschaft
Fertagus verkehrt. Mit ihren
relativ großen Haltestellenabständen und der mangels
freier Fläche in Randlage
zu den Siedlungsschwer-
punkten gebauten Trasse
kann die Fertagus lokale
Verkehrsbedürfnisse jedoch
nur ansatzweise befriedigen.
Auch wird das wichtigste
lokale Zielgebiet, das Zentrum
von Almada, von der Eisenbahnstrecke nicht berührt. Im
Angesicht dieser Situation
begannen in den achtziger
Jahren ernsthafte Diskussio-
nen, auf der Südseite des Tejo
ein eigenständiges moder-
nes Straßenbahnsystem zu
errichten. Verkehrsplanerisch
gab es dabei zwei Haupt-
ziele: Zum einen die bessere
Vernetzung der Bevölkerungs-
schwerpunkte untereinander

Almada – Blick von der Jesusstatue Cristo Rei in Richtung Stadtzentrum und Fährhafen Cacilhas
– *View from the Cristo Rei statue towards the town centre and the Cacilhas ferry terminal*

und mit den lokalen Zentren, zum anderen die Schaffung eines
leistungsfähigen und attraktiven Zubringersystems zu den nach
Lissabon weiterfahrenden Zügen und Fähren. Seit 2007 ist die
Straßenbahn als *Metro Sul do Tejo* in Betrieb.

between the various towns and neighbourhoods on the south
side; and provide a feeder service for trains and ferries to
Lisbon. The new system, called the 'Metro Sul do Tejo', has
now been in operation since 2007.

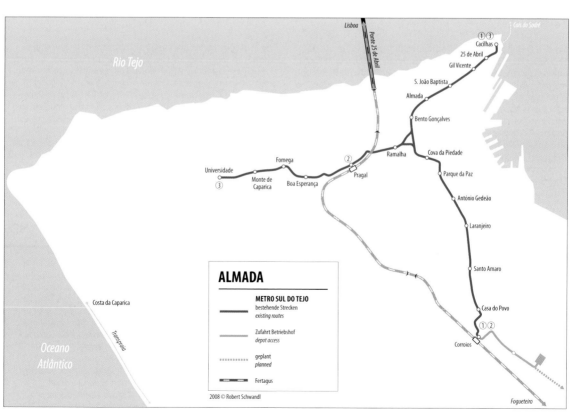

Corroios – Doppelstockzug der Fertagus | *Fertagus double-deck train*

Fertagus

Mit den S-Bahn-Zügen der Fertagus erhielten die Orte auf der Südseite des Tejo erstmals einen Eisenbahnanschluss in Richtung Lissabon. Die Fertagus ist ein privates Bahnunternehmen mit einer Betriebskonzessionen für den flussüberquerenden Eisenbahnverkehr. Ihr Name leitet sich aus den Begriffen *Fer* und *Tagus* ab, also dem Begriff *Eisen* und der lateinischen Bezeichnung des Tejo. Die von der Fertagus befahrenen Strecken finden sich dagegen im Besitz der staatlichen Eisenbahninfrastrukturgesellschaft REFER, dem portugiesischen Pendant zu DB Netz, welche auch für den Streckenunterhalt zuständig ist.

Kernstück der Fertagus ist die am 29. Juli 1999 eröffnete Eisenbahnstrecke über die Ponte 25 de Abril. Sie hat ihren Ausgangspunkt am Bahnhof Campolide, gelegen am Kreuzungspunkt der Lissabonner Gürteleisenbahn mit der Strecke nach Sintra. Von dort geht es entlang einer Talflanke steil ansteigend zum nordseitigen Brückenkopf hinauf. Aufgrund der großen Höhendifferenz konnte am Flussufer kein Umsteigebahnhof zur kreuzenden *Linha de Cascais* sowie zur Straßenbahn eingerichtet werden. Zwar gibt es vor dem nördlichen Brückenkopf hoch oben an der Talflanke einen Bahnhof mit rohbaufertigen Bahnsteigen, dieser dient aber bis auf weiteres nur als Überholbahnhof aufgrund des recht regen Güter- und Fernzugverkehrs über die Brücke. Südlich dieses Bahnhofs fädelt die Strecke dann auf die Brücke ein. Unterhalb der Fahrbahnen für den Autoverkehr wird das gegenüberliegende Ufer des Tejo erreicht. Die zweigleisige Schienentrasse wurde dabei nachträglich in die dafür bereits ausgelegte Fachwerkkonstruktion der Brücke integriert. Aus den Zügen besteht eine hervorragende Aussicht auf Lissabon. Zusammen mit der Brückentrasse ging gleichzeitig eine Neubaustrecke vom südlichen Brückenkopf mit vier Stationen bis Fogueteiro in Betrieb. Hinter diesem

The Fertagus trains are the first that provide a rail link between the south side of the Tagus River and Lisbon. Fertagus is a private company which holds the concession to operate cross-river rail services. Its name derives from 'fer' (iron) and 'Tagus', the Latin name for the river called 'Tejo' in Portuguese. The route, however, is owned and maintained by the national rail infrastructure company REFER, the Portuguese equivalent to Network Rail in the U.K.

Opened on 29 July 1999, the railway line across the 25 de Abril Bridge is the centrepiece of the Fertagus route. It starts from Campolide station, where the Lisbon belt railway intersects with the Sintra line. From there, a steep route takes the trains up to the bridge. Due to the big difference in altitude, it was not possible to build an interchange station above the Cascais line or the tramway line. There is an unfinished station at the north end of the bridge though, which is currently only used for overtaking on the busy route also shared by freight and long-distance trains. South of this station, trains access the bridge to reach the other side of the river on the lower deck, i.e. below the car deck. The double-track line was added to the girder structure of the bridge, which had been prepared for this extra load at the time of its construction. The trip across the bridge provides a splendid view over the city of Lisbon. Together with the river crossing, a new line was opened as far as Fogueteiro, with three intermediate stations. Beyond the terminus, several sidings were laid. Fertagus began operation with 22 four-section double-deck EMUs, which are practically identical to the double-deck vehicles used by CP for suburban traffic in and around Lisbon.

Initially, the Fertagus trains started their journey to Fogueteiro from Entrecampos on Lisbon's belt railway. But

Bahnhof wurde eine Abstellanlage angelegt. Für den Betrieb beschaffte man 22 vierteilige elektrische Doppelstocktriebzüge, die weitgehend baugleich zu den Doppelstockfahrzeugen der portugiesischen Staatsbahn für den Vorortverkehr von Lissabon sind.

Die Fertagus-Züge hatten ihren Ausgangspunkt zunächst am Bahnhof Lissabon-Entrecampos, erreichten Campolide über die Gürteleisenbahn und folgten dann der Neubaustrecke bis zu ihrem Endpunkt in Fogueteiro. Seit September 2003 beginnen die Züge in Lissabon bereits am Bahnhof Roma-Areeiro. Ebenfalls 2003 wurde die Neubaustrecke auf der Südseite des Tejo von Fogueteiro bis Pinhal Novo verlängert. Dort treffen die Gleise auf die Hauptstrecke in Richtung Algarve, so dass fortan auch die Fernzüge aus dem Süden Portugals über die Brücke direkt nach Lissabon fahren konnten. Seit dem 7. August 2004 nutzt auch die Fertagus den zweiten Abschnitt der Neubaustrecke. Alle Züge fahren nun von Lissabon bis zum neuen Bahnhof Coina, eine Station hinter Fogueteiro. Von dort aus ist jeder dritte Zug weiter bis Setúbal durchgebunden. In den Hauptverkehrszeiten wird alle zehn Minuten bis Coina und alle dreißig Minuten bis Setúbal gefahren, ansonsten alle zwanzig bzw. sechzig Minuten. Für die Gesamtstrecke bis Setúbal werden 57 Minuten Fahrzeit benötigt.

Die neuen Stationen auf der Südseite des Tejo werden im Gegensatz zur Gleisinfrastruktur von der Fertagus selbst betrieben. Sie sind für S-Bahn-Haltepunkte sehr aufwändig gestaltet. Kennzeichnend ist eine helle, freundliche Architektur. Alle Stationen besitzen eine große geschwungene Dachkonstruktion, die sowohl die geräumigen Empfangshallen als auch die Gleisanlagen überspannt. Innerhalb der Empfangshallen finden sich stets personalbesetzte Schalter und Gastronomie. Um das Einzugsgebiet zu erweitern, wurden alle Stationen mit großen Park+Ride-Anlagen versehen. Daneben betreibt die Fertagus in Almada und Seixal auch lokale Zubringerbuslinien.

Ursprünglich besaß die Fertagus eine Konzession für dreißig Jahre. Diese wurde zwischenzeitlich jedoch auf elf Jahre zuzüglich einer Option auf neun weitere gekürzt, da die prognostizierten Fahrgastzahlen bislang nicht erreicht werden konnten. Dennoch sorgte die Verlängerung nach Setúbal für eine erhebliche Nachfragesteigerung, und 2006 konnte die Fertagus insgesamt 21,4 Millionen Fahrgäste zählen. Zumindest für den Gelegenheitsfahrgast sehr ungünstig ist die vollständige Tarifautonomie der Gesellschaft. Es gibt keinen Verkehrsverbund mit den Vorortlinien der portugiesischen Staatsbahn sowie mit der Lissabonner Metro. Umsteiger müssen daher zwei Fahrkarten lösen, es sei denn, sie sind im Besitz kombinierter Monatskarten.

Ponte 25 de Abril

in September 2003, their Lisbon terminus was relocated to Roma-Areeiro. In the same year, the southern extension from Fogueteiro to Pinhal Novo opened, thus creating a link to the existing mainline route to the Algarve. Long-distance trains from southern Portugal were now able to take the bridge route right into Lisbon. Fertagus services were extended over the new extension to Coina on 7 August 2004, with every third train continuing to Setúbal. During peak hours, trains run to Coina every ten minutes, and to Setúbal every 30 minutes. During off-peak hours, there is a 20-minute service to Coina, and a 60-minute service to Setúbal. A journey on the entire route to Setúbal takes 57 minutes.

Unlike the railway infrastructure, the stations on the south side of the Tagus River are maintained by Fertagus, and generally boast pleasant designs. Every station has a curved roof spanning over the spacious station building and track area. They all have manned ticket windows and food outlets. And to increase the stations' capture areas, all have large park-and-ride facilities. In Almada and Seixal, Fertagus operates some local bus feeder lines.

The initial concession was for 30 years, but it has meanwhile been shortened to 11 years, plus an option for nine more years, as ridership figures have remained below expectations. The extension to Setúbal brought a significant increase, though, and in 2006, Fertagus carried a total of 21.4 million passengers. For the occasional traveller, the separate fare system is rather inconvenient. Combined fares are only available in the form of monthly passes.

Corroios – Fertagus-Bahnhof mit charakteristischem geschwungenem Dach
  – Fertagus station with the typical curved roof

Pinhal Novo – Umsteigebahnhof zwischen Fertagus, Linha do Sado und
  Fernverkehr
  – interchange station for Fertagus, Linha do Sado and long-distance trains

Parque da Paz – Linie 1 in Fahrtrichtung Corroios, im Hintergrund die Wohnblöcke von Almada, überragt von der Jesusstatue Cristo Rei
– *Line 1 on its way to Corroios, with the Almada blocks of flats and the Cristo Rei statue in the background*

Metro Sul do Tejo

Die *Metropolitano Ligeiro da Margem Sul do Tejo* bzw. kurz *Metro Sul do Tejo* (MST), auf deutsch sinngemäß Stadtbahn am Südufer des Tejo, erschien bereits 1985 im damaligen Integrierten Entwicklungsplan der Halbinsel von Setúbal. Mit dem Begriff Metro ging man zwar in gewisser Weise auf Distanz zur Straßenbahn, gleichwohl fokussierten sich die Überlegungen von Beginn an auf ein modernes Oberflächensystem. 1995 lag eine Machbarkeitsstudie vor, woraufhin eine Realisierungsvereinbarung zwischen dem portugiesischen Staat und den lokalen Gebietskörperschaften geschlossen wurde. Die erste Projektphase der MST umfasste das Kernnetz des Systems, bestehend aus drei ähnlich langen Streckenästen mit insgesamt rund 13 km Betriebsstreckenlänge inklusive Depotzufahrt und 19 Haltestellen.

Die Netzkonzeption sieht auf jedem Ast jeweils zwei Linien und eine Verknüpfung der Äste über ein mittig im Netz liegendes Gleisdreieck vor. Während der westliche und der nordöstliche Ast ausschließlich auf dem Gebiet des Bezirks Almada liegen, führt der südliche Ast weiter in den Nachbarbezirk Seixal.

Größte Bedeutung hat der nordöstliche Ast, welcher mit 2,6 km Länge zwar am kürzesten ist, aber mitten durch das Zentrum von Almada führt. Endpunkt ist das Fährterminal Cacilhas mit Anschluss zur Lissabonner Unterstadt. Da die S-Bahn-Verbindung über die Ponte 25 de Abril topografisch begründet um das historische Zentrum von Lissabon einen großen Bogen macht und stattdessen die nördlich davon liegenden neueren Geschäftsviertel erschließt, haben die Fähren für die Verbindung in die älteren Teile der Stadt nach wie vor eine hohe Verkehrsbedeutung. Die Trasse der

The 'Metropolitano Ligeiro da Margem Sul do Tejo', or simply the 'Metro Sul do Tejo' (MST — light rail on the south side of the Tagus River), first appeared in 1985 in the master plan for the urban development of the Setúbal peninsula. The term 'Metro' was deliberately chosen to clearly distinguish it from the conventional tramways, although it was also clear from the beginning that this would ultimately become a modern surface railway. A feasibility study was concluded in 1995, and an agreement between the Portuguese government and the local entities was subsequently signed. The first stage of the project includes the core of the system, which comprises three legs of similar length, totalling 13 km of routes, including an access line to the depot, and 19 stops.

The network was designed to have two lines operating on each leg, with each line connecting two legs via the central triangle. While the western and northeastern legs lie exclusively within the municipality of Almada, the southern leg continues into Seixal, the neighbouring municipality.

The northeastern leg runs through the Almada town centre, and although its length of 2.6 km makes it the shortest leg, it is the most important of the three. It terminates at the Cacilhas ferry terminal, where boats leave for Lisbon. As the suburban railway route across the 25 de Abril bypasses

Linie *Line*	Strecke *Route*	Länge *Length*	Stationen *Stations*	Fahrzeit *Time*	HVZ-Takt *Peak Headway*
1	Cacilhas – Corroios	7017 m	13	19 min	5 min
2	Corroios – Pragal	5634 m	9	15 min	10 min
3	Cacilhas – Universidade	6534 m	12	19 min	7½ min

MST folgt fast im gesamten Verlauf des Streckenastes einem geradlinigen Hauptstraßenzug. Zwischen Cacilhas und dem auf einem Hügel befindlichen Stadtzentrum von Almada ist ein erheblicher Höhenunterschied mit Steigungen von bis zu 10% zu bewältigen. Die Gleise liegen auf einem besonderen Bahnkörper in Mittellage.

Der rund 4 km lange westliche Ast führt vom Gleisdreieck über den Fertagus-Bahnhof Pragal zum Endpunkt Universidade. Pragal avanciert damit zum Hauptumsteigeknoten zwischen MST und der S-Bahn nach Lissabon. Daneben ist diese Station auch als Zwischenendstation konzipiert, so dass die Universität nur von einer Linie erreicht wird. Zur Überbrückung der von der Ponte 25 de Abril kommenden Autobahn führt die MST östlich von Pragal über ein 320 m langes, der Straßenbahn vorbehaltenes Viadukt. Ein zweites, kleineres Brückenbauwerk findet sich auch direkt westlich von Pragal, um die Straßenbahn vom tiefer gelegenen Bahnhofsvorplatz zum angrenzenden Wohnviertel hinaufzuführen. In Richtung Universität folgen einige weitere recht steile Abschnitte. Die Zwischenhaltestelle Fomega liegt in offener Tieflage im Zuge einer Straßenunterquerung. Insgesamt ist der Ast zur Universität sehr viel stadtbahnartiger ausgebaut als die beiden anderen.

Der 4,4 km lange südliche Ast endet an einem weiteren Bahnhof der Fertagus, Corroios. Dieser ist aus der Netzstruktur heraus im Gegensatz zu Pragal jedoch eher für Umsteiger weiter in Richtung Süden interessant. Auch der südliche Ast enthält ein größeres Viaduktbauwerk, welches die Gleise unmittelbar hinter dem Gleisdreieck über eine Umgehungsstraße hinweg verschwenkt. Anschließend folgen die Gleise einer Hauptstraße, gelegen auf besonderem Bahnkörper in Seitenlage. Hinter der Endstation Corroios führt die Strecke noch etwa 1,7 km weiter bis zum Depot inklusive Betriebsleitzentrale und Werkstatt.

Technisch handelt es sich bei der MST um eine moderne Straßenbahn: 1.435 mm Spurweite, 2,65 m breite Zweirichtungsfahrzeuge, Vorrang an allen Lichtsignalanlagen, Gleichstromelektrifizierung mit 750 V, komplette Zweigleisigkeit, geschlossener Oberbau mit Zweiblockschwellen in Beton gebettet, ausschließlich eigene Bahnkörper. Die Bahnsteige sind 25 cm hoch und 45 m lang, einige Haltestellen besitzen Park+Ride-Anlagen. Mit dem Streckenbau war eine komplette Umstrukturierung und Aufwertung des begleitenden öffentlichen Raums inklusive großflächiger Straßenraumbegrünung verbunden.

_ Realisierung
Aufbauend auf die Machbarkeitsstudien konnte im April 1997 die Vorentwurfsplanung abgeschlossen werden. 1999 folgte ein internationaler Ausschreibungsprozess. Ausgeschrieben war dabei ein Komplettpaket bestehend aus dem Bau der Infrastruktur, der technischen Ausrüstung und der Lieferung der Fahrzeuge verbunden mit einer Betriebskonzession für dreißig Jahre ab Unterzeichnung. Die Vergabe erfolgte am 30. Juli 2002 an das Konsortium Metro Transportes do Sul, SA (MTS) mit drei Anteilseignern. Für den Trassen- und Haltestellenbau war danach die Unternehmensgruppe Metroligeiro verantwortlich. Rollmaterial, Depotausrüstung und elektrotechnische Infrastruktur lieferten Siemens und Meci. Fahrbetrieb, Vertrieb sowie Unterhaltung der Infrastruktur und der Fahrzeuge ist dagegen Sache von Joaquim Jerónimo. Letzteres Unternehmen gehört der Grupo Barraqueiro an, unter deren Dach sowohl eine Vielzahl regionaler Busunternehmen als auch die Fertagus zusammengeschlossen sind. Die Gruppe ist der führende ÖPNV-Konzern im Süden Portugals und konnte mit dem Gewinn der MST-Konzession seine regionale Marktposition weiter ausbauen.

In der integrierten Vergabe sah man ein sicheres Instrument der zügigen Fertigstellung – schließlich implizierte die Kopplung

the historic centre of Lisbon and serves the commercial areas further north, the ferries still have an important role to play in accessing the older parts of Lisbon. Most of the northeastern MST leg runs along a major straight thoroughfare, but between Cacilhas and the Almada town centre a gradient of up to 10% has to be negotiated. The tracks are aligned in the median of the road on a dedicated right-of-way.

The 4 km western leg of the system runs from the triangle via the Pragal railway station to Universidade. Pragal has therefore become the main interchange between the MST and Fertagus. Pragal is laid out as an intermediate terminus, as only one line continues to the University. East of Pragal, the MST crosses the motorway, which comes down from the 25 de Abril Bridge, on a 320 m dedicated viaduct. A smaller bridge can be found at the western side of Pragal; it takes the light rail trains from the station square up to a neighbouring residential area. More steep sections can be found further west along the route to the University. Fomega station lies in a trench along a road underpass. In general, the western leg has a higher degree of grade-separation than the other two.

The 4.4 km southern leg terminates at another Fertagus station, namely Corroios. Due to its location, it is more relevant for passengers travelling south than for those going to Lisbon. The southern leg boasts one major viaduct, which immediately after the triangle takes the MST to the other side of a bypass road. From there, the line continues alongside a major road on a dedicated right-of-way. Beyond the Corroios terminus, a 1.7 km route leads to the depot and workshop, where the system's control centre is also located.

Technically, the MST is a modern tramway system: 1,435 mm gauge, 2.65 m wide bidirectional vehicles, priority at all traffic lights, electrified at 750 V dc, completely double-track, covered trackbed with two-section sleepers embedded in concrete, and dedicated right-of-way along all sections. The platforms are 25 cm high and 45 m long, and some stops have park-and-ride facilities. The construction of the system was accompanied by major redevelopment work along the routes, which included the creation of some large green areas.

_ Realisation
Following the feasibility studies, detailed planning was completed in April 1997, and tenders were invited internationally in 1999 for a package including the construction of the infrastructure, the technical equipment and the delivery of rolling stock, all combined with an operating concession for thirty years. The contract was awarded to the 'Metro Transportes do Sul, SA' (MTS) consortium on 30 July 2002. Within the consortium, the Metroligeiro group was responsible for the route and station construction; the vehicles, depot facilities and electrical equipment were delivered by Siemens and Meci; operation and marketing, as well as infrastructure and rolling stock maintenance, were delegated to the company Joaquim Jerónimo, a part of the Grupo Barraqueiro, which comprises Fertagus and a large number of regional bus operators. This group is the leader in public transport in southern Portugal, and with the MST contract it certainly strengthened its position.

A BOT-type contract (build-operate-transfer) was chosen to guarantee the fast completion of the project, as it was in the interests of the consortium to break even as soon as possible. And indeed, the project quickly got started. The official ceremony was held on 12 December 2002, and actual work began in April 2003. When the first tracks were laid at Corroios in November 2003, all seemed perfect for a scheduled completion in December 2005. But then the first disputes arose between the consortium on one side and the neighbours and the city council of Almada on the other,

Corroios – mit dem Straßenbahnbau neu gestaltete Grünfläche
– *green area created in conjuction with the light rail route*

Ramalha – Bauarbeiten für die Linie 3
– *construction work on line 3*

von Bau und Betrieb beim Konsortium ein starkes Interesse, die Bauarbeiten schnell abzuschließen, um möglichst bald in die profitable Betriebsphase einsteigen zu können. Tatsächlich begann die Umsetzung des Projektes zügig. Der offizielle Startschuss war am 12. Dezember 2002, im April 2003 begannen die Bauarbeiten. Nachdem im November 2003 in Corroios die ersten 200 m Gleise verlegt waren, deutete vieles auf eine termingerechte Fertigstellung im Dezember 2005 hin. Recht bald zeigten sich jedoch Schwierigkeiten im Zentrum von Almada, wo es zu lang andauernden Disputen zwischen dem Konsortium auf der einen Seite sowie dem Stadtrat und Anwohnern auf der anderen Seite kam. Größter Streitpunkt war dabei die geplante Trassierung des zentralen Gleisdreiecks mitten durch ein dicht bebautes Wohngebiet. Dort entstand das Gefühl, von Gleisen auf allen Seiten eingezwängt zu werden. Auch mit dem Bau des wichtigsten Streckenastes über den Hauptstraßenzug von Almada bis Cacilhas konnte nicht begonnen werden, dort gingen die ortsansässigen Händler auf die Barrikaden. Letztendlich zeigten sich in voller Konsequenz die jahrzehntelangen Versäumnisse der Verkehrsentwicklungsplanung, im Rahmen derer keine Trassen für ein Straßenbahnsystem freigehalten worden waren. Die Neuverteilung des Verkehrsraums in einem Umfeld sehr autoorientierter Wahrnehmung war offenbar schwieriger als ursprünglich angenommen.

Die Konflikte führten letztendlich dazu, dass die für den Trassenbau des Gleisdreiecks sowie des Astes nach Cacilhas benötigten Flächen von der Stadt Almada nicht termingerecht an das Konsortium übergeben wurden. Sowohl der südliche Ast nach Corroios als auch der westliche Ast nach Universidade entstanden dagegen weitgehend planmäßig. Im Anschluss an das Depot in Corroios konnte Mitte 2005 die Oberleitung unter Spannung gesetzt werden und am 25. August 2005 fanden erste Testfahrten statt. Damit war man in die fast ungünstigste denkbare Situation geraten: Zwei Außenstrecken fertig, aber ohne Verknüpfung miteinander und ohne Weiterführung in das Hauptzielgebiet der Fahrgäste. Erst im November 2006 beschloss der Stadtrat von Almada die Abtretung der Bauflächen. Auch danach gab es aber noch Verzögerungen, nachdem die Händler im Ort ein Abwarten der Weihnachtszeit durchsetzen konnten. Erst Anfang 2007 begannen auch Bauaktivitäten im Zuge der zentralen Streckenabschnitte inklusive des Gleisdreiecks. Daneben führten die Verzögerungen zu ganz handfesten ökonomischen Folgen: Die Kalkulation des Konsortiums wurde hinfällig, weil sowohl die Bau- und Planungskosten anstiegen als auch der Betrieb nicht wie geplant aufgenommen werden konnte.

Um zumindest die bereits fertige Infrastruktur zu nutzen und der Bevölkerung Resultate der langen Bauarbeiten vorweisen

especially about the central triangle in the middle of a dense neighbourhood. Another source of conflict was the route along the main road from Almada to Cacilhas, where shop owners had protested loudly. At last, the many decades of neglect in urban planning became obvious, with no proper rights-of-way having been reserved for the light rail system. The restructuring of the public space in an area dominated by car traffic turned out to be more complicated than expected.

As a consequence of these conflicts, the terrain required for the triangle and for the route to Cacilhas were ceded by the Almada city council only after some delays. The southern leg to Corroios, as well as the western leg to Universidade, however, were progressing according to schedule. By mid-2005, the section closest to the Corroios depot had been electrified and trial runs started on 25 August 2005. With two outer routes completed, but with the most important route still missing, the situation was far from ideal. Eventually in November 2006, the city of Almada handed over the terrain in question, and after another delay, caused by the shop owners' wish to postpone the construction start until after Christmas, work finally got underway at the beginning of 2007. These delays also had severe economic consequences for the consortium, as their planning and construction costs steadily increased while the system was waiting to be brought into service.

To take advantage of the completed sections and show some results to the local population, the southern leg between Corroios and Cova da Piedade was formally inaugurated on 30 April 2007, with regular service starting on 1 May. Regular trial service under realtime conditions had already been carried out since 18 March 2007. Initially, a 10-minute service was provided during weekdays, with peak-hour headways reduced to five minutes. On Saturdays and Sundays, the MST operated every 15 minutes. The first train left Corroios at 06:30, with the last departing from Cova da Piedade at 22:45. As the initial section served neither the Almada town centre nor the Pragal railway station, passenger figures remained very low.

The western leg to the University opened on 15 December 2007, including the interchange station at Pragal, and since then, line 2 has been running along its definitive route between Corroios and Pragal. Every other train is labelled line 23 (2+3) and continues along the future line 3 to the terminus at Universidade. With this extension, a good transfer option has been provided for trains to Lisbon, and ridership figures have risen significantly.

The opening of the third and most important leg of the system, the one to Cacilhas, is now scheduled for November

zu können, wurde am 30. April 2007 der südliche Ast zwischen Corroios und Cova da Piedade feierlich eröffnet. Die kommerzielle Inbetriebnahme fand am 1. Mai statt. Bereits seit dem 18. März 2007 hatte ein vorlaufender täglicher Probebetrieb unter Echtzeitbedingungen stattgefunden. Angeboten wurde zunächst unter der Woche ein 10-Minuten-Takt, in den Hauptverkehrszeiten auf einen 5-Minuten-Takt verdichtet. Samstags und sonntags fuhr die MST zunächst jede Viertelstunde. Der erste Zug rückte täglich um 6.30 ab Corroios aus, der letzte fuhr um 22.45 in Cova da Piedade ab. Da die erste Teilstrecke jedoch weder das Zentrum von Almada noch den Bahnhof Pragal erreichte, waren die Fahrgastzahlen zu Beginn naturgemäß sehr niedrig.

Als nächstes wurde am 15. Dezember 2007 der Ast zur Universität und damit auch die Verknüpfungsstation am Bahnhof Pragal eröffnet. Seitdem fährt die Linie 2 zwischen Corroios und Pragal auf ihrem endgültigen Linienweg. Jeder zweite Zuge wurde provisorisch über die Strecke der zukünftigen Linie 3 bis zur Universität durchgebunden und mit der Liniennummer 23 ausgeschildert, zu verstehen als Linie 2+3. Mit der Verlängerung wurde nun zumindest eine gute Umsteigemöglichkeit zur Fertagus nach Lissabon hergestellt, und die Fahrgastzahlen erhöhten sich demnach deutlich.

Die Eröffnung des noch fehlenden dritten und wichtigsten Streckenastes nach Cacilhas ist für November 2008 angekündigt. Dann wird die Linie 23 wieder entfallen, und stattdessen können die Linien 1 und 3 eingeführt werden. Prognostiziert sind für alle drei Linien zusammen 95.800 Fahrgäste pro Werktag, entsprechend etwa 28 Millionen pro Jahr. Gleichzeitig soll der Autoverkehr im Einzugsgebiet um 6% zurückgehen. Angestrebt wird eine Reisegeschwindigkeit von 24 km/h.

_ Fahrzeuge

Ursprünglich sollten in Almada 24 fünfteilige Combinos fahren. Die Bestellung wurde aufgrund der technischen Schwierigkeiten mit der Combino-Konstruktion dann jedoch in ähnlich lange vierteilige Combino-Plus- bzw. GT8N-Einheiten mit Stahlwagenkasten geändert. Am 25. Mai 2005 kam das erste Fahrzeug der MST im Depot an. Wagen C008 wurde zwischenzeitlich im März 2007 zu Demonstrationszwecken nach Melbourne verliehen. Die Fahrzeuge sind achtachsig, 36 m lang und 2,65 m breit. Sie bieten 78 sitzenden und 158 stehenden Fahrgästen Platz. Die Höchstgeschwindigkeit beträgt 70 km/h, gefahren wird jedoch mit maximal 60 km/h.

_ Ausblick

Im Rahmen von zwei weiteren Projektphasen soll zunächst die Linie 1 weiter nach Süden verlängert werden und anschließend eine zusätzliche vierte Linie hinzukommen. Die Südverlängerung der Linie 1 würde die Depotzufahrt in Corroios mit einbeziehen, dies erklärt auch eine im Rohbau bereits vorhandene Haltestelle auf diesem Abschnitt. Jenseits des Depots soll es weiter bis Fogueteiro gehen. Dort ist die Schaffung eines dritten Umsteigepunktes mit der Fertagus vorgesehen.

Die vierte Linie soll wiederum in Fogueteiro starten und von dort aus nordostwärts über Seixal und Barreiro nach Moita führen. Mit Barreiro und Moita würde man zwei weitere Bezirke mit derzeit 78.000 bzw. 67.000 Einwohnern erschließen. Das Gesamtnetz wäre dann 27,650 km lang und hätte 37 Haltestellen.

In der Diskussion steht außerdem eine optionale vierte Phase in Form einer Verlängerung der Linie 3 von Universidade bis Costa da Caparica an der Atlantikküste. Insgesamt umfasst das Einzugsgebiet der MST im Endausbauzustand damit fast eine halbe Million Menschen.

Parque da Paz – Standardwartehäuschen
– *standard shelter*

2008. Line 23 will then be discontinued and the new lines 1 and 3 will start operating. 95,800 passengers are expected on the network on each working day, i.e. 28 million a year, while car traffic should be reduced by 6%. The desired average travel speed is 24 km/h.

_ Rolling Stock

Initially, 24 five-section Combino tram vehicles were ordered for Almada. But with the structural problems encountered in the original Combino cars in mind, the order was later changed for similar four-section Combino Plus units (GT8N) with steel car bodies. The first unit arrived at the depot on 25 May 2005. For demonstration purposes, car no. C008 was sent to Melbourne in March 2007. The 8-axle cars are 36 m long and 2.65 m wide. They have room for 78 seated passengers and 158 standees. The cars' maximum speed is 70 km/h, although in daily operation this is reduced to 60 km/h.

_ Future

In a future stage, line 1 will be extended south by taking advantage of the depot access tracks (where an intermediate station has already been built), before continuing to Fogueteiro, where a third interchange with Fertagus is planned.

A fourth line will run northeast from Fogueteiro via Seixal and Barreiro to Moita, the latter two with 78,000 and 67,000 inhabitants, respectively. These extensions would bring the total length of the network to 27.65 km, with 37 stops.

In a later stage, line 3 could be extended from Universidade to Costa da Caparica on the Atlantic Coast. The area served by the MST would then cover a population of approximately half a million.

Ramalha – südlicher Schenkel des umstrittenen Gleisdreiecks
– *southern leg of the controversial track triangle*

Cova da Piedade – Corroios (Linhas 1 & 2)

① ④ **Cova da Piedade** – Viadukt zur Überbrückung einer Umgehungsstraße
– *elevated route across a bypass road*

② **Corroios** – Bahnhofsvorplatz mit Straßenbahnstation
– *station square with light rail stop*

③ **Cova da Piedade** – Strecke Richtung Gleisdreieck, einziger Rasengleis-
abschnitt auf dem südlichen Ast
– *route leading to the track triangle, the only grass-covered section on the
southern leg*

⑤ **Laranjeiro**

⑥ **Casa do Povo** – Standard-Haltestelle
– *standard station*

⑦ **Santo Amaro** – besonderer Bahnkörper neben der Hauptstraße
– *dedicated right-of-way alongside a main road*

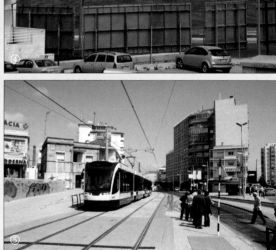

Ramalha – Universidade (Linhas 2 & 3)

① **Pragal** – Viadukt in Fahrtrichtung Universidade
– *viaduct leading towards Universidade*

② **Pragal** – Viadukt über die Autobahn, im Hintergrund die Eisenbahnstrecke
der Fertagus
– *viaduct across a motorway, with the Fertagus rail line in the background*

③ **Ramalha**

④ **Universidade** – westlicher Endpunkt
– *western terminus*

⑤⑥ **Fomega** – Station im offenen Einschnitt
– *station in a cutting*

⑦ **Boa Esperança** – Überlandstrecke abseits der Straße
– *interurban route away from the main road*

⑧ **Pragal** – Straßenbahnstation direkt neben dem Fertagus-Bahnhof, in der
Mitte das Kehrgleis für die Linie 2
– *light rail stop next to the Fertagus railway station, with the middle track
used by reversing line 2 trams*

Barreiro – Dieselzug der Linha do Sado | *DMU on the Linha do Sado*

BARREIRO

Barreiro liegt wie Almada auf der Südseite des Tejo gegenüber von Lissabon, jedoch eine Halbinsel weiter östlich. Die Stadt hatte bis zur Eröffnung der durchgehenden Bahnverbindung von Lissabon über die Ponte 25 de Abril nach Pinhal Novo erhebliche Bedeutung für den Eisenbahnverkehr, denn sie war Ausgangspunkt sämtlicher Fernzüge in Richtung Süden.

Nach Lissabon besteht eine direkte Fährverbindung vom Bahnhof bis zum Fährterminal Terreiro do Paço unmittelbar am Rande der Unterstadt. Das Lissabonner Fährterminal war lange Zeit Teil des portugiesischen Eisenbahnnetzes und wurde organisatorisch wie ein Bahnhof behandelt. Heute dient die Fährverbindung nur noch dem lokalen Verkehr.

Die Bahnstrecke von Barreiro bis Pinhal Novo hat ihre einstige Bedeutung mit dem Abzug der Fernzüge fast vollständig verloren. Heute pendelt nur noch die *Linha do Sado* als Teil des Lissabonner Vororteisenbahnverkehrs. Mit den anderen Vorortstrecken kann sie sich jedoch kaum messen: Zwar ist die Strecke zweigleisig, jedoch nicht elektrifiziert und insgesamt in einem eher heruntergekommenen Zustand. Die Züge fahren selbst in der Hauptverkehrszeit nur im Halbstundentakt, ansonsten stündlich. Im Bahnhof Barreiro zeugen zugewachsene Gleisanlagen von der bedeutsameren Vergangenheit. Benutzt werden dort nur noch zwei Bahnsteiggleise in der Bahnsteighalle.

In der Zukunft könnte Barreiro dennoch einen zweiten Frühling als Schienenverkehrsknoten erhalten. Zwei Großprojekte warten derzeit auf ihre Umsetzung. Dies ist zum einen die geplante vierte Linie der *Metro Sul do Tejo*, die abschnittsweise die Trasse einer ehemaligen Anschlusseisenbahn von Barreiro nach Seixal nutzen soll, welche die Lagune zwischen den beiden Orten auf einem Damm querte. Zum anderen ist zwischen dem Bahnhof Chelas an der Lissabonner Gürteleisenbahn

Barreiro lies on the south side of the Tagus River like Almada, but on another peninsula further east. Before the rail link across the Ponte 25 de Abril to Pinhal Novo opened, Barreiro was the departure point for all long-distance trains going to southern Portugal.

From the Barreiro railway station, ferries provide a direct link to Lisbon, where they arrive at Terreiro do Paço at the edge of the Baixa. For a long time, the Lisbon ferry terminal was considered an integral part of the Portuguese railway network; today it is only used by ferries which provide a local link to the south side.

The railway line between Barreiro and Pinhal Novo lost most of its former importance when the long-distance trains were diverted over the new route. It is now served by the 'Linha do Sado', which is part of the Lisbon suburban network. This line is hardly comparable with the other suburban lines, though: it is double-track, but not electrified, and generally in a very dilapidated state. Trains run half-hourly during peak hours, and hourly during off-peak hours. At Barreiro, the many grass-covered tracks are a reminder of the station's former importance, while nowadays only two tracks in the enclosed area are operational.

In the future, though, Barreiro may see a rail revival, as two major projects are on the drawing board:
1) some sections of a former rail link across the lagoon between Seixal and Barreiro are planned to be used in the fourth line of the Metro Sul do Tejo;
2) a dedicated railway bridge planned between Chelas, on the Lisbon belt railway, and Barreiro would allow the Sado line to link with the Lisbon network directly in 2015. Long-distance trains from the south would also use it, and now

Barreiro – ehemaliger Ausgangspunkt der Fernzüge nach Südportugal
– *former departure station for trains to southern Portugal*

Pinhal Novo – neuer Eisenbahnknoten auf der Südseite des Tejo
– *new railway hub on the south side of the Tagus River*

und Barreiro ist eine weitere Tejo-Brücke nur für den Schienenverkehr geplant. Bis 2015 soll diese Brücke einen direkten Anschluss der *Linha do Sado* an Lissabon herstellen, und auch die Fernzüge nach Süden sollen anschließend wiederum auf diese neue Brücke umgelegt werden. Erhöhte Beachtung findet dieses Projekt seit dem Beschluss, den zukünftigen Großflughafen Lissabons in der Nähe von Barreiro auf der Südseite des Tejo anzulegen.

that a decision has been taken about the location of Lisbon's new airport on the south side of the Tagus River, near Barreiro, the bridge's construction is even more likely.

_ Costa da Caparica

Sollte die Metro Sul do Tejo zukünftig einmal bis Costa da Caparica fahren, würde sie dort Anschluss an eine unkonventionelle Schienenbahn herstellen: Die Transpraia, eine Strandeisenbahn.

Costa da Caparica liegt direkt an der Atlantikküste und ist Teil des Bezirks Almada. Vom Ortskern südwärts erstreckt sich ein kilometerlanger Sandstrand, der eines der beliebtesten Freizeitziele der Einwohner Lissabons ist. Per Straße ist dieser Strand nur über Costa da Caparica erschlossen, und demnach wird er in Richtung Süden immer einsamer. Seit den sechziger Jahren fährt jedoch auf knapp einem Drittel Strandlänge besagte Transpraia. Die ersten 3,8 km Strecke gingen am 29. Juni 1960 in Betrieb, weitere 3,2 km folgten am 20. Juli 1962. Gefahren wird nur in den Sommermonaten. Die Transpraia ist eine feldbahnähnliche Schmalspurbahn, sie ist eingleisig mit Ausweichen. Für den Betrieb stehen fünf Dieselloks und zwanzig offene Wagen bereit. Die Loks wurden von der Christoph Schöttler Maschinenfabrik GmbH (Schöma) im niedersächsischen Diepholz gebaut. Kurios ist das Umsetzen der Loks an den Endhaltestellen, wofür kleine handbetriebene Drehscheiben zur Verfügung stehen.

Should the Metro Sul do Tejo be extended to Costa da Caparica one day, it would start providing transfer to a rather uncommon railway, the Transpraia, a beach railway line. Costa da Caparica lies on the Atlantic Coast and is part of the Almada municipality. From the town centre, many kilometres of beaches extend southwards, which are very popular with visitors from Lisbon. By car, the beaches are only accessible from Costa da Caparica, so they get very lonely towards the southern end. About one third of the total length of the beaches has been served by the Transpraia since the 1960s. The first 3.8 km was opened on 29 June 1960, with another 3.2 km being added on 20 July 1962. The train only runs during the summer months. The Transpraia line is a simple narrow-gauge railway, single-track with passing loops. It is operated with five diesel locomotives and twenty open carriages. The locomotives were built by Christoph Schöttler Maschinenfabrik GmbH (Schöma) in Diepholz, Germany. At the termini, the locos are turned around on a manually operated turntable.

Coimbra – Kopfbahnhof im Stadtzentrum, links das im Straßenpflaster liegende Verbindungsgleis zum Bahnhof Coimbra Parque
– terminal station in the city centre, with an on-street track on the left leading to Coimbra Parque station

COIMBRA

Coimbra ist die älteste Universitätsstadt Portugals und mit etwa 170.000 Einwohnern inklusive Vororte heute außerdem der drittgrößte Ballungsraum des Landes. Die Stadt liegt am Ufer des Rio Mondego in einer schönen Mittelgebirgslandschaft, knapp 50 km östlich der Atlantikküste. Die Altstadt wird von einem Hügel überragt, auf dem die Universität thront. Lissabon liegt rund 200 km südlich, Porto gut 100 km nördlich. Alle Schnellzüge zwischen den beiden großen Städten Portugals halten auch in Coimbra.

Zwischen 1874 und 1885 sowie 1904 und 1908 gab es in Coimbra Pferdebahnen sowie zwischen 1911 und 1980 elektrische Straßenbahnen. Alle drei Systeme hatten unterschiedliche Spurweiten. Seit 1992 wird an einem Regionalstadtbahnnetz geplant, der Metro Mondego. Nach langjährigen Verzögerungen begann man 2008 mit der Modernisierung einer vorhandenen regionalen Bahnstrecke. Diese soll anschließend über eine Neubaustrecke ins Stadtzentrum verlängert werden. Dreimal ein Straßenbahnnetz eröffnet, stillgelegt und anschließend wiedereröffnet – nur wenige Städte dürften eine ähnlich wechselvolle Straßenbahngeschichte haben.

_ Straßenbahn

Mit der Fertigstellung der Hauptbahn von Lissabon nach Porto erhielt Coimbra 1864 Eisenbahnanschluss. Der Bahnhof, heute Coimbra B, entstand aus topographischen Gründen allerdings rund zwei Kilometer außerhalb der Stadt. Am 17. September 1874 ging eine normalspurige Pferdebahn in Betrieb, um den Bahnhof mit dem Stadtkern zu verbinden. 1885 eröffnete die Eisenbahn dann jedoch eine Stichstrecke vom alten Bahnhof zum mitten im Stadtkern liegenden neuen Kopfbahnhof Coimbra, auch als Estação Nova bekannt. Die Pferdebahn wurde

Coimbra is home to Portugal's oldest University, and, with some 170,000 inhabitants including the suburbs, the centre of the country's third largest conurbation. The city lies on the Mondego River, in the middle of a hilly landscape some 50 km inland from the Atlantic Coast. Located some 200 km north of Lisbon and 100 km south of Porto, every long-distance train between these two cities stops there.

Horse tramways existed in Coimbra between 1874 and 1885, as well as between 1904 and 1908, and between 1911 and 1980 the city operated an electric tramway system. The three systems all had different gauges. Since 1992, a regional light rail network has been planned, the so-called 'Metro Mondego'. After a long delay, the modernisation of an existing regional railway route began in 2008. This line will later be extended over a new route into the city centre. It is unlikely that any other city in the world has abandoned and, after some years, re-opened a tramway system three times.

_ Tramway

With the completion of the Lisbon – Porto line in 1864, Coimbra was linked to the mainline railway network. Due to topographical reasons, the city's railway station, now Coimbra B, was placed some 2 km from the city. On 17 September 1874, a standard-gauge horse tramway was therefore opened to provide a link between the station and the city centre. In 1885, however, the railway company built a branch line from the original station to a new terminal, the Estação Nova, right in the city centre, so that the horse tramway was no longer needed, and closed down soon afterwards.

On 1 January 1904, the tramway made a fresh start, once again in the form of a horse-drawn tramway. It was operated

Alegria – hinterstellte Straßenbahnwagen im alten Straßenbahndepot
– retired vehicles in the old tramway depot

by the 'Companhia Carris de Ferro de Coimbra' and had the Lisbon gauge of 900 mm. The first route was again between the remote through station and the city centre, but that same year, another route up the University hill was added, bringing the total length of the network to 4 km. The University route, however, was much too steep for the horses, and as a result, other forms of traction had to be considered. The second horse tramway period thus ended in 1908. It was replaced by an electric tramway on 1 January 1911. The existing routes had been rebuilt to metre gauge and electrified at 600 V dc, and a third route to Olivais in the northeast was added. The depot was established at the southern edge of the old town; it is now a tram museum occasionally open to the public. In 1913, a third route was opened along the Mondego River far out into the hinterland. All routes were single-track; they were operated with seven 'semi-convertible' cars ordered from Brill in the United States.

Towards the end of the 1920s, the tramway network was expanded considerably to serve more neighbourhoods. The resulting network included several loop-like routes, which, although single-track, were operated in both directions with only a few passing loops. The system's capacity was therefore rather limited. In 1926, a main route from the Estação Nova through the city centre to the University became the only route to be double-tracked. The network then had six lines, the most it ever had. To increase the fleet, eight additional cars were ordered from Brill between 1926 and 1928, with some car bodies being built at the tramway's own workshops. In 1931, three cars arrived from the Belgian manufacturer 'Ateliers de Familleureux', and two more cars were produced in-house in 1934 and 1940, respectively. The rolling stock thus consisted of 20 two-axle vehicles, the first of which were only scrapped towards the end of the 1960s. Two trailers remained in service until 1951.

On 16 February 1947, Coimbra became the first Portuguese city to introduce trolleybuses, which had some effects on the tramway system. During the 1950s, three of the four original lines were abandoned, with only the route to Olivais and two of the loop routes built during the 1920s expansion surviving. Surprisingly, two new routes were opened in 1954 – an extension from Olivais to Tovim, and a loop to serve the Estação Nova; another short cross link followed in 1959. The network was then restructured in 1961, with five new lines being operated as circular lines in one direction only, which helped to improve service on some of the single-track routes.

damit ihrer wesentlichen Verkehrsgrundlage beraubt und ging bald darauf außer Betrieb.

Am 1. Januar 1904 wagte die Straßenbahn den Neustart, wiederum als Pferdebahn. Dabei wurde die Lissabonner Spurweite von 900 mm übernommen. Betreiber war die Companhia Carris de Ferro de Coimbra. Zunächst wurde wieder der Durchgangsbahnhof an der Hauptstrecke mit dem Stadtkern verbunden, doch im selben Jahr ging auch eine Strecke auf den Universitätshügel in Betrieb. Damit war das Streckennetz etwa 4 km lang. Die Universitätsstrecke erwies sich jedoch als viel zu steil für eine Pferdebahn, und so begannen bald Überlegungen, andere Antriebsformen einzusetzen. Bereits 1908 war für das zweite Pferdebahnnetz daher schon wieder Schluss. Stattdessen wurde am 1. Januar 1911 der elektrische Straßenbahnbetrieb mit 600 V Gleichstrom aufgenommen. Zusammen mit den elektrifizierten und gleichzeitig auf Meterspur umgespurten alten Strecken ging 1911 auch eine neue dritte Linie nach Olivais im Nordosten in Betrieb. Das Depot entstand am südlichen Rande der Altstadt, es ist heute noch existent und wird als sporadisch geöffnetes Straßenbahnmuseum genutzt. 1913 folgte noch eine vierte Linie entlang des Rio Mondego weiter ins Hinterland. Alle Strecken waren eingleisig. Für den Betrieb wurden sieben Semi-Convertible-Wagen von Brill importiert.

Ende der zwanziger Jahre wurde die Straßenbahn wesentlich erweitert und in bisher nicht bediente Stadtviertel ausgedehnt. Das Resultat des Ausbauprogramms war eine sehr unübliche Netzkonfiguration, bestehend aus mehreren Schleifenstrecken. Die neuen Strecken waren wiederum eingleisig, wurden aber dennoch in beiden Richtungen befahren. Die Leistungsfähigkeit des Netzes hatte daher enge Grenzen, zumal nur wenige Ausweichen zur Verfügung standen. Lediglich die Hauptachse von der Estação Nova durch das Stadtzentrum zur Universität wurde 1926 zweigleisig ausgebaut. Nach der Beendigung des Ausbauprogramms gab es schließlich sechs Linien, womit das Netz seine maximale Ausdehnung erreicht hatte. Im Zuge der Erweiterung des Netzes wurde gleichzeitig auch der Wagenpark aufgestockt. Acht zusätzliche Fahrzeuge kamen zwischen 1926 und 1928 wiederum von Brill, wobei die Wagenkästen teilweise in Eigenbau entstanden. 1931 lieferten die belgischen Ateliers de Familleureux drei weitere Straßenbahnen. Zuletzt baute man 1934 und 1940 noch einmal zwei Wagen in der eigenen Werkstatt. Damit waren zwanzig zwei-

Coimbra – ehemaliges Straßenbahnnetz (vereinfacht dargestellt)
– former tramway network (simplified)

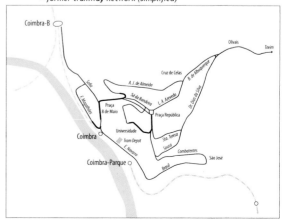

Coimbra Parque – Ausgangspunkt der Nebenstrecke nach Serpins
– departure station for the branch line to Serpins

achsige Fahrzeuge vorhanden, und erst Ende der sechziger Jahre wurden die ersten davon ausgemustert. Zwei Beiwagen standen bis 1951 im Einsatz.

Am 16. Februar 1947 führte Coimbra als erste portugiesische Stadt Obusse ein. Dies blieb nicht ohne Einfluss auf die Straßenbahn. In den fünfziger Jahren verschwanden drei der vier ursprünglichen Linien. Erhalten blieben nur die Strecke nach Olivais und zwei Schleifenstrecken des Erweiterungsprojektes. Erstaunlicherweise führte diese Entwicklung jedoch nicht zu einer schnellen Stilllegung auch der anderen Straßenbahnstrecken. Stattdessen gingen 1954 sogar noch einmal zwei Neubaustrecken in Betrieb, und zwar eine Verlängerung von Olivais nach Tovim sowie eine neue Schleifenstrecke zur Estação Nova. Eine weitere kurze Verbindungsstrecke folgte 1959. Daraufhin kam es 1961 zu einer Liniennetzreform und der Einführung von fünf neuen Linien, die fortan jeweils Rundkurse in nur einer Fahrtrichtung absolvierten. Auf einigen eingleisigen Streckenabschnitten gab es damit nur noch Straßenbahnbetrieb in einer Fahrtrichtung, wodurch der Betriebsablauf verbessert werden konnte. Wirklich erneuert wurde die Straßenbahn wie auch in Porto und Lissabon aber nicht, geschweige denn gab es neue Fahrzeuge. So war es letztendlich doch nur eine Frage der Zeit, bis das System verschlissen war. Nachdem bereits in den sechziger und siebziger Jahren wieder mehrere Streckenabschnitte still gelegt worden waren, ging der letzte Rest des Netzes am 9. Januar 1980 außer Betrieb. Der Obus konnte sich hingegen bis heute behaupten, auch wenn er in den letzten Jahrzehnten an Bedeutung verloren hat. Von den Straßenbahnwagen wurden nur einige wenige verschrottet, die meisten sind erhalten geblieben und finden sich an verschiedenen Standorten in Coimbra.

_ Metro Mondego

Seit Anfang der neunziger Jahre wird in Coimbra über die Wiedereinführung eines lokalen Schienensystems diskutiert. Auslöser dieser Diskussion waren jedoch weniger innerstädtische Verkehrsbedürfnisse oder der Wunsch nach einer Reaktivierung der alten Straßenbahn, sondern vielmehr der bestehende Ramal da Lousã. Dabei handelt es sich um eine Eisenbahnstrecke von Coimbra weiter ins Hinterland. Diese Strecke wurde 1906 auf 27 km Länge bis Lousã eröffnet und 1930 um 7 km weiter nach Serpins verlängert. Betrieblicher Ausgangspunkt ist der Bahnhof Coimbra Parque, der einige hundert Meter südöstlich des Stadtkerns liegt. Mit dem sonstigen portugiesischen Eisenbahnnetz ist die Strecke nur über ein im Straßenpflaster liegendes Verbindungsgleis zum Bahnhof Coimbra verbunden, welches fahrplanmäßig lediglich einmal pro Tag befahren wird. Andererseits durchquert sie auf ihren

But like in Porto and Lisbon, the tramway system was never properly modernised, nor was the rolling stock replaced with new vehicles. It was thus only a matter of time before the entire infrastructure became too worn out for further use. With some sections having already been abandoned during the 1960s and 1970s, the tramway system was completely closed down on 9 January 1980. The trolleybuses, however, have survived to the present day, although in recent years they may have lost some of their former importance. Only a few of the tram vehicles were actually scrapped though, most having been preserved in various places in Coimbra.

_ Metro Mondego

Since the beginning of the 1990s, the re-introduction of a rail-based local transport system has been discussed in Coimbra. This discussion was triggered not so much by a desire to bring back the old tramway, but rather by the proposal to upgrade the regional railway line that runs east from Coimbra, the Ramal da Lousã. This line was opened from Coimbra to Lousã (27 km) in 1906 and extended to Serpins in 1930 (7 km). Trains depart from Coimbra Parque station, which lies a few hundred metres southeast of the city centre. There is a track embedded in the roadway to link Coimbra Parque station to Coimbra station, which is only used once a day by a scheduled train. The first kilometres of the line run through densely populated suburbs with high-rise blocks of flats lined up along the route. With additional stations and an extension into the city centre, this area would provide enough passengers for a modern light rail service.

The isolated situation of the Ramal da Lousã within the Portuguese railway network has led to many proposals as to how to increase the line's potential. Many projects were approved, and later shelved. In 1989, the construction of a tunnel between Coimbra Parque station and Coimbra station was first proposed, but as this idea did not prosper, the conversion of the line to light rail operation was suggested by the city council in 1992. In May 1996, the company 'Metro Mondego' was founded to coordinate the project. The start of construction was announced on several occasions, but nothing really happened. Instead, the entire project was in question. When plans were revealed that with the future light rail system the outer section between Lousã and Serpins was to be abandoned, protests came from the local authorities in that area.

In March 2006, the Portuguese Transport Ministry announced the relaunch of the Metro Mondego scheme, which now included several other railway lines in the region. In a first stage, the line to Serpins is to be extended into the city

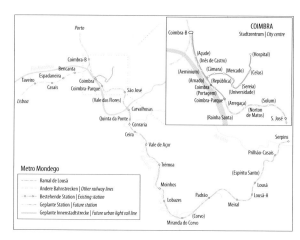

ersten Kilometern hinter dem Bahnhof Coimbra Parque dicht bebaute Vorstädte mit hohen Wohnblöcken, die sich wie an einer Perlenschnur entlang der Bahnstrecke aufreihen. Hier schlummern große Verkehrspotenziale, die durch den Bau neuer Stationen und einer Weiterführung der Strecke bis in das Herz von Coimbra leicht erschlossen werden könnten.

Die isolierte Lage des Ramal da Lousã im Eisenbahnnetz führte in der Vergangenheit zu vielerlei Überlegungen, wie denn die Potenziale der Strecke durch einen wie auch immer gearteten Aus- oder Umbau besser genutzt werden könnten. Lange Zeit wurde jedoch nur diskutiert, und mehrfach wurden beschlossene Varianten anschließend wieder verworfen. Dieser Prozess begann 1989 mit der Absichtserklärung zum Bau eines Eisenbahntunnels zwischen den Bahnhöfen Coimbra Parque und Coimbra. Dieses Vorhaben kam jedoch nicht voran, und daher schlug die Stadt Coimbra 1992 stattdessen den Umbau der Eisenbahnstrecke zur Stadtbahn vor. Im Stadtzentrum sollte eine daran anschließende oberirdische Stadtbahnneu- baustrecke entstehen. Im Mai 1996 entstand die Gesellschaft Metro Mondego, die das Projekt koordinieren sollte. In den Folgejahren wurde wiederholt verkündet, der Beginn der Bauarbeiten und die Betriebsaufnahme stünden kurz bevor, es passierte jedoch zunächst nichts. Stattdessen wurden immer wieder Grundsatzdiskussionen geführt. Nachdem schließlich Planungsüberlegungen auftauchten, zusammen mit dem Bau der Stadtbahn den hinteren Teil der Strecke von Lousã nach Serpins stillzulegen, scheiterte das Projekt am Widerstand der betroffenen Gebietskörperschaften.

Im März 2006 verkündete das portugiesische Verkehrs- ministerium einen Neustart der Metro Mondego. Damit ver- bunden war eine Erweiterung des Fokus auf andere regionale Bahnstrecken der Region. Zwar soll weiterhin zunächst die Eisenbahnstrecke nach Serpins über eine Oberflächenstrecke ins Zentrum von Coimbra verlängert werden, doch möchte man nun später auch weitere regionale Bahnstrecken in das System einbinden und damit ein Regionalstadtbahnnetz aufbauen. Schlagwort ist seitdem der Tram-Train entsprechend dem Karlsruher Modell.

Die aktuellen Planungen aus dem Jahre 2006 sehen vor, in der ersten Projektphase die Eisenbahnstrecke von iberischer Breitspur auf europäische Normalspur umzuspuren, die Be- triebsleittechnik zu modernisieren und die Zwischenstationen auszubauen. Dabei sollen auch drei große Umsteigeanlagen entstehen, an denen regionale Buslinien an die Bahnstrecke herangeführt werden können. Anfang 2008 waren vorbereiten- de Arbeiten im Gange.

Die zweite Projektphase umfasst den Bau der innerstäd- tischen Stadtbahninfrastruktur sowie die Elektrifizierung der Bahnstrecke. Dabei sollen zwei oberirdische Neubaustrecken entstehen: Zum einen eine Verbindung der Bahnhöfe Coimbra Parque, Coimbra und Coimbra B, zum anderen eine neue in- nerstädtische Strecke zum Universitätskrankenhaus. Die Züge aus Serpins können damit bis zum Fernbahnhof Coimbra B durchgebunden werden. Für den Bau der oberirdischen Neubaustrecken wurde bereits mit dem Kauf der notwendigen Grundstücke und dem Abriss einiger Gebäude begonnen. Die Betriebsaufnahme für die Stadtbahn ist für das Jahr 2011 vorgesehen.

Langfristig sind weitere Regionalstadtbahnstrecken nach Mealhada, Figueira da Foz und Condeixa a Nova vorgesehen. Dabei soll teilweise auch auf bestehende Eisenbahnstrecken zurückgegriffen werden, die allerdings bislang ebenfalls breit- spurig sind. Man müsste also in großem Stil Neubaustrecken bauen, bestehende Strecken umspuren oder mit Dreischienen- gleisen arbeiten. Ein anderes Projekt ist die seit vielen Jahr- zehnten geforderte Verlängerung des Ramal da Lousã über Serpins hinaus weiter nach Arganil. Alle diese Planungen sind jedoch allenfalls langfristiger Natur.

Espíritu Santo – Außenstrecke der zukünftigen Metro Mondego
– *outer section of the future Metro Mondego*

centre like in the previous projects, but at a later stage, other lines should be linked too, and a regional tram-train network like the one in the German city of Karlsruhe may be created.

The first phase of the 2006 project includes the conversion of the railway route from Iberian broad gauge to European standard gauge, the modernisation of the signalling and control systems, and the upgrading of the existing stations. Three stations are to be converted into hub stations, with regional buses terminating there. Preliminary work began in early 2008.

In the second phase, the urban light rail route will be built and the existing line will be electrified. The newly-built sections will include a surface link between the three railway stations Coimbra Parque, Coimbra and Coimbra B, as well as a line to the University Hospital. Trains from Serpins would then be able to run through to Coimbra B station. The acqui- sition of the terrain for the new route and the demolition of some buildings have already started. The start of light rail operation is now scheduled for 2011.

Tram-train operation may later be extended to Mealhada, Figueira da Foz and Condeixa a Nova, partly over existing railway lines. As these are all broad-gauge, they will either have to be regauged or equipped with 3-rail tracks, and some new lines will have to be built. For many decades, an extension of the Ramal da Lousã from Serpins all the way to Arganil has been proposed. All these projects, however, should be filed under long-term.

Lousã-A – Siedlungsschwerpunkt am hinteren Ramal da Lousã
– *largest town on the outer Ramal da Lousã*

Ponte Dom Luís I – Linie D hoch über dem Douro, im Hintergrund die Altstadt von Porto
– *Line D high above the Douro River, with Porto's old town in the background*

PORTO

Porto hat eine bis vor die Römerzeit zurückreichende Siedlungstradition und ist heute das Zentrum des zweiten großen Ballungsraumes Portugals. Die Stadt selbst zählt lediglich rund 250.000 Einwohner, die Metropolregion jedoch etwa 1,6 Millionen. Außer Porto haben dabei auch die Vorortbezirke Vila Nova de Gaia, Gondomar, Matosinhos und Maia jeweils über 100.000 Einwohner. In den Vorstädten hat sich die Bevölkerung seit den sechziger Jahren mehr als verdoppelt. Porto gilt noch vor Lissabon als wichtigste Industriestadt Portugals.

Die Altstadt Portos liegt am Ufer des Douro kurz vor dessen Mündung in den Atlantik. Der Fluss hat dort ein tief eingeschnittenes Tal ausgebildet, oberhalb dessen an der Nordflanke Porto selbst und an der Südflanke die Schwesterstadt Vila Nova de Gaia liegt. Durch diese exponierte Lage gehört Porto zu den schönsten Städten Europas. Das gesamte Ensemble der Altstadt besitzt seit 1996 Unesco-Welterbe-Status. Mehrere imposante Hochbrücken queren den Fluss. Die bekannteste ist die 1886 eröffnete wunderschöne Ponte Dom Luís I, eines der Hauptwahrzeichen der Stadt, entgegen einer weit verbreiteten Legende aber nicht wie die weiter östlich liegende alte Eisenbahnbrücke von Gustave Eiffel, sondern von einem seiner Schüler, Théophile Seyrig entworfen. Ihr schmiedeeiserner Bogen mit einer Spannweite von 172 m trägt 60 m über dem Fluss eine Hochbrücke, welche direkt die Hochplateaus beiderseits des Douro verbindet. In diese Konstruktion ist eine untere Ebene eingehangen, die die beiden Flussufer verbindet. Folgt man dem Douro in Richtung Atlantikküste, so trifft man

Porto, with a history dating back to the Roman period, is the centre of Portugal's second largest conurbation. Although the city proper has only 250,000 inhabitants, the entire metropolitan area reaches a total population of 1.6 million. Besides Porto, the neighbouring towns of Vila Nova de Gaia, Gondomar, Matosinhos and Maia each have more than 100,000 inhabitants. The population in these areas has more than doubled since the 1960s. As an industrial centre, Porto is even more important than Lisbon.

Porto's old city centre lies by the Douro River, a short distance from where it flows into the Atlantic Ocean. The river has formed a deep valley, with Porto high above on the northern side, and Vila Nova de Gaia on the southern. This location makes Porto one of Europe's most beautiful cities, and the entire old town was granted World Heritage status in 1996. The river is crossed by several high bridges, the most famous being the gorgeous Ponte Dom Luís I, which opened in 1886 and is now one of the city's landmarks. Contrary to popular belief, it was not designed by Gustave Eiffel, who created the railway bridge further east, but by his disciple Théophile Seyrig. Its cast-iron arch spans 172 m across the river, and at a height of 60 m it links the two plateaus. The same structure features a low-level bridge, which connects the two river banks. A few kilometres further west, by the mouth of the Douro River, lies the traditional resort of Foz do Douro (Douro Mouth), and continuing north along the coast is Matosinhos, a separate municipality with the seaport Leixões and an impor-

nach wenigen Kilometern auf den traditionell touristisch geprägten Vorort Foz do Douro, was wörtlich Mündung des Douro bedeutet. Etwas weiter nordwestlich liegt die selbstständige Vorstadt Matosinhos mit dem Überseehafen Leixões und bedeutender Fischereiindustrie, wiederum unweit nördlich dann der internationale Flughafen Francisco Sá Carneiro. Das nördliche Umland des Stadtkerns ist sehr dicht besiedelt. Flussaufwärts in Richtung Osten wird die Umgebung jedoch bald sehr ländlich. Dort finden sich an den Douro-Hängen die Anbaugebiete des bekanntesten Exportartikels der Region, des Portweins.

Trotz der hohen Bevölkerungszahl war der schienengebundene Nahverkehr in Porto zu Beginn der achtziger Jahre fast vollständig am Ende. Vom ehemals umfangreichen Straßenbahnnetz blieb nur noch ein Torso übrig, und die noch vorhandenen Strecken werden inzwischen nahezu ausschließlich als Touristenattraktion betrieben. 1992 wurde dann der Aufbau eines teilweise unterirdischen Stadtbahnsystems („Metro Ligeiro") beschlossen und damit der Neuanfang gewagt. Damit startete Porto das seinerzeit größte Stadtbahnbauprogramm Europas. Bereits 2006 waren fünf Linien auf rund 60 Streckenkilometern in Betrieb. Porto bietet dem Nahverkehrsinteressierten seitdem sowohl Straßenbahnantiquitäten im Alltagsbetrieb als auch modernste Nahverkehrstechnologie. Zu den umfangreichen Arbeiten zur Einführung der Stadtbahn kamen in den letzten Jahren weitere Großprojekte wie der Wiederaufbau einer Standseilbahn, die tiefgreifende Modernisierung der regionalen Eisenbahnstrecken und die Einführung eines Verkehrsverbundes. Damit kann Porto heute zweifellos auf eines der besten Nahverkehrssysteme Westeuropas stolz sein. Es ist effektiv, schnell, flächendeckend und sehr sorgsam in das städtische Umfeld integriert.

tant fishing industry. North from there, Porto's international airport Francisco Sá Carneiro is located. The area north of the city is very densely inhabited, while the region further up the river maintains a rather rural character. On the slopes of the Douro Valley are the vineyards for Porto's best-known produce, Port wine.

Despite its high population, rail-based local transport was almost non-existent in Porto at the beginning of the 1980s. The formerly extensive tramway network had shrunk to a few routes, which were operated mostly as tourist attractions. In 1992, the creation of a partly underground light rail network (Metro Ligeiro) was approved, and Porto launched what was to become Europe's largest light rail project. By 2006, five lines in a network spanning 60 km were in operation. For the urban rail enthusiast, Porto now offers both vintage tramways in everyday operation, as well as state-of-the-art light rail technology. Besides the development of the light rail system, an old funicular was rebuilt, the regional railway lines were modernised, and an overall fare system was introduced. Porto now boasts one of Western Europe's most advanced local transport systems; it is efficient and fast, serves the entire region, and is carefully integrated into the urban environment.

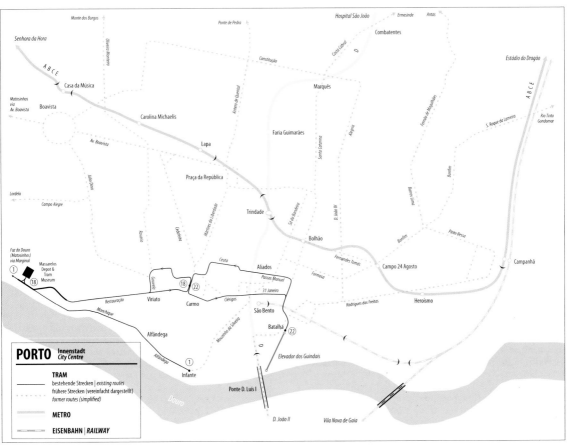

PORTO — Innenstadt City Centre

TRAM
bestehende Strecken | existing routes
frühere Strecken (vereinfacht dargestellt)
former routes (simplified)

METRO

EISENBAHN | RAILWAY

Batalha – östliche Endstation der Linie 22 | *eastern line 22 terminus*

Die Straßenbahn von Porto

Porto hat eine lange Straßenbahntradition. Der alte Betrieb war nie völlig verschwunden, er mutierte aber in den neunziger Jahren fließend zur Museumsstraßenbahn. Obgleich sowohl die traditionelle Straßenbahn als auch die moderne Stadtbahn beide normalspurig sind, gibt es bis auf weiteres keinerlei Verbindungen zwischen den beiden Systemen. Die neue Stadtbahninfrastruktur wurde völlig separat angelegt und nicht etwa wie in vielen deutschen oder belgischen Ballungsräumen aus der Straßenbahn heraus entwickelt. Seit einigen Jahren wird jedoch auch das traditionelle Straßenbahnnetz wieder ausgebaut. Damit fahren seit 2007 nach vielen Jahren Pause wieder historische Zweiachser durch die Altstadt.

_ Pferdebahn
Die erste Straßenbahn Portos und außerdem auch die erste städtische Straßenbahn Portugals überhaupt war die Pferdebahn von Infante nach Foz do Douro der *Companhia Carril Americano do Porto à Foz e Matosinhos*. Sie ging am 9. März 1872 in Betrieb, die offizielle Eröffnungsfeier fand kurz darauf am 15. Mai desselben Jahres statt. Die normalspurige Strecke begann in Porto im unteren Teil der Altstadt direkt am Douro und folgte dem Flussufer bis zur Mündung in den Atlantischen Ozean in Höhe Foz. Daraus ergab sich schnell die Bezeichnung „Marginal", was sich mit Uferbahn übersetzen lässt. Schon kurze Zeit nach der Eröffnung folgte am stadtseitigen Ende eine kurze abzweigende Stichstrecke von Massarelos nach Carmo. Damit konnte auch die Oberstadt Portos angefahren werden. Am äußeren Ende wuchs die Marginal entlang der Atlantikküste weiter. Sie erreichte 1873 Matosinhos und

Porto's Tramway System

Porto has a long tramway tradition. The first-generation system was never abandoned, but in the 1990s it was gradually reduced to a heritage tramway line. Although both the old tramways and the modern light rail system have standard gauge, there is no track link between the two systems. The new light rail infrastructure was designed separately, and not, like in many German or Belgian cities, developed from the conventional tramway system. In recent years, however, even the historic tram network has been expanded, and in 2007, vintage two-axle cars finally returned to the old town of Porto.

_ Horse Tramway
The first urban tramway in Porto was also the first in Portugal, the horse tramway from Infante to Foz do Douro, operated by the 'Companhia Carril Americano do Porto à Foz e Matosinhos'. It started operation on 9 March 1872, and the official inauguration was held on 15 May that year. The standard-gauge line started in the lower part of the old town on the north bank of the Douro River, and then ran along the river all the way to the Atlantic Ocean, where it terminated at Foz. It was therefore referred to as the 'Marginal', which loosely translates as the 'riverside line'. Soon after service had begun, a short branch from Massarelos to Carmo was added at the city end to connect the upper town. At the western end, the line was extended along the Atlantic Coast until it reached Matosinhos in 1873, and after the completion of a bridge across the harbour at Leixões in 1884, Leça da Palmeira. The network then had a total length of 12 km.

schließlich 1884 nach Fertigstellung einer Brücke über den Hafen Leixões Leça da Palmeira. Damit war das rund 12 km lange Netz komplett.

Bereits 1874 kam eine zweite Pferdebahngesellschaft hinzu, die *Companhia Carris de Ferro do Porto* oder kurz CCFP. Diese eröffnete am 14. August 1874 ebenfalls eine normalspurige Strecke von Carmo nach Foz, welche parallel zur Marginal, jedoch weiter landeinwärts über Boavista und Fonte da Moura verlief. In Foz wurde eine eigene Endstation in Höhe Cadouços gebaut, räumlich von der Marginal getrennt. Aufgrund der topographischen Gegebenheiten bürgerte sich für die CCFP schnell der Name *Companhia de Cima* (obere Gesellschaft) ein, wohingegen die Gesellschaft der Marginal in der Öffentlichkeit zur *Companhia de Baixo* (untere Gesellschaft) wurde.

1875 begann die CCFP mit dem Bau eines dichten innerstädtischen Pferdebahnnetzes in den Hügellagen oberhalb des Douro-Ufers. Knotenpunkt war die Praça da Liberdade, damals Praça Dom Pedro V. Hier hat Portos Prachtstraße ihren Ausgang, die Avenida dos Aliados, und um diese herum entwickelte sich die Stadt seinerzeit stürmisch. Stadtentwicklung und Ausbau der Pferdebahn gingen dabei Hand in Hand. Bereits zum Jahresende waren zusätzlich zur Vorortlinie nach Foz sechs innerstädtische Linien in Betrieb. Im Laufe der folgenden Jahre kamen dann noch einige kürzere Steckenergänzungen hinzu. Äußere Endstationen waren Aguardente (heute Praça Marquês de Pombal), Paranhos, Constructora, Palácio, Infante, Campanhã und Bonfim. Damit kristallisierte sich schon bald das Kernnetz der Straßenbahn heraus, teilweise mit eingleisigem Richtungsbetrieb durch enge Parallelstraßen. Längere Vorortstrecken sollten abgesehen von den beiden Ursprungsstrecken zur Atlantikküste jedoch erst im Zeitalter der elektrischen Straßenbahn folgen.

Am 11. August 1878 führte die CCFP auf der Vorortbahn zwischen Boavista und Foz den Dampfbetrieb ein. In Boavista wurden die Dampfzüge getrennt und die Wagen einzeln mit Pferden zu innerstädtischen Endstationen weiterbefördert. 1882 kam von Foz ausgehend eine Streckenverlängerung bis Matosinhos hinzu. Südlich von Castelo do Queijo traf das neue Gleis auf die bestehende Strecke der Marginal, und beide Strecken führten von dort aus parallel weiter, jeweils eingleisig an den beiden Rändern der Straße. Dieser Konkurrenzbetrieb lief einige Jahre, bis schließlich die beiden Unternehmen am 18. Januar 1893 fusionierten. Der vereinigte Straßenbahnbetrieb firmierte weiter unter dem Namen der CCFP.

A second horse-tram company appeared in 1874. On 14 August 1874, the 'Companhia Carris de Ferro do Porto' (CCFP) opened another standard-gauge line from Carmo to Foz, running parallel to the Marginal line, but further inland via Boavista and Fonte da Moura. The Foz terminus was at Cadouços, separate from that of the Marginal. Due to its alignment, the CCFP soon became known as the 'Companhia de Cima' [upper company], whereas the Marginal line was referred to as the 'Companhia de Baixo' [lower company].

In 1875, the CCFP began the construction of a dense network of horse trams in the hilly areas above the Douro River. The system's hub was at Praça da Liberdade, formerly Praça Dom Pedro V. The square is the starting point for Porto's main boulevard, the Avenida dos Aliados, then the centre of urban development. By the end of that year, six urban lines had been added to the initial interurban route, while a few shorter sections were built during the following years. The outer termini were at Aguardente (now Praça Marquês de Pombal), Paranhos, Constructora, Palácio, Infante, Campanhã and Bonfim. This network became the core of the future tramway system, and had some single-track sections through parallel alleyways. More interurban routes, however, were only built during the electric tramway period.

On 11 August 1878, the CCFP introduced steam traction on its line from Boavista to Foz. At Boavista the steam trains were split, and the individual cars were pulled by horses into the city centre. In 1882, the line was extended from Foz to Matosinhos. South of Castelo do Queijo, the new route met the original Marginal line, but the two lines continued parallel to each other on either side of the road. Competition thus existed between the two companies for several years before they merged on 18 January 1893, the new company operating as the CCFP.

Massarelos – ehemaliges E-Werk der Straßenbahn, später Betriebshof und heute außerdem auch Straßenbahnmuseum
– formerly the tramway's power plant, then its depot, and now also the tram museum

Linie 1 – Strecke unter der 1963 eröffneten Ponte da Arrábida
Line 1 passing below the Ponte da Arrábida, which opened in 1963

_ Elektrische Straßenbahn

Im hügeligen Stadtkern von Porto zeichneten sich viele Strecken durch nicht unerhebliche Steigungen aus. Diese Strecken waren für einen Pferdebahnbetrieb nur bedingt geeignet. Stellenweise benötigte man sechs Pferde, um einen Straßenbahnwagen bergwärts zu ziehen, was natürlich ziemlich unökonomisch war. Daher begannen frühzeitig Überlegungen zu alternativen Traktionsarten. Eine Ausweitung des wenig stadtverträglichen Dampfbetriebes in das Zentrum kam dabei nicht in Frage. Kurz nach der Fusion der beiden Straßenbahnunternehmen begann man stattdessen, unter Beteiligung deutscher Firmen die Steilstrecke der Marginal von Massarelos hinauf ins Zentrum nach Carmo zu elektrifizieren. Bei einem Gradienten von 10% war der Pferdebahnbetrieb dort besonders unpraktikabel. Die Aufnahme des elektrischen Betriebs erfolgte am 12. September 1895. Porto war damit die erste Stadt auf der iberischen Halbinsel mit einer elektrischen Straßenbahn, Bilbao sollte erst ein Jahr später folgen. Nachdem sich der elektrische Betrieb schnell bewährte, wurde anschließend die komplette Marginal etappenweise unter Spannung gesetzt, 1897 erreichten elektrische Straßenbahnen erstmals die Endstation Leça de Palmeira. 1899 begann die CCFP schließlich mit der Elektrifizierung der Stadtstrecken. Der Pferdebahnbetrieb konnte daraufhin 1904 aufgegeben werden. Zwei Linien wurden jedoch nicht elektrifiziert: Zum einen jene von Boavista nach Constructora, 1904 stillgelegt, zum anderen die Dampfstraßenbahn von Boavista zur Atlantikküste, die zunächst unverändert blieb.

Im Zuge der Elektrifizierungsarbeiten wurde das Stadtnetz weitgehend in Umfang und Form des Pferdebahnbetriebes belassen und nur an wenigen Stellen geringfügig erweitert. Viele Vororte drängten jedoch auf einen Anschluss an das Netz. Nur ein Vorhaben konnte indes zeitnah verwirklicht werden, und zwar 1905 eine neue Strecke über die obere Ebene der Ponte Dom Luís I nach Vila Nova de Gaia mit zwei Außenästen. Zur Anbindung anderer Vororte erteilte die Stadt dagegen 1906 einem neuen Unternehmen, Viação Eléctrica, eine Konzession für ein meterspuriges Straßenbahnsystem. Bereits ein Jahr später fusionierte dieses jedoch mit der CCFP. Daraufhin konnte dann doch das bestehende Netz weiter ausgebaut werden, und es blieb bei der Normalspur. Zwischen 1909 und 1913 kamen vier neue Vorortbahnen in den Norden nach Monte dos Burgos, Ponte da Pedra, Águas Santas und Venda Nova

_ Electric tramway

Within the hilly city centre of Porto, many routes were difficult to handle by horse trams due to their severe gradients. At some points, six horses were needed to pull a single tram vehicle, which was rather inefficient. Other forms of traction were therefore sought for, but extending steam operation into the city centre was not a viable option either. Soon after the two companies had merged, the CCFP contracted several German companies to electrify the steep Marginal route from Massarelos to Carmo in the city centre, which had a gradient of 10% and was therefore not really suitable for horse-tram operation. When electric operation started on 12 September 1895, Porto became the first city on the Iberian Peninsula to have an electric tramway, with Bilbao following a year later. With the success of the first electric route, the Marginal line was electrified in stages; and in 1897, the electric tramways finally reached Leça de Palmeira. From 1899, electrification continued on the urban routes, enabling all the horses to be retired in 1904. Two lines, however, were not integrated into the electric tramway network: the route from Boavista to Constructora was abandoned in 1904; and the steam tramway from Boavista to the Atlantic coast remained unchanged for the time being.

The size and shape of the urban network did not change with the conversion to electric traction; only short sections were added. Many of the suburbs, however, now demanded that they be linked by the tramway, but only one project was realised in 1905 — a link to Vila Nova de Gaia on the upper deck of the Dom Luís I Bridge, with two outer branches. In order to build new metre-gauge lines to other suburbs, a separate company, 'Viação Eléctrica', was founded in 1906. Just one year later, however, this company merged with the CCFP, and, maintaining the standard gauge, the expansion of the system continued. Between 1909 and 1913, a total of four northern suburban lines were opened: to Monte dos Burgos, Ponte da Pedra, Águas Santas and to Venda Nova. Within the same period, the inner-city network also became denser. In late 1914, a new route opened from Boavista to the Atlantic Coast along the straight Avenida da Boavista; unlike the other routes, it was completely aligned on a separate right-of-way. With the new link, the old steam tramway line via Foz was closed down. Expansion continued over the following years, although it slowed down. Trams reached Ermesinde in 1916, São Pedro da Cova in 1918, Gondomar in 1927, and Lordelo in 1945. In the meantime, some additional links were also built in the city centre.

On 1 July 1946, the city exercised its right to buy the tramway system, which has since carried the acronym STCP (initially for 'Serviço de Transportes Colectivos do Porto', since 1994 for 'Sociedade de Transportes Colectivos do Porto'). The city had big plans for the tramway — new rolling stock was to replace the antiquated vehicles, new routes were to be built to areas not yet served by the tramway, and the infrastructure was to be upgraded. But nothing much was done, except for some extensions — to Pereiro and Coimbrões in 1947, and some inner-city tangential routes in 1949. By then, the tramway network had reached its

Carmo – westliche Endstation der Linie 22, links das Gleis der Linie 18
– western line 22 terminus, with the line 18 track on the left

hinzu. Ende 1914 wurde eine Neubaustrecke von Boavista zur Atlantikküste über die schnurgerade Avenida da Boavista eröffnet, im Gegensatz zu fast sämtlichen anderen Strecken komplett auf eigenem Bahnkörper trassiert. Mit ihrer Inbetriebnahme wurde der Dampfbetrieb mitsamt der älteren Dampfstraßenbahnstrecke über Foz eingestellt. In den Folgejahren baute man das Netz weiter aus, allerdings in deutlich geringerem Tempo. 1916 war Ermesinde erreicht, 1918 São Pedro da Cova, 1927 Gondomar und 1945 Lordelo. Dazu kamen noch einige zusätzliche innerstädtische Verbindungen.

Am 1. Juli 1946 machte die Stadt Porto von ihrem Recht zum Kauf des Straßenbahnsystems Gebrauch. Seitdem firmiert der Betrieb unter dem Kürzel STCP (*Serviço de Transportes Colectivos do Porto*, seit 1994 *Sociedade de Transportes Colectivos do Porto*). Anfangs hatte die Stadt große Pläne. Neue Fahrzeuge sollten den antiquierten Wagenpark ersetzen, neue Strecken sollten in nicht erschlossene Vororte führen, und die veraltete Infrastruktur sollte zeitgemäß erneuert werden. Letztendlich wurde jedoch nur wenig davon umgesetzt.

Massarelos > Carmo – Steilstrecke auf der Linie 18 | *steep section on line 18*

Dennoch kam es bis Anfang der fünfziger Jahre noch einmal zu einigen Streckenerweiterungen. 1947 gingen Netzergänzungen nach Pereiro sowie Coimbrões in Betrieb, 1949 folgten innerstädtische Tangentialverbindungen. Daraufhin hatte das Straßenbahnnetz seine maximale Ausdehnung errecht. Auf 82 km Strecke verkehrten 191 Triebwagen und 25 Beiwagen. Pro Jahr wurden in dieser Zeitepoche knapp 90 Millionen Fahrgäste befördert. Während ursprünglich mit Ausnahme einiger Ringlinien alle Linien auf der Praça da Liberdade endeten, wurden im selben Zeitraum die drei zusätzlichen zentralen Endstationen Bolhão, Batalha und Carmo eingerichtet. Damit konnte die Praça da Liberdade entlastet werden, andererseits waren aber nicht mehr alle Linien direkt miteinander verknüpft.

_ Schrumpfung des Netzes

Am 1. April 1948 begann die STCP mit dem Betrieb von Bussen, zunächst rein ergänzend zur Straßenbahn auf anderen Routen. Nachdem sich jedoch bald herausstellte, dass die Modernisierungspläne für die Straßenbahn aus Geldmangel nicht wie gewünscht umgesetzt werden konnten, begann man in den fünfziger Jahren über kostengünstigere Maßnahmen zur Erneuerung des Nahverkehrs nachzudenken. Dabei erschien bald der Obus als geeignetes Verkehrsmittel zum Ersatz von abgewirtschafteten Straßenbahnstrecken, zumal der Staat auf einen Ausbau der elektrischen Energieversorgung drängte. 1959 verschwand die Straßenbahn als erstes von der oberen Ebene der Ponte Dom Luís I und dem südlich des Douro gelegenen Vila Nova de Gaia. Es sollte fast fünfzig Jahre dauern, bis sie in Form der modernen Stadtbahn wiederkehren sollte. Der Obusbetrieb selbst startete am 3. Mai 1959. Neben den stillgelegten Straßenbahnstrecken wurden dabei aber auch weitere Strecken befahren, um in Vila Nova de Gaia eine bessere Feinerschließung zu erreichen. Auch die nie von Straßenbahnen benutzte untere Ebene Ponte Dom Luís wurde nun Teil des Obusnetzes. Außerdem gab man im selben Jahr nach nicht einmal fünfzehn Betriebsjahren die Straßenbahnstrecke nach Lordelo auf. Auch auf dieser Strecke hielt der Obus Einzug, um einen sinnvollen Anschluss an ein nahe liegendes Depot zu erreichen.

Die nächste Stilllegung betraf 1960 den äußeren Abschnitt der Marginal zwischen Matosinhos und Leça de Palmeira. Der

maximum length of 82 km. It was operated with 191 motor cars and 25 trailers, which carried some 90 million passengers every year. Whereas all the lines except for some circular lines had initially terminated at Praça da Liberdade, in those years additional termini were established at Bolhão, Batalha and Carmo. Thus, while the Praça da Liberdade was now relieved of some traffic, some of the lines were no longer directly connected.

_ Shrinking of the network

On 1 April 1948, the STCP started its first regular bus routes, initially on routes that complemented the tramway system. When it became clear that due to financial problems the modernisation plans for the tramway were not viable, cheaper options were studied. The trolleybus seemed to be the most adequate system to replace the neglected tramway at a time when the Portuguese government was investing into the electric energy sector.

In 1959, the tramway was withdrawn from the upper deck of the Dom Luís I Bridge, and thus from the town of Vila Nova de Gaia on the south side of the Douro River; it was almost 50 years before the tramway returned there in the form of the modern light rail system. Trolleybus operation started on 3 May 1959. Besides the abandoned tramway routes, the trolleybus was extended over some new sections to create a denser network in Vila Nova de Gaia. The trolleybuses also ran on the lower deck of the bridge, which had never seen any tramways. That same year, and after only 15 years of operation, the tramway line to Lordelo, which actually led to a trolleybus depot, was also replaced by trolleybuses, too.

In 1960, the outer section of the Marginal line between Matosinhos and Leça de Palmeira was closed. The expansion of the seaport required the construction of a new bridge, which was then designed without tramway tracks.

In 1963, the city council decided to abandon the entire tramway network within a seven to ten-year period; the plans for modernisation agreed upon only twenty years earlier had thus come to nothing. The closing process ultimately took almost forty years, and has never actually been completed. As a result, no effort was put into the maintenance of the remaining network. Like in Lisbon, the tramways had

become slower and less efficient than buses, and were thus no longer able to compete.

The two routes to the main station at Campanhã were abandoned in 1960 and 1964, respectively, followed by the suburban lines to Ermesinde, Rio Tinto, São Pedro da Cova and Gondomar in 1967, by which time almost every route in the northeast and east had disappeared. Most routes were replaced by trolleybuses, whose network thus grew to its maximum length of 44 km. By 1968, several other routes in the city centre had been replaced by diesel buses, before the closing-down process came to a halt. The tramway network had shrunk to 38 km, with 127 motor cars still in service. During the first half of the 1970s, the network basically remained unchanged.

The second phase of line closures came in the second half of the 1970s. The suburban lines to Ponte da Pedra and Monte dos Burgos in the north disappeared in stages between 1975 and 1977, while in 1977 and 1978 most of the inner-city routes were abandoned, too. The only lines left were the Marginal line and the rapid tramway line along Avenida da Boavista with its short branches, i.e. the two long interurban lines between the city centre and the Atlantic Coast, which, totalling 21.2 km, roughly corresponded to the network of the early horse tramway. 84 motor cars were still operational. From 1978, tramway operation finished at 21:00.

In 1980, a land slide caused a service disruption at Carmo, forcing trams running along the Avenida da Boavista to be curtailed at Boavista, and those on the steep route from Massarelos, at Viriato. The city centre had thus been cut off from the tram system. The tracks between Viriato and Carmo only became operational again in 1991. The route between Boavista and Praça da Liberdade, however, never re-opened. These service reductions led to lower ridership figures, and as a consequence, the tramways stopped running on Sundays from 1983; and in 1984, the branch to Pereiro was closed. In 1993, the line to Matosinhos disappeared, followed by the short section between Massarelos and Infante in 1994. What was left was a C-shaped line from Carmo via the Marginal line to Castelo do Queijo, and back along Avenida de Boavista to Boavista. For the 14 km line, 16 motor cars were needed. Contrary to the old plans, the tramway was never completely abandoned; trolleybus operation, however, ceased on 27 December 1997.

Oben links | Top left
São Bento > Batalha – neu gebaute Steilstrecke der Linie 22
– new steep route for line 22

Massarelos – Pipi-Triebwagen mit Beiwagen im Straßenbahnmuseum
– 'Pipi' vehicle with trailer in the tramway museum

Ausbau des Hafens machte es notwendig, die bisher dort von der Straßenbahn benutzte Brücke durch ein neues Bauwerk zu ersetzen, welches keine Gleise mehr erhielt.

1963 entschied die Stadt, die Straßenbahn innerhalb einer Periode von sieben bis zehn Jahren komplett einzustellen. Von den weniger als zwanzig Jahre alten Überlegungen zur Modernisierung des Netzes war zu diesem Zeitpunkt keinerlei Rede mehr. Letztendlich sollte der Stilllegungsprozess aber fast vier Jahrzehnte dauern, und vollendet wurde er nie. Auf der anderen Seite unterblieben angesichts der geplanten Kompletteinstellung aber natürlich fortan erst recht alle Anstrengungen, das System auf einen zeitgemäßen Zustand zu bringen. Wie in Lissabon waren die Straßenbahnen langsamer und leistungsschwächer als die Busse und damit nicht mehr konkurrenzfähig.

1960 und 1964 wurden die beiden Straßenbahnstrecken zum Hauptbahnhof Campanhã aufgegeben. 1967 kam das Aus für die Vorortlinien nach Ermesinde, Rio Tinto, São Pedro da Cova und Gondomar. Damit verschwanden fast sämtliche Strecken im Nordosten und Osten. Die aufgegebenen Strecken wurden nahezu vollständig durch neue Obuslinien ersetzt, dessen Netz mit 44 km anschließend seine maximale Ausdehnung erreichte. 1968 entfielen einige weitere innerstädtische Strecken, dabei diente jedoch bereits der Dieselbus als Ersatz. Anschließend kam der Stilllegungsprozess zu einer Unterbrechung. Das Straßenbahnnetz war nach dieser ersten Phase der Schrumpfung im Jahre 1968 noch 38 km lang, im Einsatz standen noch 127 Triebwagen. In der ersten Hälfte der siebziger Jahre gab es anschließend keine wesentlichen Änderungen.

Die zweite Phase der Schrumpfung folgte in der zweiten Hälfte der siebziger Jahre. Zwischen 1975 und 1977 entfielen die beiden Vorortbahnen nach Ponte da Pedra und Monte dos Burgos im Norden. 1977 und 1978 wurden fast alle noch verbliebenen Innenstadtstrecken stillgelegt. In Betrieb standen nun nur noch die Marginal und die Schnellstraßenbahnstrecke über die Avenida da Boavista mitsamt einigen wenigen kurzen Anschlüssen, also im Wesentlichen die beiden langen Vorort-bahnen zur Atlantikküste. Das Straßenbahnnetz hatte damit fast wieder den Ursprungszustand der beiden Pferdebahnge-sellschaften erreicht und war nur noch 21,2 km lang. Betriebs-fähig waren noch 84 Triebwagen. Ebenfalls 1978 endete der Straßenbahnbetrieb nach 21 Uhr.

1980 führte ein Erdrutsch bei Carmo zu einer Unterbrechung der dortigen Straßenbahngleise und damit zum Ende der Straßenbahnanbindung des Zentrums. Die über die Avenida da Boavista fahrenden Linien endeten fortan in Boavista, und die von Massarelos über die Steilstrecke kommenden Züge in Viri-ato. Erst 1991 waren die Gleise von Viriato nach Carmo wieder befahrbar. Die Strecke von Boavista zur Praça da Liberdade kam dagegen nicht mehr wieder. Dies hatte naturgemäß erheblichen Einfluss auf die Nutzung der Straßenbahn. 1983 endete der Straßenbahnbetrieb an Sonntagen, 1984 wurde die Stichstrecke nach Pereiro stillgelegt. 1993 verschwand die Strecke nach Matosinhos, 1994 war schließlich Schluss für den kurzen Ab-schnitt von Massarelos nach Infante. Damit verblieb nur noch die C-förmige Strecke von Carmo über die Marginal nach Castelo do Queijo und von dort aus wieder landeinwärts nach Boavista. Für den Betrieb der 14 km langen Linie wurden noch 16 Triebwagen benötigt. Zu einer Gesamtstilllegung der Straßenbahn kam es entgegen der alten Pläne jedoch nicht mehr. Stattdessen endete aber am 27. Dezember 1997 der Obusbetrieb.

_ Traditionsbetrieb

Nachdem bereits 1992 am Douro-Ufer das Straßenbahnmuse-um Massarelos eröffnet worden war, kristallisierte sich in der zweiten Hälfte der neunziger Jahre ein dauerhafter Erhalt der Straßenbahn in Form eines Traditionsbetriebes mit histori-schen Fahrzeugen heraus. Es lag auf der Hand, dafür die noch vorhandene Steilstrecke von Carmo nach Massarelos sowie ein Teilstück der Marginal zu erhalten. Diese beiden Strecken-abschnitte haben als Teile der ersten Straßenbahn Portugals und ersten elektrischen Straßenbahn der iberischen Halbinsel naturgemäß eine besondere historische Relevanz, zudem stellen sie den Anschluss an das Straßenbahnmuseum her und zeichnen sich darüber hinaus durch eine besonders schöne Streckenführung aus. Auch die STCP hatte inzwischen den tou-ristischen Wert der Straßenbahn erkannt und begann sich dem Verkehrsmittel neu zuzuwenden. Als Auftakt des Traditionsbe-triebes, welcher nach Fahrplan zu den normalen Nahverkehrs-tarifen durchgeführt wird, kann der Juni 1996 gesehen werden. Seither fährt die Straßenbahn wieder an allen Tagen, jedoch nur zwischen 9 und 19 Uhr.

Um den Traditionsbetrieb dauerhaft zu etablieren, wurde die vormals zweigleisige, aber straßenbündige Marginal bis Foz in den folgenden Jahren schrittweise auf einen eingleisigen be-sonderen Bahnkörper in Seitenlage verlegt. Dabei kam es auch zur Rekonstruktion des seit 1994 stillgelegten Streckenab-schnittes von Massarelos bis Infante und zur Wiedereinführung der Linie 1. Ebenso wurde die Steilstrecke von Massarelos nach Carmo größtenteils eingleisig in Straßenseitenlage neu trassiert. Seit Vollendung pendelt dort die Linie 18. Der Straßen-bahnbetrieb von Foz über Castelo do Queijo nach Boavista wurde dagegen im Jahr 2000 aufgegeben. Der ehemalige be-sondere Bahnkörper zwischen Castelo do Queijo und Boavista wurde dabei freigehalten und soll in Zukunft von der Stadtbahn benutzt werden (siehe S. 123). Damit wäre dann der Brücken-schlag vom alten zum neuen System vollzogen.

Massarelos > Infante – eingleisig zurückgebaute Strecke der Linie 1
– *line 1 route reduced to single-track alignment*

_ Heritage tramway operation

After a tramway museum had been established at Massare-los in 1992, it seemed evident that some sort of heritage tramway line should be maintained. The most obvious route for this was the existing steep line from Carmo to Massare-los, as well as a section of the riverside line. These sections were not only part of Portugal's first horse tram line, but also of the first electric tramway on the Iberian Peninsula, and are thus of special historical interest. They were directly linked to the depot and museum, and in addition, run along a very scenic route. Even the STCP had meanwhile realised the tramway's tourist potential, and the heritage tramway operation was able to start in June 1996. The trams now run on all days of the week, from 09:00 to 19:00, and can be used with standard tickets.

To guarantee an enduring heritage service, the previously double-track on-street section along the river to Foz was rebuilt in stages over the following years with a single track, but on a separate right-of-way alongside the road. At the same time, the section between Massarelos and Infante aban-doned in 1994 was re-opened, and line 1 was re-introduced. The steep route from Massarelos to Carmo was also reduced to a single track on a separate right-of-way. This section is now served by line 18. Service on the section from Foz via Castelo do Queijo to Boavista, however, was discontinued in 2000, although the separate right-of-way along Avenida de Boavista has been reserved for a future light rail line (see p. 122).

Im Jahr 2001 war Porto Kulturhauptstadt Europas. Dies führte zu sehr ambitionierten Plänen zur Ausweitung des Museumsstraßenbahnbetriebes. Waren die bis dato ertüchtigten Strecken unmittelbar aus der alten Infrastruktur hervorgegangen, wollte man nun die Straßenbahn zurück ins Stadtzentrum bringen, quasi als lebendiges Monument. Sehr schnell begannen daraufhin die Bauarbeiten für eine neue Innenstadtstrecke von Carmo nach Batalha mit eingleisigem Richtungsbetrieb durch Parallelstraßen. Dabei handelte es sich nicht nur um eine Rekonstruktion alter Gleisführungen, vielmehr hatten einige der benutzten Straßen vorher niemals Straßenbahngleise gesehen. Am Endpunkt Batalha sollte die neue Strecke mit der ebenfalls neu zu bauenden Guindais-Standseilbahn zusammentreffen. Nach kurzer Zeit lag im Verlauf der neuen Strecke fast durchgängig das neue Gleis. Anschließend kamen die Bauarbeiten zum Erliegen. Erst als 2007 die Rückzahlung von Fördermitteln drohte, nahm die Stadt die Fertigstellung der Strecke in die Hand. Dann ging es auf einmal ganz schnell, und am 21. September 2007 wurde die neue Strecke als Linie 22 eingeweiht. Die Liniennummer wählte man mit historischem Hintergedanken – es war die erste freie Nummer nach dem traditionellen Liniennummernschema von 1912.

Für die Zukunft ist nun ein weiterer Ausbau des Traditionsbetriebes geplant. Sollten alle Überlegungen umgesetzt werden, so würde die Linie 1 an beiden Enden auf weitere Stücke ihrer ursprünglichen Strecke zurückkehren: von Infante wieder hinauf bis auf die Praça da Liberdade und von Foz bis Castelo do Queijo. Dabei ist nicht auszuschließen, dass in diesem Bereich eine Gleisverbindung mit der neuen Stadtbahn entstehen wird. Bedauerlich ist indes, dass man die Einführung der Stadtbahn nicht dazu nutzte, zumindest die noch vorhandene Marginal mit der Linie 1 zu einer zeitgemäßen modernen Straßenbahnstrecke umzubauen. Durch die eingleisige Rekonstruktion der Strecke wurde der touristische Betrieb zementiert, und für den Alltagsverkehr werden nun langfristig Busse parallel fahren.

_ Fahrzeuge

Die Geschichte des Wagenparks der Straßenbahn Portos ist sehr komplex – zum Ersten wurden viele Wagen wie in Lissabon in der eigenen Werkstatt gebaut oder umgebaut, zum Zweiten gab es besonders in der Frühzeit des Straßenbahnbetriebes mehrere Umnummerierungen, zum Dritten zerstörte ein Großbrand am 28. Februar 1928 das Hauptdepot Boavista mit vielen darin stehenden Zügen und zum Vierten sind viele schriftliche Aufzeichnungen im Laufe der Zeit verloren gegangen. Daher sind einige Aspekte der Fahrzeughistorie Portos bis heute ungeklärt, und an dieser Stelle sei nur ein kurzer Abriss gegeben.

Die erste Wagengeneration der elektrischen Straßenbahn war ein Sammelsurium aus umgebauten Pferdebahnwagen („Transformados"), zwei 1898 aus Deutschland importierten Wagen von Siemens & Halske und Schuckert, Neubauten aus der eigenen Werkstatt sowie Lieferungen von der lokalen Wagenbaufabrik A Constructora. 1909 wurden von diesen durchweg zweiachsigen Fahrzeugen insgesamt 67 Stück im Bestand geführt. Zwei Transformados waren offene Fahrzeuge mit Querbänken, alle anderen hatten geschlossene Wagenkästen. Dazu kam als Exot im Fahrzeugpark ein vierachsiger Drehgestellwagen von Brill, geliefert im Jahre 1904. Nur wenige dieser Wagen waren 1946 bei der Übernahme des Straßenbahnbetriebes durch die STCP noch vorhanden.

Der Bau der elektrischen Vorortstrecken führte bald zum Bedarf weiterer Fahrzeuge. 1909 lieferte daraufhin die britische United Electric Car Co aus Preston fünf zweiachsige Wagen. Diese sollten jedoch eine Splittergattung bleiben. Sehr erfolgreich konnte sich dagegen auch in Porto letztendlich die Firma Brill etablieren, die zwischen 1909 und 1912 insgesamt 65 Semi-Convertible-Zweiachser lieferte. Diese Wagen

In 2001, Porto became the European Capital of Culture, which led to ambitious plans to expand the heritage tram service into the city centre to show visitors a living monument. While all the routes in service were old upgraded lines, a completely new route was rapidly built through the city centre, from Carmo to Batalha, with one-way operation through parallel streets; along some sections, tramway tracks had never been laid before. At the Batalha terminus, the tramways were to connect with the Guindais funicular, also being rebuilt at that time. With the track laying almost complete, construction work suddenly came to a halt. The city only resumed the project in 2007 to avoid having to pay back funds already received for it. The new line 22 eventually opened on 21 September 2007; line number 22 was chosen as back in 1912 it would have been the next available number on the line numbering system!

Heritage tram operation may be expanded in the future. Line 1 could be extended over more sections of its original route – from Infante up to Praça da Liberdade, and from Foz to Castelo do Queijo, from where a track link to the future light rail line may be built. It is regrettable that the implementation of the new light rail system did not include the full upgrading of the route along the river. With its reduction to single-track operation, it will remain a mere tourist line, while buses will have to operate parallel to it to cope with the actual demand.

_ Tramway rolling stock

The history of the Porto tramway rolling stock is rather complex, because 1) like in Lisbon, many cars were built or rebuilt in the tramway company's own workshops; 2) the numbering system was changed several times during the early years; 3) on 28 February 1928, a fire destroyed the main depot at Boavista along with many stabled vehicles; and 4) a large number of printed records have been lost over the years. Many aspects concerning Porto's tram vehicles therefore remain unclear, and thus only a short summary is given here.

The first generation of tramway cars was a motley collection of rebuilt horse-tram carriages ('Transformados'), two cars imported from Germany in 1898 and built by 'Siemens & Halske' and 'Schuckert', new self-made vehicles, as well as cars delivered by the local wagon company 'A Constructora'. In 1909, the fleet comprised a total of 67 two-axle cars. Two of the 'Transformados' were open cars with perpendicular benches, while the rest were enclosed cars. An exception was a single four-axle bogie car delivered by Brill in 1904. Only a few of the original cars were operational when the tramway was taken over by the STCP in 1946.

The expansion of the electric network into the suburbs led to a need for more vehicles. Five two-axle cars came from the British 'United Electric Car Co.' of Preston in 1909, but these cars remained a rarity within the Porto fleet. Instead, the American company Brill was also able to establish itself as a supplier in Porto, with a total of 65 'semi-convertible' two-axle cars being delivered between 1909 and 1912. These cars were 2.25 m wide and 9.30 m long. Between 1924 and 1938, the CCFP produced approximately 50 cars of a similar type, but 2.40 m wide, in their own workshops. Consequently, approximately 30 of the Brill cars were widened to 2.40 m, too. Many of the two-axle vehicles were refurbished during the 1950s, with improved access and doors. Compared to the Lisbon cars, the Brill cars in Porto were larger in every aspect.

During the 1920s, the CCFP also had a total of 22 four-axle bogie cars; 8 of these were manufactured between 1926 and 1928 in the company's workshops, with the Brill 1904 type serving as a model; these cars remained in service until the

waren 2,25 m breit und 9,30 m lang. Zwischen 1924 und 1938 baute die CCFP in der eigenen Werkstatt rund fünfzig ähnliche Wagen, allerdings mit 2,40 m breiten Wagenkästen. Etwa dreißig vorhandene Brill-Wagen wurden nach demselben Muster ebenfalls auf 2,40 m verbreitert. In den fünfziger Jahren modernisierte man viele dieser Zweiachser. Sie erhielten dabei verbesserte Einstiege sowie Türen. Im Vergleich zu den Gegenstücken aus Lissabon waren Portos Brill-Wagen in ihren Abmessungen etwas größer.

In den zwanziger Jahren stellte die CCFP außerdem insgesamt 22 vierachsige Drehgestellwagen in Dienst. Acht Fahrzeuge kamen zwischen 1926 und 1928 aus der eigenen Werkstatt, wobei der Brill-Vierachser von 1904 als technisches Vorbild diente. Diese Wagen waren bis in die neunziger Jahre im Linienbetrieb. 1928 lieferten die belgischen *Ateliers de Construction de Familleureux* zehn weitere Drehgestellwagen. 1930 wurden schließlich noch einmal vier Drehgestellwagen in Eigenleistung erbaut. Letztere hatten tief heruntergezogene, herausnehmbare Fenster und wurden im Sommer offen eingesetzt. Bekannt sind sie unter dem Namen „Fumista" (Raucher), da in ihnen im offenen Zustand das Rauchen erlaubt war. Im selben Zeitraum baute die CCFP auch 16 zweiachsige Fumistas.

Nach der städtischen Übernahme war zunächst geplant, neue Drehgestellfahrzeuge zu beschaffen. Letztendlich fehlten dazu aber die notwendigen finanziellen Mittel. Stattdessen baute die STCP zwischen 1947 und 1952 insgesamt 30 neue Zweiachser, genannt „Pipis". Diese Fahrzeuge waren Einrichtungswagen und ähnelten in vielen Aspekten den im selben Zeitraum gebauten Eigenkonstruktionen der Carris aus Lissabon. Aufgrund ihrer Inflexibilität, ihrem hässlichen Erscheinungsbild und ihrer völlig überholten technischen Ausstattung waren sie bei Fahrgästen und Personal gleichermaßen äußerst unbeliebt. Bereits 1967 wurden die meisten Wagen ausgemustert, die letzten gingen Anfang der siebziger Jahre außer Betrieb. Stattdessen fuhren die älteren Zweirichtungswagen aus der Vorkriegszeit noch viele Jahre länger. Überhaupt keine Nachfolger fand ein 1951 gebauter Prototyp für eine weitere zweiachsige Wagenserie. Dieser Wagen mit der Nummer 500 orientierte sich an zeitgenössischen italienischen Fahrzeugen und war den Pipis technisch weit überlegen. Als Einzelstück ging er jedoch ebenfalls bereits 1974 außer Betrieb.

Viele Jahre standen bei der Straßenbahn Porto außerdem auch Beiwagen im Einsatz. Zum Zeitpunkt der Aufgabe des Pferdebahnbetriebes besaß die CCFP 64 Beiwagen, hervorgehend aus ehemaligen Pferdebahnwagen. Viele wurden aber nur wenige Jahre später ausgemustert. Auf der anderen Seite gingen zwischen 1910 und 1911 sieben neue vierachsige Drehgestell-Beiwagen in Betrieb, drei Zweiachser in Fumista-Ausführung folgten 1934. 1946 fanden sich noch zwanzig Beiwagen im Bestand. Der Beiwagenbetrieb endete am 31. Dezember 1966.

Sehr viele Straßenbahnwagen Portos sind erhalten geblieben. Dies liegt insbesondere daran, dass viele Fahrzeuge aus der ersten Hälfte des zwanzigsten Jahrhunderts weitaus länger im Einsatz standen als anderswo. Zum Zeitpunkt ihrer Ausmusterung waren sie damit bereits begehrte Antiquitäten. Besonders in Amerika, dem Ursprungsland der Brill-Wagen, bestand und besteht rege Nachfrage an Museumsfahrzeugen. Ein Verkauf der nicht mehr benötigten Wagen war für die STCP daher lange Zeit ein weitaus lukrativeres Unterfangen als eine Verschrottung. Dies ging so weit, dass die portugiesische Regierung 1983 temporär den Export weiterer Altfahrzeuge untersagte. Letztendlich führte diese Intervention zum Aufbau der Straßenbahnmuseen in Lissabon und Porto und damit zu einem denkmalschutzgerechten Erhalt vieler historisch wertvoller Wagen.

Brill-Wagen im Einsatz in Memphis, Tennessee (*Foto Stefan Mashkevich, 2006*)
Brill vehicle in service in Memphis, Tennessee

1990s. In 1928, the Belgian company 'Ateliers de Construction de Familleureux' delivered another 10 bogie cars. In 1930, another four in-house bogie cars were produced; they had large windows which could be taken out during the summer; smoking was allowed then, which led to the nickname 'Fumista'. During the same period, the CCFP also built 16 two-axle 'Fumistas'.

When the tramway was taken over by the city, new bogie cars were to be ordered, but no funds were available. Instead, between 1947 and 1952 the STCP produced a total of 30 new two-axle cars called 'Pipis'. They were unidirectional cars, and in many aspects similar to the self-made Carris vehicles in Lisbon of that period. Due to their inflexibility, their ugly appearance and their obsolete technical equipment, these cars were popular with neither staff nor passengers, and from 1967, the first of them were scrapped; the last remained in service until the early 1970s. The older bidirectional vehicles built before World War II, however, kept running for many more years. A prototype car made in 1951 for a new series of two-axle cars did not go into serial production; this car, numbered 500, was derived from contemporary Italian vehicles, and was technically more advanced than the 'Pipis'. The single car was withdrawn from service in 1974.

For many years, trailers were also used in Porto. Converted from former horse-tram carriages, the CCFP had 64 trailers when horse-tram operation ceased. Many of them were scrapped a little later, though. In return, seven new four-axle bogie trailers were brought into service between 1910 and 1911; three two-axle cars of the Fumista type followed in 1934. In 1946 the fleet still included 20 trailers, but the use of trailers ended on 31 December 1966.

Cars built in the first half of the 20th century remained in daily service much longer in Porto than in other cities, which has led to many older vehicles having been preserved. At the time they were withdrawn, they were already considered precious antiques. Especially in the United States, the birthplace of the Brill cars, the demand for vintage tram vehicles was brisk. Selling the old vehicles was thus a much better deal for the STCP than scrapping them. The large number of sold vehicles even led to a temporary prohibition on exporting tramway vehicles, imposed by the Portuguese government in 1983. As a result, the tramway museums in Lisbon and Porto were set up, and many cars have been properly restored.

Salgueiros – die unterirdischen Stationen der Metro Porto überzeugen durch ihre elegante Architektur
– *Porto's underground Metro stations boast an elegant design*

Metro do Porto

In den vergangenen Jahrzehnten verzeichnete die Metropolregion Porto durch Wirtschafts- und Bevölkerungswachstum sowie Suburbanisierung enorme Verkehrszuwächse. Dem suchte man zunächst mit massivem Ausbau der Straßeninfrastruktur zu begegnen. Es entstand ein dichtes Autobahnnetz, welches die Umgebung Portos teilweise erheblich zerschneidet. Letztendlich führte dies aber nur zu dem Ergebnis, dass der Stadtrand optimal erreichbar, die Stadt selbst aber mangels dafür ausgelegter Infrastruktur schnell vom Pkw-Verkehr völlig übersättigt war – mit der Folge erheblicher Staus in den Hauptverkehrszeiten. Diese vollends unbefriedigende Situation regte förmlich dazu an, über Verbesserungen des ÖPNV nachzudenken. Daraufhin konkretisierten sich ab Ende der achtziger Jahre die Stadtbahnplanungen.

1989 hatte die STCP eine Studie zur zukünftigen Ausgestaltung des ÖPNV durchführen lassen. Diese regte den Aufbau eines Stadtbahnsystems an. Die Revitalisierung der alten Straßenbahn war dagegen mangels eigener Trassen und damit mangelnder Leistungsfähigkeit keine Option. 1992 wurde der Netzentwurf überarbeitet und eine Grundsatzvereinbarungen der damals neun Kommunen der Metropolregion zur Realisierung des Systems getroffen. Daraufhin konnte am 21. Januar 1993 die Gesellschaft *Metro do Porto* gegründet werden. Der Kreis der Anteilseigner setzte sich zunächst aus der Metropolregion Porto mit 80%, der portugiesischen Eisenbahn CP mit 15% und der Metro Lissabon mit 5% zusammen. Die neue Gesellschaft begann zügig mit einem Vorauswahlverfahren, um Bieterkonsortien für Planung, Konstruktion, Fahrzeug- und Zubehörlieferung sowie Betriebsführung zu finden. 1996 wurde die erste Baustufe mit vier Linien und 70 km Strecke offiziell vorgestellt. Anschließend ging man den Weg einer schlüsselfer-

During the past decades, the Porto metropolitan area experienced a sharp increase in transport demand, which was due to a growth in population and economic power, as well as suburbanisation. The first answer to this demand was the construction of new roads and motorways, which often represent dividing lines in the region. While the suburbs were now easily accessible, the city centre was unable to cope with the increase in the number of cars, and severe traffic jams became normal during rush hour. This situation finally led to discussions on how to improve public transport to tackle the overall traffic problems. Towards the end of the 1980s, the idea of a light rail system was eventually developed further.

In 1989, the STCP commissioned a study on future transport options. The result was the recommendation of a light rail system. Revitalising the old tramway system was discarded as there were no dedicated rights-of-way, and the capacity of conventional tram vehicles was not enough to cope with the new demand. In 1992, the initial network proposal was revised, and an agreement was signed by the nine municipalities of the metropolitan area to build the new system. As a consequence, the company 'Metro do Porto' was founded on 21 January 1993, with 80% being owned by the Metropolitan Region of Porto, 15% by the Portuguese State Railways CP, and 5% by the Lisbon Metro. The new company immediately invited tenders to preselect a consortium to be responsible for planning, construction, the manufacture of rolling stock and other equipment, as well as the operation of the system. In 1996, the first stage of the project was officially defined, with four lines and 70 km of route length. For the turnkey project, i.e. to build and operate the system, the contract was awarded in 1997 to Normetro, a consor-

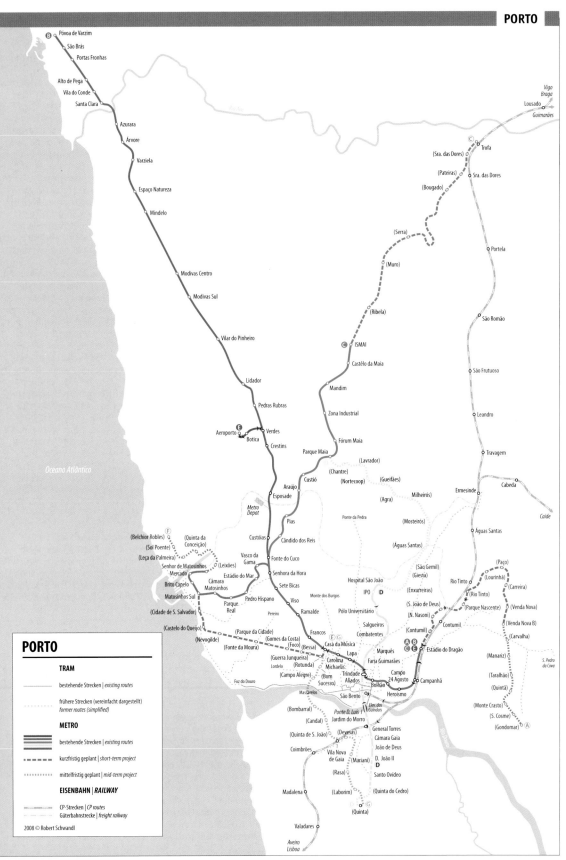

Pövoa de Varzim
São Brás
Portas Fronhas
Alto de Pega
Vila do Conde
Santa Clara
Azurara
Árvore
Varziela
Espaço Natureza
Mindelo
Modivas Centro
Modivas Sul
Vilar do Pinheiro
Lidador
Pedras Rubras
Aeroporto
Botica
Verdes
Crestins
Parque Maia
Custió
Araújo
Esposade
Pias
Cândido dos Reis
Custóias
Fonte do Cuco
Senhora da Hora
Sete Bicas
Viso
Ramalde
Francos

Vigo
Braga
Lousado
Guimarães
(Sra. das Dores)   Trofa
(Pateiras)   Sra. das Dores
(Bougado)
(Serra)   Portela
(Muro)
(Ribela)   São Romão
ISMAI
Castêlo da Maia   São Frutuoso
Mandim
Zona Industrial   Leandro
Fórum Maia
(Lavrador)   Travagem
(Chantre)
(Nortecoop)   (Gueifães)   Cabeda
(Agra)   Milheirós   Ermesinde
(Mosteirós)   Caíde
Ponte da Pedra   (Águas Santas)   Águas Santas
(São Gemil)   (Paço)
(Giesta)   Rio Tinto   (Lourinhã)
Hospital São João   (Enxurreiras)   (Carreira)
IPO   D   (Rio Tinto)   (Venda Nova)
(S. João de Deus)   Parque Nascente
Monte dos Burgos   (N. Nasoni)   (Venda Nova B)
Pólo Universitário   Contumil   (Carvalha)
Salgueiros
Combatentes   Estádio do Dragão   (Manariz)
S. Pedro
da Cova
(Taralhão)
Marquês   (Quintã)
Faria Guimarães
Campo   (Monte Crasto)
24 Agosto   Campanhã   (S. Cosme)
(Gondomar)   A

(Belchior Robles)
(Sol Poente)
(Leça da Palmeira)
Senhor de Matosinhos
Mercado   (Leixões)
Estádio do Mar
Câmara
Matosinhos
Brito Capelo
Matosinhos Sul
(Cidade de S. Salvador)
(Castelo do Queijo)
(Nevogilde)
Parque
Real
Pedro Hispano
(Quinta da
Conceição)
Vasco da
Gama
(Parque da Cidade)
(Fonte da Moura)
(Gomes da Costa)
(Foco)   (Bessa)
Carolina
Michaelis
(Campo Alegre)
Foz do Douro   (Bom
Sucesso)
Lordelo   (Rotunda)
(Guerra Junqueira)
Casa da Música
Lapa
Trindade
Aliados
Bolhão
São Bento
Heroismo
Elev. dos
Guindais
General Torres
Câmara Gaia
João de Deus
Vila Nova
de Gaia   (Mariani)   D. João II
D
(Rasa)   Santo Ovideo
Madalena   (Laborim)   (Quinta do Cedro)
(Quinta)
Valadares

Oceano Atlântico
Metro
Depot

Bombarral
(Candal)
(Deveas)
Jardim do Morro
(Quinta de S. João)
Coimbrões
MasGrelos
Ponte D. Luís
Ponte da Pedra
Pereiro

Aveiro
Lisboa

PORTO

TRAM

bestehende Strecken | *existing routes*

frühere Strecken (vereinfacht dargestellt)
former routes (simplified)

METRO

bestehende Strecken | *existing routes*

kurzfristig geplant | *short-term project*

mittelfristig geplant | *mid-term project*

EISENBAHN | RAILWAY

CP-Strecken | *CP routes*

Güterbahnstrecke | *freight railway*

tigen Ausschreibung für die Realisierung und den Betrieb des Systems. 1997 erfolgte daraufhin die Zuschlagserteilung an das Konsortium *Normetro* unter Federführung von Bombardier und an die daran beteiligte Betreibergesellschaft Transdev. Die Transdev ist ein französisches Unternehmen, welches auch bei vielen aktuellen Straßenbahnprojekten Frankreichs involviert ist.

Mit dem offiziellen Baubeginn am 15. März 1999 wurden die Gesellschaftsanteile von *Metro do Porto* neu verteilt. Fortan hielten die Metropolregion 59,9994%, die STCP 25%, der Staat Portugal 10% und die CP 5%. Damit war nun auch ein Einfluss der örtlichen STCP sichergestellt, auch wenn diese nicht die Betriebsführung der Stadtbahn übernehmen sollte. Die Anliegerkommunen der Stadtbahn wurden jeweils mit symbolischen 0,0001% beteiligt, zunächst Maia, Matosinhos, Porto, Póvoa de Varzim, Vila do Conde und Vila Nova de Gaia. Später trat dann auch noch Gondomar bei, welches erst in der zweiten Netzausbauphase erreicht werden wird. 2000 begannen der Tunnelbau und die Fahrzeugfertigung. 2001 wurden schließlich die ersten Züge aus dem einheimischen Bombardier-Werk Amadora ausgeliefert, und auf einem fertig gestellten Streckenabschnitt bei Senhora da Hora konnten erste Testfahrten starten.

Die öffentliche Betriebsaufnahme der Stadtbahn erfolgte am 29. Juni 2002 zwischen Viso und Câmara de Matosinhos. Zunächst wurde nur an Nachmittagen ein kostenloser Vorlaufbetrieb eingeführt, um die Bevölkerung an das neue Verkehrsmittel heranzuführen. Am 2. September desselben Jahres wurde der Schnupperbetrieb bis Senhor de Matosinhos ausgedehnt, am 17. November dann aber wieder eingestellt. Die offizielle Einweihung der Linie A von Trindade bis Matosinhos fand schließlich am 7. Dezember 2002 durch den damaligen portugiesischen Premierminister José Manuel Durão Barroso in der Station Casa da Música statt. Bis zum Jahresende konnte die Stadtbahn weiterhin kostenlos genutzt werden, bis dann am 1. Januar 2003 die kommerzielle Betriebsaufnahme stattfand. Pünktlich zur Fußball-Europameisterschaft wurde die Linie A 2004 weitgehend unterirdisch zum Dragão-Stadion verlängert. Damit erhielt auch der Hauptbahnhof Campanhã Stadtbahnanschluss. Im selben Jahr konnte außerdem eine Zweigstrecke zum Flughafen und damit eine fünfte Linie in die erste Projektphase mit aufgenommen werden, nachdem entsprechende EU-Fördermittel zur Verfügung standen. Im Laufe der folgenden Jahre ging dann schließlich eine Vielzahl weiterer Strecken in Betrieb. Insgesamt summiert sich die Streckenlänge Mitte 2008 auf 59,6 km Doppelgleis und die Anzahl der Stationen auf 70 – alles in weniger als einem Jahrzehnt gebaut!

_ **Vorgängerbahnen**
Große Teile des Stadtbahnsystems entstanden aus dem Umbau von meterspurigen Vororteisenbahnen im nördlichen Umland von Porto. Dieses Bahnsystem gehörte vor der Einführung der Stadtbahn zu den am stärksten belasteten Schmalspurnetzen Europas. Keimzelle war die 1875 eröffnete Strecke von Boavista nach Póvoa do Varzim an der Atlantikküste, entsprechend der heutigen Stadtbahnlinie B. Der stadtseitige Endbahnhof lag an der kreisrunden Rotunda da Boavista nahe der heutigen Stadtbahnstation Casa da Música. 1881 erreichte die Strecke im Norden Famalicão, wo Anschluss an die Breitspurstrecke von Porto nach Vigo hergestellt wurde. 1883 kam schließlich eine Zweigstrecke von Senhora da Hora nach Matosinhos dazu. Alle diese Strecken hatten zunächst eine Spurweite von 900 mm.

Von vornehein in Meterspur und zunächst räumlich getrennt von den anderen Strecken ging 1883/84 eine weitere Strecke von Trofa bis Guimarães in Betrieb, welche 1907 bis Fafe verlängert wurde. Diese Strecke hatte am Ausgangspunkt Trofa eine Übergangsmöglichkeit zum Breitspurnetz.

tium which included Bombardier and the French transport operator Transdev, which had already been involved in many tramway projects in France.

When construction started on 15 March 1999, the shares in the company 'Metro do Porto' were redistributed: the Metropolitan Region of Porto now owned 59.9994%, the STCP 25%, the Portuguese State 10% and the CP 5%. In this way, the local transport agency STCP was able to exert a certain influence, although it was not directly involved in the operation of the system. The municipalities served by the planned Metro, initially Maia, Matosinhos, Porto, Póvoa de Varzim, Vila do Conde and Vila Nova de Gaia, each participated with a symbolic 0.0001%, while Gondomar joined later, as the Metro will only reach this town during the second stage of the project. Tunnel construction and the manufacture of rolling stock began in 2000. In 2001, the first trains were delivered by Bombardier's Portuguese plant at Amadora, and soon afterwards, test rides were carried out on a completed stretch near Senhora da Hora.

Passenger service started on 29 June 2002 on the section between Viso and Câmara de Matosinhos. Trains initially operated for free and only in the afternoons to familiarise the local population with the new system. The trial service was extended to Senhor de Matosinhos on 2 September, but ceased on 17 November 2002. The official inauguration of line A between Trindade and Matosinhos then took place on 7 December 2002, with a ceremony held in the presence of the former Portuguese Prime Minister José Manuel Durão Barroso at Casa da Música station. Free service continued until the end of the year, with full commercial service starting on 1 January 2003. In time for the FIFA Euro2004, line A was extended mostly underground to the Dragão stadium, thus also linking the Campanhã railway station to the Metro system. In 2004, with E.U. funds having become available, the airport branch was added to the initial stage of the light rail project, thus increasing its number of lines to five. Since then, several other sections have been completed, and by mid-2008 the total length of the network had reached 59.6 km of double-track routes with 70 stations - all realised in less than a decade!

_ *The former metre-gauge railway network*
Large parts of what is the present light rail system were developed out of the former metre-gauge network, which had served the region north of Porto and which was among the busiest narrow-gauge systems in Europe. The first route, which corresponds with today's line B, opened from Boavista to Póvoa do Varzim on the Atlantic Coast in 1875. The city terminus was located at the Boavista rotunda near the current Casa da Música station. In 1881, the line was extended inland to Famalicão, where transfer was provided to the broad-gauge line from Porto to Vigo. In 1883, the network was complemented with a branch line from Senhora da Hora to Matosinhos. Initially, these routes were built to 900 mm gauge.

The line from Trofa to Guimarães opened in 1883/84 and, having metre gauge right from the start, was initially isolated from the rest of the narrow-gauge rail network, although transfer to the broad-gauge network was provided at Trofa. The line was extended to Fafe in 1907.

During the 1920s, the two operators of the narrow-gauge lines merged, and the separate systems were subsequently unified. The 900 mm gauge lines were rebuilt to metre gauge, while the busiest section, that between Boavista and Senhora da Hora, was doubled. In 1932, a new line was built to link Senhora da Hora to Trofa, thus making Senhora da Hora the hub station for a single unified network. The

Custió (Linha C) – zweigleisig ausgebaute, umgespurte und elektrifizierte ehemalige Schmalspurbahn
– former narrow-gauge line, now upgraded, regauged and electrified

In den zwanziger Jahren vereinigten sich die Unternehmen der beiden Schmalspurstrecken. Anschließend begann man, die Strecken technisch zu vereinheitlichen und miteinander zu vernetzen. Zunächst wurden die 900 mm-Strecken in den zwanziger Jahren auf Meterspur umgebaut. Gleichzeitig erhielt der am stärksten befahrene Abschnitt von Boavista nach Senhora da Hora ein zweites Gleis. 1932 kam als nächstes eine neue Verbindungsstrecke von Senhora da Hora nach Trofa hinzu. Damit waren die beiden Teilsysteme miteinander verbunden, und Senhora da Hora wurde zum zentralen Knoten des gesamten Netzes. Die südliche Hälfte der Verbindungsstrecke ist heute Teil der Stadtbahnlinie C. 1938 wurde schließlich noch eine neue zweigleisige Strecke bis in das Zentrum Portos gebaut. Fortan konnten die Züge von Senhora da Hora alternativ entweder zum alten Kopfbahnhof Boavista oder zum neuen Endpunkt Trindade fahren. Das Meterspurnetz hatte damit seine maximale Ausdehnung erreicht.

1966 verschwand die Strecke von Senhora da Hora nach Matosinhos, deren Trasse nicht der heutigen Stadtbahnstrecke derselben Relation entsprach. Die beiden anderen Strecken wurden später am nördlichen Ende wieder auf ihre ursprüngliche Form verkürzt. 1985 fuhr der letzte Zug von Guimarães nach Fafe, 1990 war Schluss für die Strecke zwischen Póvoa do Varzim und Famalicão. Andererseits konnte man 1989 die Zweigleisigkeit über Senhora da Hora hinaus bis Vilar de Pinheiro ausdehnen.

Der Rest des Meterspursystems war aufgrund der hohen Fahrgastbedeutung zu keinem Zeitpunkt ernsthaft einstellungsbedroht. 1976 hatte man neue Dieselzüge beschafft; 1992 wurde der Bestand um weitere Einheiten ergänzt, die sogar für einen Umbau auf elektrische Traktion vorbereitet waren. Mit der

southern part of this new line is now part of line C. In 1938, a new double-track route was built into the heart of Porto, which allowed trains to terminate at either Boavista or the new terminus Trindade. The metre-gauge network had by then reached its maximum size.

The branch from Senhora da Hora to Matosinhos, which did not correspond to the present light rail line, was abandoned in 1966, while the other two branches were later cut back, from Fafe to Guimarães in 1985, and from Famalicão to Póvoa do Varzim in 1990. On the other hand, the double-track route was extended from Senhora da Hora to Vilar de Pinheiro in 1989.

The remaining metre-gauge network, with its high ridership figures, was never in danger of being abandoned. New diesel trains had been acquired in 1976, and additional trains were ordered in 1992, ready to be converted to electric traction. When the new light rail system was approved, however, the metre-gauge trains soon stopped running. On 28 April 2001, the last trains operated on the urban stretch

Eröffnungsdaten der Schmalspurstrecken *Opening dates of the narrow-gauge lines*		
01-10-1875	Boavista – Póvoa do Varzim	
07-08-1878	Póvoa do Varzim – Fontainhas	> [x] 01-01-1990
12-06-1881	Fontainhas – Famalicão	> [x] 01-01-1990
06-05-1883	Senhora da Hora – Matosinhos	> [x] 01-07-1966
31-12-1883	Trofa – Vizela	
14-04-1884	Vizela – Guimarães	
21-07-1907	Guimarães – Fafe	> [x] 1985
14-03-1932	Senhora da Hora – Trofa	[x] = geschlossen
30-10-1938	Boavista – Trindade	*closed*

Konkretisierung des Stadtbahnprojektes kam es dann jedoch zu einem schnellen Ende des Schmalspurbetriebs, nachdem beschlossen worden war, die Strecken zukünftig in das Stadtbahnnetz einzubeziehen. Am 28. April 2001 wurde daraufhin die Stadtstrecke von Trindade bis Senhora da Hora eingestellt, am 24. Februar 2002 folgten die Außenstrecken. Anschließend begannen die Umbauarbeiten, die neben der Umspurung auf Normalspur und Elektrifizierung auch einen durchgehenden zweigleisigen Ausbau sowie die Schaffung neuer Zwischenstationen umfassten. De facto wurde die Eisenbahninfrastruktur dabei völlig neu gebaut. Nicht im Stadtbahnkonzept enthalten war lediglich der Abschnitt Trofa – Guimarães, welcher nach Umspurung auf Breitspur und Elektrifizierung an die in Trofa kreuzende Hauptstrecke angeschlossen wurde. Seit der Wiedereröffnung am 22. April 2004 ist er Teil des Fernbahnnetzes, und heute fahren auf dieser Strecke sogar durchgehende IC-Züge bis Lissabon. Ebenfalls nicht für die Stadtbahn rekonstruiert wurde die kurze Zweigstrecke zum älteren Bahnhof Boavista, dessen Empfangsgebäude heute unbenutzt unweit südlich der Stadtbahnstation Casa da Música steht. Die nicht mehr benötigten Meterspurdieselzüge gingen nach Argentinien und Kamerun.

Boavista – ehemaliger Endbahnhof der Schmalspurbahn
– *former terminus of the narrow-gauge lines*

between Trindade and Senhora da Hora, and on 24 February 2002, service also ceased on the two outer routes. To accommodate the light rail system, the lines were rebuilt to European standard gauge, electrified and doubled along all sections, while additional stations were also built. In fact, the conversion meant the complete reconstruction of the entire railway infrastructure. The Trofa – Guimarães section was not integrated into the light rail network, but was regauged to become part of the broad-gauge mainline network. Since its re-opening on 22 April 2004, this section has even been used by IC trains running all the way south to Lisbon. The short branch to the original terminus at Boavista was not upgraded either, and the station building, located to the south of the present Casa da Música station, has remained out of use ever since. The redundant diesel trains were transferred to Argentina and Cameroon.

_ Streckennetz der Stadtbahn

Das normalspurige Stadtbahnsystem umfasst seit 2006 fünf Linien auf zwei Achsen, welche sich an der zentralen Station Trindade in verschiedenen Ebenen kreuzen und dort auch durch einen eingleisigen Betriebstunnel miteinander verbunden sind. Eine Achse wird allein von der 7,5 km langen Nord-Süd-Linie D befahren, welche als einzige den Douro quert und die aufgrund ihrer Wichtigkeit auch unter „A linha das linhas" (die Linie der Linien) vermarktet wird. Die Linien A, B, C und E besitzen dagegen eine 9,8 km lange gemeinsame Stammstrecke von Estádio do Dragão bis Senhora da Hora und verzweigen sich im Nordwesten. Während die Linien A und D durchgehend städtisch geprägte Bereiche erschließen, strahlen die Linien B, C und E weit ins regionale Umland aus, in erheblichem Maße unter Nutzung der Trassen des alten meterspurigen Eisenbahnnetzes. Damit weichen auch die durchschnittlichen Stationsabstände deutlich voneinander ab: 580 m auf der Linie D und 700 m auf der Linie A, aber über 1 km bei den Außenstrecken der Linien B, C und E. Alle Strecken sind mit 750 V Gleichstrom überspannt, die maximale Steigung beträgt 7%.

Die Infrastruktur der Stadtbahn zeigt sich örtlich überaus verschieden: befahren werden etwa 6,8 km Tunnel, die umgebauten Eisenbahnstrecken sowie oberirdische Stadtbahnneubaustrecken. Das System hat dabei ein ganz großes Plus: Man hat es geschafft, technische Parameter zu definieren, die sowohl den Bau von stadtverträglichen oberirdischen Strecken in sensiblen Bereichen als auch solcher in Schnellbahnmanier zur regionalen Erschließung ermöglichen – und das Ganze ohne jede aufwändige und betriebserschwerende Zweisystemtechnik: es gibt nur ein Stromsystem, ein Radreifen- und Schienenprofil und eine Bahnsteighöhe. Man fährt als Straßenbahn in die Siedlungen und nahezu S-Bahn-artig auf den Überlandstrecken.

_ The modern light rail network

Since 2006, the standard-gauge light rail system has been made up of five lines, which form two trunk routes that intersect on two different levels at Trindade, where they are also linked by a single-track service tunnel. One trunk route is served exclusively by the 7.5 km north-south line D, the only line that crosses the Douro River. Due to its importance, it is branded 'A linha das linhas' (the line of lines). Lines A, B, C and E share a 9.8 km section between Estádio do Dragão and Senhora da Hora, where they branch out towards the northwest. While lines A and D serve only urban areas, lines B, C and E reach out into the surrounding region, largely using the rights-of-way of the former metre-gauge railway network. This distinction between urban and regional lines can also be seen in the average station distances, which is 580 m on line D, 700 m on line A, but more than 1 km on the outer routes on lines B, C and E. All routes are electrified at 750 V dc. The maximum gradient is 7%.

The system's infrastructure comprises different types of alignment, from approximately 6.8 km tunnel routes to upgraded railway lines to newly-built surface light rail sections. The technical specifications chosen allowed the construction of surface routes in densely built-up areas, as well as rapid-transit-style routes for regional services without the use of dual-system technology: the Porto Metro has a single power supply system, a single wheel and rail profile, and a single platform height – it operates like a tramway in urban areas, but like an S-Bahn on interurban routes.

The trunk route served by lines A, B, C and E consists of three different sections. Between Estádio do Dragão and Campanhã, a grade-separated route was built alongside the existing railway corridor. The terminus at Estádio do Dragão, as well as the parallel railway line, was built over with an el-

Die Stammstrecke der Linien A, B, C und E besteht aus drei unterschiedlichen Abschnitten. Zwischen Estádio do Dragão und Campanhã wurde eine kreuzungsfreie Strecke parallel zur Eisenbahn gebaut. Dabei ist die Endstation Estádio do Dragão mitsamt der parallel verlaufenden Eisenbahnstrecke mit einer Schnellstraße überbaut. Die Station Campanhã liegt ebenerdig auf einem Niveau mit den Gleisanlagen des Hauptbahnhofs und ist ebenfalls kreuzungsfrei. Von dort taucht die Stadtbahn dann in einen 2.300 m langen Tunnel bis Trindade mit drei unterirdischen Zwischenstationen ab. Dieser Tunnel mit einer großen gemeinsamen Röhre für beide Gleise wurde zwischen Juli 2000 und Oktober 2002 mit einer im Durchmesser 8,7 m messenden Tunnelbohrmaschine aufgefahren. Vor der Station Trindade, dem ehemaligen Endbahnhof der meterspurigen Vorortbahnen, erreicht die Stadtbahn schließlich wieder das Tageslicht. Anschließend folgt sie dann der alten Eisenbahnlinie, auf der die bestehenden Stationen modernisiert und neue zusätzlich eingerichtet wurden. Der bestehende 500 m lange Lapa-Tunnel vom alten Bahnhof Trindade nordwestwärts wurde dabei für den Stadtbahnbetrieb modernisiert. Im weiteren Verlauf zwischen Trindade und Senhora da Hora hat die Stammstrecke weiterhin keinerlei Kreuzungen mit dem Straßenverkehr, an den Stationen ist den Fahrgästen aber ein ebenerdiges Queren der Gleisanlagen gestattet. Dies gilt auch für die Stationen, die im Einschnitt oder auf Dämmen liegen. Einzige Ausnahme ist Casa da Música, eine Station, die im Zuge eines kurzen Tunnels zur Unterquerung einer Hauptstraße unterirdisch völlig neu gebaut wurde. Am westlichen Ende dieser Station gibt es einen Anschlussstutzen, über den theoretisch die geplante Stadtbahnstrecke über die Avenida da Boavista angeschlossen werden könnte. Aktuell ist eine derartige Verknüpfung jedoch nicht mehr vorgesehen, da die Stammstrecke mit den bestehenden Linien bereits voll ausgelastet ist.

An der Station Senhora da Hora zweigt die Neubaustrecke der Linie A nach Matosinhos von der Stammstrecke ab. Diese Zweigstrecke ist eine moderne oberirdische Stadtbahnstrecke. Sie liegt weitgehend auf besonderem Bahnkörper mit Pflaster- oder Rasengleis und folgt parallelen Straßen. Lediglich im Zentrum von Matosinhos wird die enge, aber verkehrsberuhigte Hauptstraße straßenbündig ohne eigenen Bahnkörper durchquert. Wie alle oberirdischen Neubaustrecken Portos zeichnet sich die Strecke durch eine sehr sensible Einbindung in das städtische Umfeld aus, die sich durchaus mit den modernen Straßenbahnen Frankreichs messen kann.

Die beiden von Senhora da Hora ausgehenden ehemaligen Eisenbahnstrecken nach Póvoa do Varzim und ISMAI mit den Linien B, C und E sind seit ihrem Umbau Überlandstadtbahnstrecken mit hohem Ausbauzustand, vergleichbar etwa mit der Rheinufer- und Vorgebirgsbahn zwischen Köln und Bonn. Gestreckte Trassierung und größere Haltestellenabstände ermöglichen zügiges Fahren. Die meisten Kreuzungen mit stärker befahrenen Straßen wurden niveaufrei ausgebaut, lediglich Nebenstraßen kreuzen per Bahnübergang. Teile der ehemaligen Eisenbahninfrastruktur stellten durch Führung in Niveaulage

Senhor de Matosinhos – hochwertig gestaltete Stadtbahnneubaustrecke mit Einfachfahrleitung und Rasengleis
– *modern light rail route with simple catenary and grass-covered trackbed*

evated motorway. Campanhã station lies at grade next to the central station's tracks and has no level crossings. South of it, the Metro enters a 2.3 km tunnel, which leads to Trindade station with three intermediate stations. This double-track tunnel was excavated between July 2000 and October 2002 with an 8.7 m diameter tunnel boring machine. The tunnel ends just before Trindade, the former terminus of the metre-gauge suburban lines. From Trindade, the Metro follows the old right-of-way, where the existing stations were upgraded and new ones added. The 500 m Lapa tunnel northwest of Trindade station was modernised for light rail operation. Between Trindade and Senhora da Hora there are no level crossings, although at stops passengers are allowed to cross the tracks, even at those lying in a trench or on an embankment. The only exception is Casa da Música, which was a new construction, along with a short tunnel to pass under a main road. At the western side of this station, a short tunnel stub was built to allow the connection of a future line along Avenida da Boavista. At present, this connection is no longer planned, as the trunk route has already reached the limit of its capacity.

At Senhora da Hora, a new route for line A diverges from the trunk route to Matosinhos. This branch is a modern surface light rail line, which runs mostly on its own right-of-way, covered with cobblestones or grass, but along urban roads. Only in the town centre of Matosinhos are the tracks embedded in the roadway, as the streets there are too narrow for a separate right-of-way. Like all the other new sections built in Porto, care has been taken to integrate this route into the urban environment, and the result is certainly on a par with similar projects carried out in France.

Eröffnung *Opening*	Linie *Line*	Strecke *Route*	Länge *Length*	Stationen *Stations*
07-12-2002	A	Trindade – Senhor de Matosinhos	11,826 km	18
05-06-2004	A	Estádio do Dragão – Trindade	3,823 km	5
13-03-2005	B	Senhora da Hora – Pedras Rubras	6,744 km	5
30-07-2005	C	Fonte do Cuco – Fórum Maia	5,984 km	6
17-09-2005	D	Câmara Gaia – Pólo Universitário	5,723 km	10
10-12-2005	D	Câmara Gaia – João de Deus	0,405 km	1
18-03-2006	B	Pedras Rubras – Póvoa de Varzim	17,228 km	15
31-03-2006	D	Pólo Universitário – Hospital São João	1,180 km	2
31-03-2006	C	Fórum Maia – ISMAI	4,484 km	4
27-05-2006	E	Verdes – Aeroporto	1,480 km	3
26-05-2008	D	João de Deus – Dom João II	0,715 km	1

durch die Siedlungen vormals erhebliche Barrieren dar, derartige Abschnitte wurden im Zuge der Konvertierung zur Stadtbahn stadtverträglich analog der oberirdischen Neubaustrecken umgebaut und erhielten teilweise Rasengleis sowie einfache Fahrleitung. Ebenso ist an den Haltestellen stets ein Überschreiten der Gleise möglich. Eine Neubaustrecke entstand im Zentrum von Maia, dem mit Abstand wichtigsten Ort im Zuge der Linie C. Maia ist eine Satellitenstadt mit einer ganzen Reihe stattlicher Hochhäuser und thront weithin sichtbar auf einem Hügel. Die alte Bahntrasse verlief jedoch um den Hügel herum. Mit der Stadtbahn war es nun möglich, eine siedlungsnahe Strecke im Straßenraum zu bauen, die auf steilem Anstieg mitten auf den zentralen Platz der Stadt führt. Am anderen Ende wird die Stadtbahn über eine Talbrücke wieder zurück zur alten Trasse geführt. Bemerkenswert sind die in diesem Abschnitt liegenden Haltestellen Parque Maia und Zona Industrial, die mit einer kastenartigen Stahlgerippekonstruktion eingehaust sind. Die anderen Stationen der Überlandstrecken bieten normalen Stadtbahnstandard. Sofern vorhanden, wurden die alten Bahnhofsgebäude mit in die Anlagen einbezogen. Teilweise dienen sie weiterhin als Warteraum. Insgesamt wurden entlang der Außenäste der Linien B und C 31 Stationen gebaut. Davon liegen elf an der Stelle alter Eisenbahnstationen, drei wurden verschoben und 17 sind Neubauten ohne direkte Vorläufer.

Die von der Linie B abzweigende Neubaustrecke zum Flughafen (Aeroporto) wird durch einen kurzen Tunnel kreuzungsfrei zwischen den beiden Streckengleisen der Hauptstrecke ausgefädelt. Bereits im Rampenbereich befindet sich die viergleisige Station Verdes. Die Bahnsteige der Linie E liegen dort in starkem Gefälle. Nach dem Ausfädelungstunnel passiert die Stadtbahn ein kurzes oberirdisches Streckenstück in Straßenmittellage mit der Zwischenstation Botica. Anschließend folgt ein weiterer kurzer Tunnel, der unmittelbar vor dem Flughafen endet. Die gläsern überdachte dreigleisige Endstation ist per Fußgängertunnel direkt mit dem Terminalgebäude verbunden.

Die Linie D besitzt im Stadtkern von Porto ebenfalls einen längeren Tunnel. Dessen südlicher Abschnitt von Trindade bis São Bento wurde zwischen Februar und November 2003 von der Tunnelbohrmaschine hergestellt, die vorher die Röhre für die Stammstrecke der anderen Linien aufgefahren hatte. Im nördlichen Teil des Tunnels war dagegen zwischen Mai 2002 und Oktober 2003 eine zweite Maschine im Einsatz. Das nördlichste Stück zwischen Salgueiros und Pólo Universitário mitsamt einem am letzten Station anschließenden Kehrgleis wurde in offener Bauweise erstellt. Anschließend erreicht die Strecke das Tageslicht und führt oberirdisch auf besonderem Bahnkörper noch zwei Stationen weiter. Der Endpunkt Hospital São João befindet sich direkt am Eingang eines großen Krankenhauskomplexes.

Der Geniestreich des gesamten Stadtbahnsystems ist sicherlich die Flussquerung der Linie D unmittelbar südlich des Innenstadttunnels. Diese Querung konnte hinsichtlich einer praktikablen Linienführung der Linie D von Porto weiter nach Vila Nova de Gaia auf die Südseite des Douro nur über das Oberdeck der historischen Dom Luís I-Brücke führen. Ein Unterwassertunnel musste schon wegen der dann viel zu großen Tiefenlage der anschließenden Strecke unter den Hochplateaus ausscheiden, eine parallele Streckenführung über eine andere Brücke wäre an den Bevölkerungsschwerpunkten vorbeifahren. Doch so eindeutig und auf der Hand liegend die gewählte Linienführung heute erscheint – trivial war sie sicherlich nicht: Eine sowohl für den Denkmalschutz als auch für den Autoverkehr im Zentrum höchst relevante, 120 Jahre alte Eisenbrücke wurde für den Betrieb von Stadtbahn-Dop-

The two old railway routes which continue north from Senhora da Hora to Póvoa do Varzim and ISMAI (lines B, C and E) were upgraded and are now state-of-the-art interurban light rail lines, comparable with the 'Rheinuferbahn' and 'Vorgebirgsbahn' between Cologne and Bonn. Larger curves and longer distances between stations allow trains to gain higher speeds. Most intersections with major roads are now grade-separated, with level crossings now only existing at secondary roads. The former railway routes constituted a strong physical barrier within built-up areas, so these sections were better integrated into the urban structure, often with a grass-covered track and a simple overhead line. At stops, it is always possible to cross the tracks. A totally new route was built through the town centre of Maia, the most important town on line C. Maia's multitude of high-rise blocks are visible from the distance as the town lies on a hill, around which the old railway route made a detour. For the light rail system, a new steep route was built right up to the town centre. At the northern end, a long viaduct takes the Metro back to the original alignment. On this section, Parque Maia and Zona Industrial stations boast a remarkable design, both being covered with a steel frame structure. All the other stations along the interurban sections have a standard design. Where possible, the old station buildings were integrated into the new system, with some still functioning as waiting rooms. 31 stations were built along the outer sections of lines B and C, eleven of them lying at the location of a former station, three having been relocated, and 17 added for the Metro.

The new airport line diverges from line B at a grade-separated junction with a short tunnel. The station Verdes lies close to the junction and has four tracks, with the middle two going towards the airport. The line E platforms therefore have a noticeable incline. After the tunnel, line E runs for a short section in the median of a road and stops at Botica. Another short tunnel then takes it directly to the glass-covered 3-track airport station, which is directly linked to the terminal building by a pedestrian tunnel.

In the Porto city centre, line D also runs through a long tunnel. The southern section between Trindade and São Bento was drilled between February and November 2003 by the same tunnel boring machine used earlier for the tube tunnel on the east-west trunk route. North of Trindade, a second TBM worked from May 2002 until October 2003. The northernmost section between Salgueiros and Pólo Universitário, along with a siding beyond the latter station, was built by cut-and-cover. North of Pólo Universitário station, the Metro emerges from the tunnel and continues on a special right-of-way with two more stops. The present northern terminus at

Trindade (Linha D) – zweigleisiger Streckentunnel sowie eingleisiger Verbindungstunnel zur Stammstrecke der Linien A,B,C und E
– *double-track running tunnel, and single-track tunnel as a link to the trunk route served by lines A, B, C and E*

pelzügen mit einem Leergewicht von 81 t statisch ertüchtigt, unter hervorragend gelungener Wahrung der Optik mit einer Gleistrasse und Oberleitung versehen und gleichzeitig für den Straßenverkehr gesperrt. Fußgänger und Radfahrer, zumindest solche ohne Höhenangst, können die Brücke weiterhin queren. Um die Verbannung des Autoverkehrs vom Oberdeck politisch durchsetzen zu können, baute Metro do Porto für den Straßenverkehr die neue Infante-Brücke etwas weiter östlich. Nach deren Eröffnung am 30. März 2003 konnte dann die Anpassung der Dom Luís I-Brücke beginnen. Ganz nebenbei befreite man so auch höchst sensible Zentrumsbereiche sowie den Hauptstraßenzug von Vila Nova de Gaia südlich der Brücke vom Straßendurchgangsverkehr. Auf letzterem wurde damit Platz für eine oberirdische Stadtbahntrasse auf besonderem Bahnkörper in Mittellage geschaffen. Hier fuhr bis 1959 abschnittsweise die alte Straßenbahnlinie 13.

_ Stationen

Die durchgehend barrierefrei benutzbaren Stationen wurden von Eduardo Souto de Moura, einem berühmten Architekten aus Porto, entworfen. Sie besitzen 70 m lange und 30 cm hohe Bahnsteige. Seitenbahnsteige herrschen klar vor. Trindade, der Knotenpunkt des Systems, weist eine unterirdische Ebene für die Linie D sowie eine auf der Fläche des alten Kopfbahnhofs an der Oberfläche liegende kreuzungsfreie Ebene für die anderen Linien auf; letztere hat neben den durchgehenden Gleisen ein zusätzliches Kopfgleis und ist vollständig überdacht. Die Stationen Senhora da Hora, Estádio do Dragão und Aeroporto sind ebenfalls dreigleisig.

Insgesamt 13 Stationen liegen unterirdisch. Alle diese Tunnelstationen sind nach einem einheitlichen Leitschema mit einer zurückhaltenden hellgrauen Grundverfliesung und hochwertigen Einrichtungsgegenständen gestaltet. Dennoch ist die Architektur jeder Station völlig individuell. Die meist hallenartig hohen Bahnsteigebenen zeichnen sich dabei allgemein durch

Hospital São João lies right outside the big hospital complex.

The most stunning section of the entire light rail system is certainly the river crossing on line D, which is encountered immediately after the trains emerge from the city tunnel. The only feasible option to link Porto to Vila Nova de Gaia, on the south bank of the Douro River, was to use the upper deck of the historic Dom Luís I Bridge. A tunnel below the river was ruled out as it would have required extremely deep tunnels under the urban centres, which lie on high plateaus. An alignment on a new bridge would inevitably have bypassed the points of highest demand. But although the chosen alternative seems so obvious today, it was certainly not easy to realise. The 120-year old iron bridge is a listed structure and was very important for car traffic within the central area. For operation with 2-unit light rail vehicles, which have a net weight of 81 tons, the bridge had to be reinforced and totally closed for motor vehicles. The trackbed and overhead catenary were carefully blended in with the historical design of the bridge. Pedestrians and cyclists, at least those not suffering from acrophobia, can still use the bridge. To compensate for the closure of the bridge to cars, Metro do Porto built the new Infante Bridge some 700 m further east. With the opening of this new bridge on 30 March 2003, the upgrading of the Dom Luís I Bridge could begin. As a useful side effect, the adjacent streets in Porto as well as the main thoroughfare in Vila Nova de Gaia were also relieved of through car traffic. Along the latter, a surface light rail route was now able to be built, with a reserved right-of-way in the middle of the road. The old tram line 13 ran along some sections of the south bank route until 1959.

_ Stations

All the stations were designed by Eduardo Souto de Moura, a famous architect from Porto, and are fully accessible. They have 70 m long and 30 cm high platforms, with side platforms dominating. Trindade station, the central hub, has an underground level for line D as well as another grade-separated surface level for all the other lines, built on the area of the former railway terminus. Besides the two through tracks, the upper level also includes a bay track; the surface station is totally covered. The stations Senhora da Hora, Estádio do Dragão and Aeroporto also have three tracks.

A total of 13 stations lie underground. They have all been built to a standard basic design, featuring restrained greyish tiling and high-quality furnishings. Each station, however, boasts some individual features, although all have high ceilings with perfect lighting, sometimes complemented by daylight coming into the station. From the mezzanines, some stations provide interesting views down to platform level. Artworks or archaeological finds have been carefully placed within the stations. The result is a minimalist though elegant overall appearance. Access to the stations, however, is sometimes inconvenient, as passengers have to walk via two mezzanine levels and three flights of stairs. Some entrances could have been better placed, like at São Bento, where there is no direct access to the railway station building. Apparently, some tiles were not properly fixed, so some stations already had to undergo refurbishment in 2008.

Within the stations, the basic white tiling is complemented with furnishings in unobtrusive yellow, grey or blue tones. These colours are also found on the vehicles, so that the passengers perceive the system as a uniform whole. The passenger information system incorporates the latest technology, and the Metro boasts a modern corporate design.

Jardim do Morro – geometrisch sehr saubere Positionierung der Bahnsteige und Leuchten
– geometrically well-aligned platforms and lampposts

eine sehr großzügige Raumwirkung und eine hervorragende Beleuchtung aus, teilweise unter indirekter Einbeziehung von Tageslicht. Oft gibt es interessante Sichtbeziehungen aus den Zwischengeschossen, und stellenweise sind in die Stationen außerdem zurückhaltend Kunstwerke oder archäologische Funde integriert. Zusammen entsteht so ein minimalistisches, aber sehr elegantes Erscheinungsbild. Nicht

Botica – Standardausstattung der oberirdischen Stationen | *standard surface stop*

optimal zeigen sich dagegen oft die Zugangswege mit teils zwei Zwischengeschossen und drei Treppengruppen, ebenso die Zugänge selbst - etwa bei der Station São Bento, wo es keine direkte Verbindung in das Empfangsgebäude des gleichnamigen Bahnhofs gibt. Auch hatte man bei der an sich hochwertigen Verfliesung offenbar kein glückliches Händchen, denn bereits 2008 mussten mehrere Stationen grundsaniert werden.

Wiederum überaus bemerkenswert und in jeder Beziehung richtungsweisend ist das systemweite Farb- und Designkonzept. Einrichtungsgestände oder architektonische Details sowohl der oberirdischen als auch der unterirdischen Stationen sind dezent in Gelb, Grau oder Blau abgesetzt. Diese Farbkombination findet sich auch bei den Fahrzeugen wieder und schafft wirkungsvoll den Eindruck eines Systems aus einem Guss. Fahrgastinformation und Außendarstellung genügen höchsten Ansprüchen.

_ **Projects**

The expansion of the light rail network is continuing, with some phase 1 projects currently being completed, and new extensions, which are part of phase 2, being initiated. In 2008, the only phase 1 section left to be upgraded was the 9.4 km former metre-gauge line from ISMAI to Trofa. This section has been delayed pending a decision whether the line should be doubled like the rest or not.

The first short section belonging to phase 2 was the southern line D extension opened up to the present terminus Dom João II in 2008. This branch is planned to eventually continue to Santo Ovídeo.

Phase 2 also includes an extension of line A from Estádio do Dragão to Venda Nova in the district of Gondomar. The project was unveiled in 2004, with detailed planning having since been carried out. The 6.6 km route will have 10 stations and an 800 m tunnel. Unlike the interurban tramway route abandoned in 1967, the new line will take a more northerly route. At a later stage it is to be extended into the Gondomar town centre. As an alternative option, a straight line from Porto to Gondomar is also being examined.

In 2002, detailed planning for the future line F, which will run along Avenida da Boavista, was started. The new line will take advantage of a reserved right-of-way once used by the long-abandoned tramways. In 2005, the project details were presented to the public and preliminary works began. The route will start at the existing Casa da Música station,

Pólo Universitário – perfektes gestalterisches Wechselspiel zwischen Station und Zug | *perfect harmony between station and train*

_ Projekte

Der Ausbau des Stadtbahnnetzes soll im großem Stil fortge-setzt werden. Zu unterscheiden sind dabei Restarbeiten der ersten Bauphase und neue Projekte der kommenden zweiten Bauphase. Von den Strecken der ersten Phase fehlte 2008 nur noch der stadtbahngerechte Umbau der 9,4 km langen ehema-ligen Meterspurstrecke von ISMAI bis Trofa. Dieser verzögerte sich, da noch entschieden werden muss, ob die Trasse analog zum Rest des konvertierten Meterspurnetzes zweigleisig aus-gebaut wird oder nicht.

Das erste bereits teilweise realisierte Projekt der zweiten Phase ist eine Südverlängerung der Linie D. Im Jahr 2008 ging ein erster kurzer Abschnitt bis zur neuen Endstation Dom João II in Betrieb. Die Strecke soll im Endausbauzustand weiter bis Santo Ovídeo führen.

Zum Zweiten soll im Rahmen der zweiten Bauphase die Linie A im Osten von Estádio do Dragão nach Venda Nova im Kreis Gondomar verlängert werden. Das ausgearbeitete Projekt wurde 2004 offiziell präsentiert. Anschließend begannen die Vorbereitungen zur Realisierung. Die 6,6 km lange Strecke soll zehn Zwischenstationen und außerdem einen rund 800 m langen Tunnel erhalten. Gegenüber der 1967 stillgelegten Über-landstraßenbahn nach Venda Nova wird die Stadtbahn auf einer anderen Trasse weiter nördlich verlaufen. Zu einem späteren Zeitpunkt könnte die Strecke bis in das Zentrum von Gondomar weitergeführt werden. Alternativ dazu wird aber auch der Bau einer geradliniger verlaufenden Zweigstrecke diskutiert.

Bereits 2002 begannen außerdem detaillierte Planungen für die zukünftige Linie F über die Avenida da Boavista, das dritte große Projekt der zweiten Phase. Diese neue Linie soll den vorgehaltenen besonderen Bahnkörper der stillgelegten alten Straßenbahn nutzen. Anfang 2005 wurden umfangreiche Planungsunterlagen vorgelegt. Die Strecke soll ihren Ausgangs-punkt an der bestehenden Station Casa da Música erhalten und auf schnurgerader Linie westwärts bis Castelo do Queijo am Atlantik führen. Hier wird die Linie nach Norden schwenken und kurz darauf bei Matosinhos Sul auf die Linie A treffen. Beim Bau der bestehenden Strecke wurden dort bereits Abzweigweichen als Vorleistung eingebaut. Diese zeigen allerdings in Richtung Senhora da Hora und werden damit nach derzeitigem Planungs-stand nutzlos sein – die Linie F soll der Linie A nun nämlich durch den Ortskern von Matosinhos bis zur aktuellen Endstation Senhor de Matosinhos folgen. Ingesamt müssen für die Linie F 6,1 km zweigleisige Strecke und 11 Stationen neu gebaut wer-den. Geplant sind Taktfolgezeiten von 6 bis 10 Minuten.

Für diverse weitere Strecken wurden bereits Vorüberlegun-gen mit unterschiedlichem Konkretisierungsstand durchgeführt. Zu nennen sind folgende Relationen, für die jedoch noch keine abgesicherten Terminpläne existieren:

Linie B: innerörtliche Erschließungsstrecke in Póvoa de Varzim ausgehend vom heutigen Kopfbahnhof am Ortsrand

Linie D: Hospital São João – Parque de Maia (Verknüpfung mit der Linie C; später eventuell weiter bis Verdes und Verknüpfung mit der Linie F)

Linie D: Querverbindung von Hospital São João bis Senhora da Hora

Linie F: Senhor de Matosinhos – Leça da Palmeira (Verlängerung ab der heutigen Endstation der Linie A)

Linie F: Casa da Música – São Bento

Linie G: Casa da Música – Santo Ovídeo

Für die Linie G müsste eine neue Querung des Douro geschaf-fen werden. In Santo Ovídeo würde sie auf die verlängerte Linie D treffen, dort soll außerdem ein zweites Depot für 56 Wa-gen entstehen. Geschaffen würde damit eine zweite Anbindung von Vila Nova de Gaia an die Südseite des Douro.

Erste Planungsüberlegungen gibt es außerdem für weitere Strecken im Stadtkern von Porto zwecks Verbesserung der Feinerschließung.

and on an absolutely straight alignment the trains will reach the Atlantic Ocean at Castelo do Queijo, where they will turn north to meet line A at Matosinhos Sul. Diverging tracks had already been added when line A was built, but these are useless now as they point towards Senhora da Hora, while the new project includes an extension of line F through the Matosinhos town centre to share the Senhor de Matosinhos terminus. For line F, a total of 6.1 km of double track has to be laid and 11 stops have to be built. Trains are planned to run every 6-10 minutes.

Several other future routes have been identified, although no time frame can yet be given:

Line B: extension from the present terminus at the edge of the town into the Póvoa de Varzim town centre;

Line D: Hospital São João – Parque de Maia (connection with line C; later possible extension to Verdes and link to line F);

Line D: Tangential link between Hospital São João and Senhora da Hora;

Line F: Senhor de Matosinhos – Leça da Palmeira (extension from the present line A terminus);

Line F: Casa da Música – São Bento;

Line G: Casa da Música – Santo Ovídeo.

For the new line G, a second Douro river crossing would have to be built. The line would meet the extended line D at Santo Ovídeo, where a second depot is planned for 56 vehicles. Vila Nova de Gaia, located on the south bank of the Douro River, would thus become accessible via a second line.

To improve service within the city centre, new routes are being examined there, too.

Avenida da Boavista – Strecke der zukünftigen Linie F
– alignment for the future line F

_ Fahrbetrieb

Gefahren wird netzweit zwischen 6 und 1 Uhr mit unterschiedlichen Intervallen je nach Verkehrszeit. Anhaltswerte für die Normalverkehrszeiten sind auf den Linien A und C Taktzeiten von etwa 10 Minuten, auf den Linien B und E von 20 Minuten sowie auf der Linie D von 6 Minuten. Daraus ergibt sich auf der Stammstrecke der Linien A, B, C und E eine zur Linie D vergleichbare dichte Zugfolge. Auf der Linie B fahren außerdem stündlich Expresszüge, die auf der Stammstrecke bis Senhora da Hora alle Stationen bedienen und dahinter lediglich in Verdes, Pedras Rubras, Vila do Conde und Póvoa de Varzim halten. Jeder zweite Zug der Linie C endet in Forum Maia, mangels Kehrgleis setzen die Züge dort auf dem Streckengleis um. Auf der Linie D wird das Angebot in den Spitzenzeiten durch Kurzläufer bis Pólo Universitário weiter verdichtet. Die Linie E wird in den Tagesrandzeiten vereinzelt als Zubringer zur Linie A im Pendelbetrieb zwischen Verdes und Aeroporto gefahren. Diese Züge verkehren in Fahrtrichtung Aeroporto auf dem linken Streckengleis, da in Verdes nicht umgesetzt werden kann. Alle fünf Linien besitzen eine eigene Kennfarbe, welche in der Kundeninformation stets sorgfältig herausgestellt wird. Hinsichtlich der aktuell erreichten Reisegeschwindigkeiten wird die unterschiedliche regionale bzw. städtische Charakteristik der einzelnen Linien deutlich: Linie A 24 km/h, B 31,5 km/h, C 27,5%, D lediglich 21 km/h, trotz Tunnel. Angegeben wird derzeit eine Pünktlichkeitsrate von 94% bei Toleranz von einer Minute.

Die Fahrgastzahlen zogen über die ersten Betriebsjahre entsprechend dem sukzessiven Netzausbau stark an. Beförderte man 2003 lediglich 5,960 Millionen Menschen, war man 2007 bereits bei 48,167 Millionen angekommen. Die Fahrgastnachfrage an einem durchschnittlichen Wochentag lag im ersten Betriebsjahr nur mit dem Westteil der Linie A bei 20.000 Personen, stieg nach diversen Erweiterungen vor Eröffnung der Linie D im September 2005 auf knapp 50.000 Personen an und erreichte dann mit der Linie D im November 2005 erstmals mehr als 100.000 Personen. Ende 2007 wurden bis zu 190.000 Fahrgäste pro Tag befördert. An Wochenenden zeigt sich die Nachfrage in etwa halbiert, worauf sehr kundenfreundlich eingegangen wird: Bei weiterhin recht dichten Taktfolgezeiten setzt man statt Doppeltraktionen Einzelwagen ein. Die am meisten benutzte Station ist Trindade mit über 2 Millionen Fahrgästen pro Jahr, fast genauso viele werden in den Stationen Casa da Música und João de Deus gezählt.

Zusammen mit der Stadtbahn wurde unter dem Schlagwort Andante ein Verkehrsverbund mit dem sonstigen Nahverkehr etabliert. Gleichzeitig führte man systemweit ein berührungsloses Ticket-System ein. Dabei muss der mit einem Chip versehene Andante-Fahrschein vor die Entwerter in den Stationen gehalten werden, die bei Erkennung eines gültigen Tickets dann ein grünes Signal geben. Weitergehende Zugangssperren gibt es nicht. Die Beförderungsbestimmungen fordern wie anderswo in Westeuropa ein Entwerten vor jeder Fahrt auch bei Zeitkarten, was für Dauernutzer zwar eine Qualitätseinbuße darstellt, andererseits aber automatisch eine planerisch verwertbare Datenbasis hinsichtlich der Fahrgastströme liefert. Andante-Tickets sind wiederaufladbar, es muss beim ersten Kauf eines solchen Tickets allerdings eine geringe Gebühr für dieses selbst bezahlt werden. Im Umlauf sind Papierfahrkarten für Gelegenheitsnutzer sowie personalisierte PVC-Karten. Verkauft bzw. aufgeladen wird an den Stationen fast ausschließlich per Automat. Tariflich ist der Metropolraum in ein klassisches Zonensystem aufgeteilt.

_ Service

The Porto Metro operates between 06:00 and 01:00, with headways varying according to the time of day. During normal daytime hours, lines A and C run every 10 minutes, and lines B and E every 20 minutes, while there is a train every 6 minutes on line D. The overall headway on the trunk route served by lines A, B, C, and E is thus similar to that on line D. On line B, there are additional hourly express trains, which serve all stops up to Senhora da Hora, and then only call at Verdes, Pedras Rubras, Vila do Conde and Póvoa de Varzim. Every other train on line C terminates at Forum Maia, but as there is no siding, they have to reverse at the platform. On line D, extra trains run short workings which terminate at Pólo Universitário. During early mornings and late evenings, line E is operated as a shuttle between Aeroporto and Verdes; these trains operate on the left track on their way to the airport as there is no crossover at Verdes. Each line was assigned its own colour, which is also used in all publications for passengers.

The difference between urban and interurban lines can also be seen in the different average travel speeds: line A — 24 km/h, line B — 31,5 km/h, line C — 27,5 km/h, and line D just 21 km/h, despite its tunnel. With a tolerance of 1 minute, the punctuality rate lies at 94%.

Ridership figures have increased dramatically as the network has expanded. While only 5,960,000 passengers were counted in 2003, this number rose to 48,167,000 in 2007. With only the western section of line A in service in the first year of operation, the average daily ridership figure was 20,000; after some extensions but before the opening of line D, it went up to 50,000 in September 2005, and had doubled by November 2005 with line D in operation. By the end of 2007, the Porto Metro was carrying 190,000 passengers a day. At weekends, this figure drops by around 50%, and as a result only single units are in service, while the headways remain rather dense. With over 2 million passengers a year, Trindade station is the busiest on the entire network, followed by Casa da Música and João de Deus.

Together with the new light rail network, a common fare system called Andante was introduced for all modes of local transport. The system uses contactless smartcards, similar to London's Oystercards, which have to be held against a validating machine to check in. A green light shows the ticket is valid. Although there are no access barriers, seasonal passes also have to be validated before boarding a vehicle. While this may be seen as a nuisance for pass holders, the data collected this way is invaluable in both the analysis of passenger movements and the planning of an adequate service. While there are also personalised PVC cards, for the occasional passenger paper tickets are also available. The smartcards are sold for a small fee and reloadable almost exclusively at vending machines. The metropolitan area is divided into fare zones.

_ Fahrzeuge

Für den Stadtbahnbetrieb stehen 72 achtachsige Eurotrams von Bombardier zur Verfügung, welche zwischen November 2001 und Mai 2004 ausgeliefert wurden. Sie ähneln den Fahrzeugen desselben Typs aus Straßburg, sind mit einer Breite von 2,65 m und einer Länge von 35,052 m jedoch etwas größer. Die Höchstgeschwindigkeit beträgt 80 km/h. Pro Wagen können 80 sitzende und 135 stehende Personen befördert werden. An Wochentagen sind meist Doppeltraktionen unterwegs, womit auf den Stammstrecken eine Leistungsfähigkeit von rund 9.000 Personen pro Stunde und Richtung erreicht wird. Das Farbdesign der Züge wurde sorgfältig auf jenes der Infrastruktur abgestimmt, einige Wagen verkehren jedoch in Ganzreklame inklusive überklebter Fenster. Gewartet und hinterstellt werden die Fahrzeuge im Depot Guifões an der Linie B nördlich der Stammstrecke. Dezentrale kleinere Abstellanlagen befinden sich zwischen Campanhã und Estádio do Dragão sowie in Póvoa de Varzim.

Im Mai 2006 wurden aufgrund des steigenden Fahrgastaufkommens 30 achtachsige Flexity-Swift-Wagen wiederum von Bombardier bestellt. Diese sollen ab 2008 ausgeliefert werden und vorzugsweise auf den regionalen Linien B und C mit ihren größeren Haltestellenabständen und Reiseweiten verkehren. Aus diesem Grund werden sie sich von den Eurotrams in der wagenbaulichen Konzeption wesentlich unterscheiden. Durch einen Verzicht von Türen im Mittelteil kann das Platzangebot erhöht werden. Jeder Wagen bietet so 100 Sitzplätze und 148 Stehplätze. Außerdem werden die Züge für 100 km/h ausgelegt und anders als die Eurotrams Drehgestelle besitzen. Die Länge wird 37,1 m betragen, die Breite wiederum 2,65 m.

_ Rolling Stock

For light rail operation, 72 8-axle Eurotram vehicles supplied by Bombardier are available. They were delivered between November 2001 and May 2004, and are similar to the same trams used in Strasbourg, just slightly larger, with a width of 2.65 m and a length of 35.052 m. Their maximum speed is 80 km/h. Each car can accommodate 80 seated and 135 standing passengers. On weekdays, 2-car trains are mostly in service, which amounts to a capacity of 9,000 people per hour and direction on each of the two trunk routes. The livery of the cars matches the design of the stations, although some vehicles carry full adverts, which sometimes even cover the windows. The main workshops for light rail vehicles are located at Guifões, on line B between Custóias and Esposade. More stabling facilities are available between Campanhã and Estádio do Dragão, as well as at Póvoa de Varzim.

In May 2006, a total of 30 8-axle Flexity Swift vehicles were ordered from Bombardier to cope with the increasing demand. They are expected for delivery from 2008, and are to be mostly used on lines B and C, which are longer and have greater distances between stations. Unlike the Eurotram vehicles, the new cars will have no doors in the centre module, thus increasing the number of seats. Each vehicle will be able to carry 100 seated and 148 standing passengers, and they will have a maximum speed of 100 km/h. Unlike the Eurotram vehicles, the car body will rest on bogies. While these cars will be longer at 37.1 m, the width will remain 2.65 m.

Flexity Swift (*Abb. Bombardier*)

Nächste Seite | Next page

① **Campo 24 Agosto**

② **Bolhão**

③ **Trindade**
– Rampe in den neuen Tunnel Richtung Campanhã, auf der Wiese stand früher das Empfangsgebäude des alten Schmalspur-Kopfbahnhofs
– ramp for the new tunnel towards Campanhã; the lawn is the site of the former narrow-gauge terminus

④ **Trindade**
– obere Ebene für die Linien A,B,C und E mit zwei Durchgangsgleisen und links daneben einem Kopfgleis
– upper level for lines A, B, C and E, with two through tracks and one bay track

⑤ **Trindade**
– Ausfahrt aus dem alten Lapa-Tunnel der ehemaligen Schmalspurbahn
– portal of the old Lapa tunnel, which was part of the narrow-gauge railway

① **Estádio do Dragão**
– dreigleisige Endstation | 3-track terminus

②③ **Campanhã**
– ebenerdige überbaute Station unmittelbar neben dem Hauptbahnhof
– covered station at grade, located next to the railway station

④ **Heroísmo**

⑤ **Campo 24 Agosto**
– beim Tunnelbau gefundener mittelalterlicher Brunnen
– medieval fountain discovered during tunnelling

①

②

③

④

⑤

A B C E

① **Lapa**

② **Carolina Michaelis**
– wunderschöner parkähnlicher Stationseingang
– *pleasant park-like station entrance*

③ **Carolina Michaels > Casa da Música**
– umgebaute ehemalige Schmalspurtrasse
– *rebuilt narrow-gauge line*

④ **Casa da Música**
– einzige unterirdische Station auf der Stammstrecke nördlich von Trindade
– *only underground station on the trunk route north of Trindade*

⑤ **Sete Bicas**

① **Parque Real**
– Stadtbahnneubaustrecke mit Rasengleis
– *purpose-built light rail route with grass-covered trackbed*

② **Câmera de Matosinhos**
– die Stadtbahn ist auch an Kreuzungen mit Hauptverkehrsstraßen an den Ampelanlagen bevorrechtigt
– *the Metro has priority at traffic lights even when it crosses main roads*

③ **Mercado > Senhor de Matosinhos**
– im Hintergrund die ausgedehnten Hafenanlagen von Leixões
– *with the seaport of Leixões in the background*

① ② **Verdes**
– kreuzungsfreie Verzweigung der Linien B (außen) und E (Mitte)
– *grade-separated junction for lines B (outer tracks) and E (inner tracks)*

③ **Botica**
– im Hintergrund die Rampe zum kurzen Tunnel Richtung Flughafen
– *the short tunnel to the airport is in the background*

④ **Aeroporto**
– gläsern überdachte Station unmittelbar vor dem Terminalgebäude
– *glass-covered station right outside the airport terminal building*

⑤ **Senhora da Hora > Fonte do Cuco**

① **Verdes > Pedras Rubras**
– Überlandstrecke mit Hauptbahn-Charakter
– *interurban route with a mainline-style alignment*

② **Mindelo**

③ **Vila do Conde**
– im Hintergrund das den Ort prägende mittelalterliche Äquadukt
– *the medieval aqueduct, the town's landmark, in the background*

C

① **Cândido dos Reis**
② **Parque Maia**
③ **Cândido dos Reis > Pias**
④ **Parque Maia > Fórum Maia**
– Neubaustrecke in den Ortskern von Maia
– *new route into the Maia town centre*

⑤ **Fórum Maia**
– auf den Streckengleisen umsetzender Kurzläufer
– *intermediate terminus with train reversing on running tracks*

① **Zona Industrial > Fórum Maia**
– Talbrücke
– *bridge across a valley*

② **Zona Industrial**

③ **Castêlo da Maia**
– Bahnhofsgebäude der ehemaligen Schmalspurbahn
– *station building inherited from the former narrow-gauge railway line*

D

① ② **Pólo Universitário**
– neben dem dreigleisigen
Endpunkt Estádio do
Dragão einzige Tunnelstati-
on mit Mittelbahnsteig
– *besides the 3-track terminus at Estádio do Dragão,
the only underground
station with an island
platform*
③ **Combatentes**
④ **Salgueiros**
⑤ ⑥ **Marquês**

D

① Faria Guimarães
② Trindade
③ Aliados
④ ⑤ São Bento

①-③ **Ponte Dom Luís I**

D

① Oberdeck mit Fußgängerweg, Straßenbahntrasse und stilistisch hervorragend eingepasster Oberleitung
– *upper level with footpath, tram right-of-way and carefully integrated overhead equipment*

② nördlicher Brückenkopf
– *northern end of the bridge*

③ im Hintergrund die neu gebaute Ponte do Infante, auf die der Autoverkehr der Ponte Dom Luís I verlagert werden könnte
– *the new Ponte do Infante, built to enable the closure of the Ponte Dom Luís I to road vehicles, visible in the background*

D

① **Jardim do Morro**
– im Hintergrund der Douro, Blick Richtung Atlantik
– *the Douro River in the background, towards the Atlantic Ocean*

② **General Torres**
– recht steile Strecke in Vila Nova de Gaia
– *rather steep route through Vila Nova de Gaia*

③④ **Câmera de Gaia > General Torres**

⑤ **João de Deus**
– wichtigste Station auf dem Südast der Linie D, per Unterführung mit einem Einkaufszentrum verbunden
– *busiest station on the southern part of line D, with an underground link to a shopping mall*

Porto – im Vordergrund die alte eingleisige Eisenbahnbrücke von Gustave Eiffel, dahinter die neue zweigleisige Brücke
– *the old single-track railway bridge built by Gustave Eiffel in the foreground, and the new double-track bridge behind*

Eisenbahnen in und um Porto

Porto hat zwei wichtige Bahnhöfe: Campanhã und São Bento. Dabei erfüllt Campanhã die Funktion des Hauptbahnhofs. Er liegt als Durchgangsbahnhof zentrumsfern im Osten der Stadt. Richtung Süden schließen Strecken nach Lissabon sowie zum zentrumsnahen Kopfbahnhof São Bento an, Richtung Norden weiter nach Vigo im spanische Galicien sowie ins Hinterland. Der Hafen Leixões ist durch eine breitspurige Güterstrecke an das Eisenbahnnetz angeschlossen. Bis 1986 gab es außerdem noch eine weitere Güterstrecke von Campanhã herunter zum Douro-Ufer, wo im unteren Teil von Portos Altstadt der Güterbahnhof Alfândega lag. Die Trasse dieser Strecke ist stellenweise noch gut sichtbar. Nicht mehr benutzt wird heute außerdem die alte eingleisige Douro-Brücke von Gustave Eiffel im Zuge der Hauptstrecke nach Lissabon. Sie wurde 1991 durch ein neues zweigleisiges Bauwerk ersetzt und ist seitdem funktionslos. Alle Strecken sind in iberischer Breitspur mit 1668 mm Spurweite ausgeführt.

São Bento liegt in unmittelbarer Nachbarschaft der zentralen Praça da Liberdade und wird ausschließlich von elektrischen Vorortzügen (*Urbanos*) angefahren. Diese erschließen auf vier Linien das weitere Umland. Im Gegensatz zu Lissabon handelt es sich bei den *Urbanos* aber eher um Regionalbahnverkehre und nicht um S-Bahnen. So fahren die Linien meist nur im Stundentakt und benutzen die Infrastruktur der Fernbahn im Mischbetrieb mit. In den Hauptverkehrszeiten gibt es auf einigen Relationen zusätzliche Expressfahrten. Die Infrastruktur der *Urbanos* wurde in den vergangenen Jahren sukzessive auf einen modernen Ausbauzustand gebracht.

Railways in and around Porto

Porto has two important railway stations, Campanhã and São Bento, with Campanhã functioning as the city's main station. It is a through station located at some distance east of the city centre. Towards the south, the tracks run to Lisbon, as well as to São Bento, a terminal station in the city centre; towards the north, trains serve Vigo in the Spanish region of Galicia, as well as Porto's hinterland. The seaport Leixões is linked by a broad-gauge freight line. Until 1986, another freight line went from Campanhã down to the Douro River, where a freight yard was located at the lower side of the old town at Alfândega. The alignment of this route is still visible today. The old single-track railway bridge designed by Gustave Eiffel on the mainline to Lisbon has been out of service since 1991, when it was replaced by a new double-track structure. All these railway routes were built with the Iberian gauge of 1,668 mm.

São Bento station lies close to the central square, Praça da Liberdade, and is exclusively served by electric regional trains (Urbanos), which run on four lines into the surrounding region. Unlike in Lisbon, the Urbanos are regional rather than suburban services, mostly running hourly and without any dedicated infrastructure. During peak hours, there are also express services on some routes. The lines and stations have gradually been upgraded in recent years.

Elevador dos Guindais

Der Elevador dos Guindais, Portos Standseilbahn, hat eine zweigeteilte Geschichte. Bereits am 4. Juni 1891 wurde die Anlage erstmals eröffnet, primär, um Güter von den Anlagestellen am Flussufer zur höher gelegenen Stadt zu transportieren. Der untere Ausgangspunkt befand sich am Brückenkopf der fünf Jahre zuvor vollendeten Ponte Dom Luís I, der obere nahe Batalha. Bereits am 5. Juni 1893 kam es jedoch zu einem schweren Unfall. Zunächst wollte man die Standseilbahn reparieren, letztendlich kam es aber nicht mehr zu einer Wiederinbetriebnahme. Ebenso führte der Unfall dazu, dass Planungen zum Bau ähnlicher Anlagen anderswo verworfen wurden – Porto hätte durch seine hügelige Topographie durchaus Potenzial für weitere Standseilbahnen gehabt.

Die Trasse des Elevador dos Guindais blieb dennoch über die Jahrzehnte erhalten. Dies sollte sich letztendlich auszahlen. Seit dem 19. Februar 2004 steht eine neue Standseilbahn zur Verfügung. Diese nutzt vom Talgrund aus die noch vorhandene Trasse der alten Bahn. Am oberen Ende wurde daran anschließend ein kurzer Tunnel bis zur neuen Bergstation Batalha gebaut. Vor der Einfahrt in den Tunnel befindet sich die Ausweiche. Besonders bemerkenswert sind die beiden neuen Wagen. Da die alte Trasse bis zur Ausweiche sehr steil ist, der Tunnel zum neuen oberen Endpunkt Batalha aber fast eben verläuft, konnten keine normalen Standseilbahnfahrzeuge mit Stufenboden verwendet werden. Stattdessen haben die Fahrgastkabinen einen Horizontalausgleich und passen sich damit während der Fahrt automatisch an die Steigung an. Ingesamt ist der Elevador dos Guindais 281 m lang und überwindet einen Höhenunterschied von 61 m, die Maximalsteigung beträgt 45%.

Die Standseilbahn wird von etwa 400.000 Menschen pro Jahr benutzt. Sie ist in den Verbundtarif der anderen Nahverkehrsmittel mit eingebunden und schafft eine schnelle und sehr praktische Verbindung vom Douro-Ufer hinauf zum Stadtkern Portos hoch oben über dem Fluss. Diese ist mit konventionellen Verkehrsmitteln nicht in ähnlich kurzer Fahrzeit herstellbar, und damit schließt die Standseilbahn eine echte Lücke im Nahverkehrsnetz. Zudem ermöglicht eine Fahrt einen tollen Ausblick auf die Ponte Dom Luís I und das gegenüberliegende Vila Nova de Gaia. Betreiber der Standseilbahn ist die Metrogesellschaft.

Elevador dos Guindais
– Ausweiche unmittelbar oberhalb des Neigungswechsels
– *passing loop right after the change in gradient*

Elevador dos Guindais – Steilabschnitt neben der Ponte Dom Luís I
– *steep section next to the Dom Luís I Bridge*

The history of the Elevador dos Guindais, Porto's funicular railway, can be divided into two parts. The system first opened on 4 June 1891, primarily to transport goods from the river piers to the city centre high above. The lower station was next to the Dom Luís I Bridge, which had opened five years earlier, while the upper terminus was near Batalha. On 5 June 1893, however, a severe accident happened, and althouth the funicular was originally meant to be repaired, it never was. The accident also had the consequence that similar systems planned elsewhere in Porto were shelved – due to its hilly topography, Porto would have had the potential for more of these funiculars.

The old Elevador dos Guindais was never totally dismantled, which allowed the construction of a new system a century later. The new funicular opened on 19 February 2004. While re-using the lower section of the old alignment, a short tunnel was built at the upper end to reach the new terminus at Batalha. The passing loop is located before the vehicles enter the tunnel. As the lower section is very steep and the tunnel is comparatively flat, the use of conventional funicular vehicles with a tiered floor was not possible. Porto's funicular therefore has passenger compartments which automatically adjust themselves to the gradient while the vehicle is in motion. The Elevador dos Guindais has a total length of 281 m and negotiates a difference in altitude of 61 m. The maximum gradient is 45%.

The funicular is used by some 400,000 people a year. It is integrated into the Andante fare system and provides a fast link between the Douro river bank and Porto's city centre high above the river. No other means of transport could offer a similar service. The funicular also provides splendid views of the Dom Luís I Bridge and Vila Nova de Gaia on the other side of the river. It is operated by Metro do Porto.

"Lisbon lives, Porto works, Coimbra sings, and Braga prays", the saying goes about Portugal's four largest cities. In Braga, this proverb is related to the history of public transport there. The still existing funicular, as well as the long-gone tramway, were both built to carry large crowds of visitors up to the Bom Jesus do Monte, an important place of pilgrimage located some 5 km east of the city centre. Nowadays, Braga is not only a quiet, though popular destination for religious tourists, but also one of Europe's fastest growing cities. In 2007, the city and its suburbs had some 175,000 inhabitants, with more than three quarters living in the city proper.

Braga's tramway was opened on 20 May 1877 as a horse tram. It went along a single-track route with passing loops from the railway station in the west through the city centre to the foot of the pilgrimage mountain. It had 900 mm gauge. From the terminus, the pilgrims had to climb the approximately 500 steps of a wide baroque flight of stairs to reach the church at the top of the hill. This tiresome situation soon inspired the idea of building a funicular.

The funicular was brought into service on 25 March 1882, and is still largely preserved in its original form. It is 274 m long and has to negotiate a difference in altitude of 116 m. The almost continuous gradient is 52%. Two carriages are connected via a cable, and they shuttle up and down on two separate standard-gauge tracks. The funicular is known as the 'Elevador do Bom Jesus', and was designed by the Swiss mountain railway pioneer Niklaus Riggenbach. The form of traction he chose was the water ballast system. The two carriages are both equipped with big water tanks. The carriage stopping at the top end of the line is filled with water from a nearby lake, and thus pulls the other carriage up by mere help of gravity. At the lower end of the line, the water tank is emptied. To adjust speed and for braking in case of emergencies there is a rack pole. With many similar funiculars having either been closed down or converted to electric traction, the Elevador do Bom Jesus is now the oldest of its kind in the world. It is also the steepest funicular in Portugal.

In 1883, the funicular operator and the horse-tram company merged to become the 'Companhia Carris e Ascensor do Bom Jesus'. At the same time, the tramway began to operate with steam traction, although horses remained in service, too. At first, steam trams only ran along the eastern interurban section outside the town centre, between Peões and Bom Jesus de Monte, but from 1885, whenever there was high

Braga

„Lissabon lebt, Porto arbeitet, Coimbra singt, Braga betet", so ein populäres portugiesisches Sprichwort über die vier größten Städte des Landes. In Braga hat dieser Vers auch einen direkten Zusammenhang mit der Geschichte des öffentlichen Personennahverkehrs. Sowohl die heute noch existente Standseilbahn als auch die vergangene Straßenbahn entstanden aus der Motivation, den größten Besuchermagneten der Stadt an den Rest der Welt anzubinden: Den Wallfahrtsberg Bom Jesus do Monte, gelegen etwa 5 km östlich des Stadtkerns. Braga ist heute jedoch nicht nur ein verschlafenes Wallfahrtsnest: Der Ort zählt aktuell zu den am schnellsten wachsenden Städten Europas und umfasste 2007 inklusive Vororte gut 175.000 Einwohner, davon mehr als drei Viertel in der Kernstadt.

Die Straßenbahn wurde am 20. Mai 1877 als Pferdebahn eröffnet. Sie führte eingleisig mit Ausweichen vom Bahnhof am westlichen Rand von Braga durch die Stadt und dann entlang der Landstraße bis zum Fuß des Wallfahrtsberges. Die Spurweite betrug 900 mm. Von der Endstation der Straßenbahn bis zu der auf dem Berg befindlichen Wallfahrtskirche mussten Besucher dann eine monumentale barocke Freitreppe mit rund 500 Stufen bewältigen. Bald kam man jedoch auf die Idee, parallel dazu eine Standseilbahn anzulegen.

Die Standseilbahn ging bereits am 25. März 1882 in Betrieb und zeigt sich noch heute weitestgehend im Ursprungszustand. Sie ist 274 m lang und überwindet einen Höhenunterschied von 116 m. Zwei durch ein Zugseil miteinander verbundene Wagen pendeln zueinander gegenläufig auf einer normalspurigen und zweigleisigen Trasse mit nahezu konstanter Steigung von maximal 52%. Bekannt ist die Bahn unter dem Namen Elevador do Bom Jesus. Sie wurde vom Schweizer Bergbahnpionier Niklaus Riggenbach konzipiert. Dieser wählte als Antriebsform das wenige Jahre zuvor entwickelte Wasserballastsystem,

Elevador do Bom Jesus – Wasserbefüllungsanlage in der Bergstation
– *water-filling mechanism found at the upper terminus*

welches bis heute auch auf der 1888 eröffneten Nerobergbahn in Wiesbaden zur Anwendung kommt. Beide Pendelwagen besitzen dafür große Wassertanks. Der in der Bergstation stehende Wagen wird jeweils mit Wasser befüllt, das aus einem nahegelegenen See entnommen wird. An der Talstation wird das Wasser dann wieder abgelassen. Dadurch ist der talwärts fahrende Wagen stets schwerer als das bergwärts fahrende Pendant und hilft letzterem durch Ausnutzung der Gravitation nach oben. Zur Regulierung der Geschwindigkeit sowie als Notbremsmöglichkeit gibt es Bremszahnstangen. Nachdem viele ähnliche Standseilbahnen im Laufe der Zeit entweder eingestellt oder auf elektrischen Antrieb umgestellt worden waren, ist der Elevador do Bom Jesus heute die älteste Wasserballastbahn der Welt. Zudem ist er auch die älteste Standseilbahn in Portugal überhaupt.

1883 fusionierten die Gesellschaften der Standseilbahn und der Pferdebahn zur *Companhia Carris e Ascensor do Bom Jesus*. Im selben Zeitraum begann auf der Straßenbahnstrecke parallel zum Pferdebahnbetrieb auch Dampfbetrieb. Zunächst fuhren Dampfzüge nur auf dem östlichen Teil der Überlandbahn außerhalb des Stadtkerns zwischen Peões und Bom Jesus de Monte, ab 1885 an Tagen mit hohem Verkehrsaufkommen dann auch auf der Gesamtstrecke. 1908 kam im Zentrum von Braga ein durch parallele Straßen geführtes zweites Gleis hinzu.

Am 19. Oktober 1914 begann bei der Straßenbahn der elektrische Betrieb mit 800 V Gleichstrom. Dafür hatte man neben dem Bahnhof eine neue Depotanlage errichtet. Für den Fahrbetrieb wurden acht zweiachsige Wagen des Semi-Convertible-Typs von Brill beschafft. Die vorhandenen 13 offenen und geschlossenen Wagen aus der Pferde- und Dampfstraßenbahnzeit wurden als Beiwagen weiterverwendet, ebenso zwei Postwagen. Zunächst gab es weiterhin nur die traditionelle Linie vom Bahnhof zum Wallfahrtsberg. 1923 kamen dann eine Nord-Süd-Strecke von Monte d'Arcos nach São João da Ponte sowie eine Verlängerung vom Bahnhof nach Maximinos dazu. Damit hatte das Netz seine maximale Ausdehnung von etwa 11 km Streckenlänge erreicht. Alle neuen Abschnitte waren wiederum eingleisig. Für den erhöhten Fahrzeugbedarf baute man drei Wagen in der eigenen Werkstatt den Konstruktionsplänen der vorhandenen Brill-Wagen entsprechend nach.

Anfang der sechziger Jahre war die Straßenbahn verschlissen, und die Stadt Braga stand einer Modernisierung ablehnend gegenüber. Im Angesicht der staatlichen Elektrifizierungspolitik entschied man sich stattdessen, das Netz auf Obusbetrieb umzustellen. 1961 kaufte die Stadt mit finanzieller Unterstützung des Staates das komplette kurzlebige Obussystem aus Heilbronn, bestehend aus neun Obussen, zwei Turmwagen, der Oberleitung und Ersatzteilen. 1962 wurde zunächst die Nord-Süd-Linie der Straßenbahn stillgelegt, am 20. Mai 1963 dann der verbliebene Restbetrieb. Der Obusbetrieb begann eine Woche später am 28. Mai 1963 auf fast unverändertem Streckennetz. Im Gegensatz zur Straßenbahn war ihm jedoch nur eine recht kurze Lebensdauer beschieden, und am 10. September 1979 wurde letztmals elektrisch gefahren.

Bom Jesus do Monte

demand, they continued all the way to the railway station. In 1908, a second track was laid on parallel streets through the Braga city centre.

On 19 October 1914, the tramway was converted to electric traction using 800 V dc. A new depot had been built adjacent to the railway station. Service was provided with 8 two-axle 'semi-convertible' cars from Brill, plus 13 open and enclosed cars from the horse-tram and steam-tram period, which were now used as trailers. There were also two mail carriages. Initially, the line from the railway station to the pilgrimage church was the only one, but in 1923, a north-south line from Monte d'Arcos to São João da Ponte, as well as an extension of the first line from the railway station to Maximinos, was added. The system had thus reached its maximum length with 11 km of routes. All the new sections were built single-track. To provide an adequate service, three cars were built in the company's own workshops to the design of the existing Brill cars.

By the early 1960s, the tramway had become rather worn out, but the city of Braga was not willing to modernise it. Instead, in 1961 the city acquired the complete short-lived trolleybus system from Heilbronn in Germany, including buses, two service cars, the overhead catenary and spare parts. As a result, the north-south tramway line was closed in 1962, and on 20 May 1963 the remaining sections of the network were abandoned, too. Trolleybus operation started one week later on 28 May 1963, basically following the same routes. Unlike the tramway, the trolleybus period did not last very long, and electric bus service was discontinued on 10 September 1979.

BÜCHER | BOOKS

João de Azevedo: **Lisboa – 125 anos sobre carris**; Roma Editora 1998; ISBN 972-8490-01-1

B.R. King, J.H. Price: **The Tramways of Portugal**; LRTA 1995 (4th edition); ISBN 0-948106-19-0

Marina Tavares Dias: **História do Eléctrico da Carris – The History of the Lisbon Trams**; Quimera 2005 (2nd edition); ISBN 972-589-142-2

Konrad Hierl: **Straßenbahnen in Spanien und Portugal**; Verlag Pospischil 1984

João Castel-Branco Pereira: **Art in the Metropolitano de Lisboa**; Metropolitano de Lisboa 1995; ISBN 972-96663-3-4

Internetadressen von Betreiberfirmen und privaten Websites sowie aktuelle Informationen finden Sie unter
Official and unofficial websites as well as updated information can be found at

www.urbanrail.net

Reihe 'U-Bahnen in Europa'
'Metros in Europe' Series

METROS IN HOLLAND

Band 6 | Vol. 6
Robert Schwandl:

METROS IN HOLLAND
U-Bahnen, Stadtbahnen & Straßenbahnen in den Niederlanden
Underground, Light Rail & Tram Networks in the Netherlands

Okt. | Oct 2007 - ISBN 978 3 936573 16 9
144 Seiten | pages - 17x24 cm
350 Farbfotos | colour photos
8 Netzpläne | Network maps
Text deutsch | English
19,50 EUR

SCHNELLBAHNEN IN DEUTSCHLAND
Metros in Germany

Band 5 | Vol. 5
Robert Schwandl:

SCHNELLBAHNEN IN DEUTSCHLAND
Metros in Germany - U-Bahn, Stadtbahn, S-Bahn

April 2007 - ISBN 978 3 936573 18 3
192 Seiten | pages - 17x24 cm
500 Farbfotos | colour photos
18 Netzpläne | Network maps
Text deutsch | English

24,50 EUR

WIEN U-BAHN ALBUM

Band 4 | Vol. 4
Robert Schwandl:

WIEN U-BAHN ALBUM
U-Bahn, Stadtbahn, U-Strab & Schnellbahn -
Urban Rail in Vienna: Metro, Light Rail & Suburban Rail

Okt. | Oct 2006 - ISBN 978 3 936573 14 5
144 Seiten | pages - 17x24 cm
400 Farbfotos | colour photos
2 Netzpläne | Network maps
Text deutsch | English
19,50 EUR

METROS IN FRANKREICH
Metros in France

Band 3 | Vol. 3
Christoph Groneck:

METROS IN FRANKREICH
Metros in France
Paris, Lyon, Marseille, Lille, Toulouse, Rennes & Rouen

Aug. 2006 - ISBN 978 3 936573 13 8
144 Seiten | pages - 17x24 cm
300 Farbfotos | colour photos
8 Netzpläne | Network maps
Text deutsch | English
19,50 EUR

METROS IN BRITAIN

Band 2 | Vol. 2
Robert Schwandl:

METROS IN BRITAIN
U-Bahnen und Stadtbahnen in Großbritannien -
Underground & Light Rail Networks in the U.K.

London Underground, Docklands Light Railway, Croydon Tramlink, Birmingham,
Nottingham, Sheffield, Manchester, Liverpool, Blackpool, Newcastle & Glasgow

März | March 2006 - ISBN 978 3 936573 12 1
160 Seiten | pages - 17x24 cm
400 Farbfotos | colour photos
14 Netzpläne | Network maps
Text deutsch | English
19,50 EUR

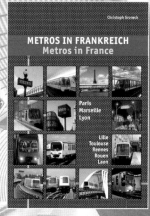

U-BAHNEN IN SKANDINAVIEN
Metros in Scandinavia

Band 1 | Vol. 1
Robert Schwandl:

U-BAHNEN IN SKANDINAVIEN
Metros in Scandinavia - Stockholm, Oslo, Helsinki & København
Jun 2004 - ISBN 978 3 936573 04 6
144 Seiten | pages - 17x24 cm
300 Farbfotos | colour photos
4 Netzpläne | Network maps
Text deutsch | English

19,00 EUR

Geplant für 2009: Metros in Belgien, Italien, Ukraine & Weißrussland, ...
Planned for 2009: Metros in Belgium, Italy, Ukraine & Belarus, ...

Metro-Station / Metro Station	Bereich / Area	Linien / Lines	Seite / Page
Aeroporto	Porto	E	130
Alameda	Lisboa	■	58
Alameda	Lisboa	■	69
Alfornelos	Lisboa	■	36
Aliados	Porto	D	135
Alto de Pega	Porto	B	131
Alto dos Moinhos	Lisboa	■	40
Alvalade	Lisboa	■	29 56
Amadora Este	Lisboa	■	31 36
Ameixoeira	Lisboa		49
Anjos	Lisboa	■	59
Araújo	Porto	C	132
Areeiro	Lisboa	■	57
Arroios	Lisboa	■	58
Árvore	Porto	B	131
Avenida	Lisboa	■	44
Azurara	Porto	B	131
Baixa-Chiado	Lisboa	■ ■	26 45
Bela Vista	Lisboa		67
Bolhão	Porto	A B C E	127
Botica	Porto	E	122 130
Brito Capelo	Porto	A	129
Cabo Ruivo	Lisboa	■	64
Cais do Sodré	Lisboa	■	61
Câmara de Gaia	Porto	D	137
Câmara de Matosinhos	Porto	A	129
Campanhã	Porto	A B C E	126
Campo 24 Agosto	Porto	A B C E	126 127
Campo Grande	Lisboa	■ ■	25 51
Campo Pequeno	Lisboa	■	53
Cândido dos Reis	Porto	C	132
Carnide	Lisboa	■	38
Carolina Michaelis	Porto	A B C E	128
Casa da Música	Porto	A B C E	128
Castêlo da Maia	Porto	C	133
Chelas	Lisboa	■	28 66
Cidade Universitária	Lisboa		52
Colégio Militar/Luz	Lisboa	■	35 39
Combatentes	Porto	D	134
Crestins	Porto	B E	130
Custió	Porto	C	117
Custóias	Porto	B E	130
Dom João II	Porto	D	137
Entre Campos	Lisboa		52
Espaço Natureza	Porto	B	131
Esposade	Porto	B E	130
Estádio do Dragão	Porto	A B C E	124 126
Estádio do Mar	Porto	A	129
Faria Guimarães	Porto	D	135
Fonte do Cuco	Porto	B C E	130
Fórum Maia	Porto	C	132
Francos	Porto	A B C E	128
General Torres	Porto	D	137
Heroismo	Porto	A B C E	126
Hospital São João	Porto	D	134
Intendente	Lisboa	■	35 60
IPO	Porto	D	134
ISMAI	Porto	C	133
Jardim do Morro	Porto	D	121 137
Jardim Zoológico	Lisboa	■	41
João de Deus	Porto	D	137
Lapa	Porto	A B C E	128
Laranjeiras	Lisboa	■	35 40
Lidador	Porto	B	131
Lumiar	Lisboa		50
Mandim	Porto	C	133
Marquês	Porto	D	134
Marquês de Pombal	Lisboa	■	25 44
Marquês de Pombal	Lisboa		55
Martim Moniz	Lisboa	■	60
Matosinhos Sul	Porto	A	129
Mercado	Porto	A	129
Mindelo	Porto	B	131
Modivas Centro	Porto	B	131
Modivas Sul	Porto	B	131
Odivelas	Lisboa		48
Olaias	Lisboa	■	27 28 68
Olivais	Lisboa	■	22 65
Oriente	Lisboa	■	62 63
Parque	Lisboa	■	34 43
Parque Maia	Porto	C	132
Parque Real	Porto	A	129
Pedras Rubras	Porto	B	131
Pedro Hispano	Porto	A	129
Pias	Porto	C	132
Picoas	Lisboa		54
Pólo Universitário	Porto	D	122 134
Pontinha	Lisboa	■	37

Metro de Porto – Linha C – Fórum Maia

Metro-Station / Metro Station	Bereich / Area	Linien / Lines	Seite / Page
Portas Fronhas	Porto	B	131
Póvoa de Varzim	Porto	B	131
Praça de Espanha	Lisboa	■	42
Quinta das Conchas	Lisboa		50
Ramalde	Porto	A B C E	128
Rato	Lisboa		55
Restauradores	Lisboa	■	45
Roma	Lisboa	■	57
Rossio	Lisboa	■	61
Saldanha	Lisboa	■	54
Salgueiros	Porto	D	114 134
Santa Apolónia	Lisboa	■	47
Santa Clara	Porto	B	131
São Bento	Porto	D	135
São Brás	Porto	B	131
São Sebastião	Lisboa	■	24 26
Senhor de Matosinhos	Porto	A	119
Senhor Roubado	Lisboa		30 48
Senhora da Hora	Porto	A B C E	128
Sete Bicas	Porto	A B C E	128
Telheiras	Lisboa	■	56
Terreiro do Paço	Lisboa	■	46
Trindade	Porto	A B C E	127
Trindade	Porto	D	135
Varziela	Porto	B	131
Vasco da Gama	Porto	A	129
Verdes	Porto	B E	130
Vila do Conde	Porto	B	131
Vilar do Pinheiro	Porto	B	131
Viso	Porto	A B C E	128
Zona Industrial	Porto	C	133

Metro de Lisboa – Linha Vermelha – Chelas